JN301037

集客の科学

川口和英

工学博士・技術士(建設部門)

技報堂出版

はじめに

人はどうして集まるのか

　人はいかにして集まるのか、人気(ひとけ)はどのようにつくり出されるのか。

　人は物珍しいこと、魅力のあること、関心が高いことに対して、自分の体を動かし出かけていって見てみようと思うものである。人は本来動く動物であるから、エネルギーを費やして見てみたいものにはお金や時間をかけてでも行ってみよう、情報や知識を得ようとする。

　そこへ出かけていってみたい、自分の目で見てみたいという気持ちが生まれるような人集めの仕掛けづくりはどのようなものか、またそれをつくり出すにはどのようにしたらできるのだろうか。あるいは、かつては人気があったはずなのに集客力が落ちてしまった、どうも人が集まらないという施設に、どうしたら再び人を呼び戻し、再生していくことができるのか。

　人が集まるのは、その場所に何らかの人を惹きつける(magnetize する)ものがあるからである。人がやってくることによって、その場所や街が活性化し、地域の魅力が向上する。こうした人気がつくられることによって文化の香りや地域の住民の誇りをその中から育ててゆくことはできないものだろうか。

　あるいは、どこかのツボをうまく押してやることで、何かをきっかけに街が活性し、賑わいを生むことはできないものだろうか。単に人を集めるだけではなく、街を活性化し、環境を向上させる方策や、すっきりした解はどこにあるのだろう。

　「人をいかにして集めるか」、これは考えるととても楽しいテーマである。それとともに、実はなかなか難しい問題も含んでいる。

淘汰の時代から持続性(サステイナブル)重視の 21 世紀へ

　かつて先進事例として華々しくマスコミで取り上げられた集客型の計画でも、10年経ってみると、いつしか消滅していたり、色褪せた感が否めない施設は数知れず

はじめに

ある。1980年代後半は日本がバブル景気の絶頂期にあり、その当時に計画されたものが5年後、10年後の1990年代に我々の目の前に現れた。しかし、持続性に欠けた集客プロジェクトは、淘汰されて消えていった。

　これらの集客施設を分析してみると、共通しているのは、非常に戦略的に練り込まれ、魅力を保ち続けているものは、現在でも人を集めているという事実である。戦略がそれほど練り込まれていなくても、たまたま時宜に乗り成功したものもある。しかし、そうでないもの、中途半端なもの、疑問符がつくような杜撰な計画であったものは、途中挫折の憂き目をみたり、累積債務等の問題を抱えるなど、苦難の道を歩んでいる。

　筆者は、1980年代から地域開発や都市計画の仕事に携わってきたが、その間に集客施設に関する研究や分析を継続的に行ってきた。計画の中には実現したものもあれば、途中で挫折したものもある。

　1990年代は、後に「失われた10年」といわれ、多くのプロジェクトにとっては厳しい淘汰の時代でもあった。この時期以降、日本全国に元気のない会社やシャッター商店街のような活気を失った町が増えてしまった。バブル崩壊という多くの日本人の予期できなかった過酷な経済社会の背景はあったものの、持続性に欠ける計画がもたらした帰結であるともいえる。本当はもっと人を呼び込む予定だったのに、経営がうまくいかなくなっているテーマパークや商業施設、高速道路等が日本にはいまだうようよある。2008年には米国発の未曾有の金融危機がおこり、日本にも深い影を落としたことで、淘汰はさらに進む可能性が高い。

集客を科学的にとらえる

　ある集客施設がゴーイングコンサーン（going concern：経営的に持続していく）を果たしていくことは、実は人をいかにして集めるかということであり、ビジネスや経営にも直結する話である。これは企業にとっても関心の高いところであるが、こうした問題を繙く鍵やアイデアを生み出すためのヒントというのは、意外と文献も限られており、従来十分に研究の対象とされてこなかった分野である。

　そこで、本書では、「集客」を科学的にとらえ、理論面と実践面での考察をすること、デザイン的な展開事例や開発におけるヒント等を解説することを目的とした。人をたくさん集めることのできる商業施設、飲食店、イベントを戦略的につくることができれば、「賑わい」や「活気」が生まれ、繁栄が生まれる。

　ならば、「集客の科学」をまじめに、わかりやすく、おもしろく理解するにはどう

はじめに

したらいいのか？という観点が本書の狙いである。ここで考えようとしている「集客」は、人の入場者数を予測してゆくための数理工学的な要素もあれば、経営や地域への波及としての経済学的な視点、またある意味では文化芸術の分野も含んでいる。簡単には数式に乗らないデザインやイメージ等、感性の部分も集客の要素である。

途中、若干難しそうに見える数式や理論が出てくるが、どうかご心配なく。できるだけわかりやすくなるように解説を試みた。さらに近年参考になると思われる集客を梃子にした開発事例等も収録した。たとえば、集客機能を解析するうえでハフモデルという重力モデルの一種の理論モデルがあるが、経験則として利用されてきたものの、なぜそれが成り立つのかは、これまで十分な説明がなされてこなかったものである。本書の中ではこうした理論が成り立つ理由やその展開についても明らかにしていく。

また、少し幅を広げると、「集客」を考えることは、「都市とは何か」、「デザインとは」という大命題にも関係してくる。都市やデザインは、もともとさまざまな要素や機能が組み合わさったもので、多面体としての性質を持っている。一言で定義することは難しく、万能薬はもともとないのである。だから集客の方策についても百の都市があれば、百の解決策があってしかるべきである。

本書の中では、これまであまり扱われてこなかった集客の科学的側面について現時点での理論的な展開等を紹介した。しかし、本書で扱っている内容は、集客に関するすべてを網羅し得たわけではない。その意味でさらに細かい情報や理論を取得したい方は参考文献等を基に情報を補っていただけると幸いである。

なお、本書を世に出すにあたっては、技報堂出版株式会社の長滋彦氏、前著に引き続き編集部小巻愼氏には大変お世話になった。また、集客に関する研究者の桜美林大学山口有次教授、東京都市大学小松史郎教授ともさまざまな情報交換をさせていただいた。また、第1章のロジカル・シンキングの部分は、東京都市大学平本一雄教授と東京工科大学において行った授業「未来社会のシナリオの制作」が大いにヒントになっている。特に第3章の集客理論の部分については、筆者の博士論文作成において主査となっていただいた早稲田大学渡辺仁史教授にご指導いただいた内容に関係する部分が多い。改めて、これらの方々に感謝申し上げたい。

2011.03

川口　和英

目　次

第1章　人を集めること　　11
1.1　集客の考え方　　11
- 1.1.1　「集まる」ということ　　11
- 1.1.2　人が集まっている状態　　12
- 1.1.3　人が集まる所に賑わいが生まれる　　12
- 1.1.4　「人が集まる状態」を分析しよう　　15
- 1.1.5　MECEを用いた集客のロジック　　16
- 1.1.6　人が集まる類型　　17
- 1.1.7　人集めの分析　　18
- 1.1.8　「群衆」(群れる)ということ　　19

1.2　人が集まることを分析する　　20
- 1.2.1　人間電子説、経済人　　20
- 1.2.2　効用の考え方　　21
- 1.2.3　これまでの集客の分析手法　　21
- 1.2.4　集客分析の留意点　　23

1.3　集客施設の入場者数予測　　25
- 1.3.1　集客施設の入場者数予測手法の検討　　25
- 1.3.2　シミュレーションの考え方　　30
- 1.3.3　集客の予測の方法　　32
- 1.3.4　集客のモデル　　34
- 1.3.5　魅力係数の考え方　　34
- 1.3.6　需給モデルの構築と効用　　35
- 1.3.7　需給モデルを使用した入場者数予測例　　36

1.4　ハフモデルが何故成り立つのか　　38
- 1.4.1　何故ハフモデルが成り立つか　　38
- 1.4.2　問題の単純化　　38
- 1.4.3　効用の考え方　　38
- 1.4.4　移動コストとの勘案　　39
- 1.4.5　魅力係数(魅力度)　　40
- 1.4.6　魅力係数の数値化　　41
- 1.4.7　需要と供給から考えた集客数の予測　　41
- 1.4.8　効用の考え方の一般化　　45
- 1.4.9　ハフモデルとの比較　　49

1.5　入場者数予測の位置づけ　　49

目　次

第2章　人集めのターゲット　53
2.1　人集めの方向　53
- 2.1.1　ターゲット層と発展方向　53
- 2.1.2　ターゲットの類型　54
- 2.1.3　客層の行動様式　54
- 2.1.4　ライフスタイルによる類型　55

2.2　施設タイプによる類型　59
- 2.2.1　ミュージアム　60
- 2.2.2　リゾート　65
- 2.2.3　大規模集客　67
- 2.2.4　イベント・可動型　69
- 2.2.5　街の再生　70

2.3　集客の戦略　72
- 2.3.1　プロジェクトの核をつくる　72
- 2.3.2　集客力の持続　74
- 2.3.3　親水性(生命の根源・水の循環)　74
- 2.3.4　リゾート開発の成功事例(水辺、緑)　76

第3章　人集めを予測する　79
3.1　集客施設の需給モデルと魅力係数の検討　79
- 3.1.1　需給均衡モデルの考え方　79
- 3.1.2　魅力係数のとらえ方　80
- 3.1.3　大規模集客施設を例に入場者数を予測する　81
- 3.1.4　分析の方法　81
- 3.1.5　施設利用と魅力係数　82
- 3.1.6　需給モデルから考えた利用者の行動モデル　83

3.2　施設モデルの適用　87
- 3.2.1　区域の設定　87
- 3.2.2　時間距離の測定　87
- 3.2.3　施設の設定　88
- 3.2.4　施設の仕様と概要　88
- 3.2.5　対象施設の立地比較　89

3.3　魅力係数の検討　91
- 3.3.1　魅力係数の考え方　91
- 3.3.2　総合特性値としての魅力係数　91
- 3.3.3　データの規準化　93
- 3.3.4　魅力係数の設定　94

3.4　需給モデルを使用した入場者数予測 ────────── 98
　　　3.4.1　モデルの仮定 ……………………………………… 98
　　　3.4.2　需給均衡の計算 …………………………………… 98
　　　3.4.3　需給モデルによる想定施設の入場者数予測 ……… 101
　3.5　需給モデルの考え方 ─────────────── 103
　3.6　全国大規模集客施設整備の比較 ──────────── 103
　　　3.6.1　大規模集客施設の整備と波及効果の考え方 ……… 103
　　　3.6.2　各施設の背後圏と入場者数 ……………………… 104
　　　3.6.3　建設規模と造工費 ………………………………… 106
　3.7　背後圏を探る ─────────────────── 107
　　　3.7.1　大規模集客施設への入込み客の傾向 ……………… 107
　　　3.7.2　背後圏の分析 ……………………………………… 107

第4章　人の施設内での行動・流れを予測する　　113
　4.1　集客施設内の行動の分析 ─────────────── 113
　　　4.1.1　集客施設内の携帯端末を活用した行動解析 ……… 113
　　　4.1.2　マルコフモデルとは ……………………………… 115
　　　4.1.3　人の行動の分析方法 ……………………………… 115
　4.2　ハイブリッド水族館における人の行動 ─────────── 115
　　　4.2.1　追跡データからの解析 …………………………… 115
　　　4.2.2　行動の経路から見たパターン分析 ………………… 117
　4.3　マルコフモデルを用いた分析 ──────────── 124
　　　4.3.1　マルコフ連鎖による行動の解析 …………………… 124
　　　4.3.2　吸収型マルコフ連鎖に基づく行動の解析 ………… 124
　　　4.3.3　推移行列の計算 …………………………………… 125
　4.4　情報端末によるデータ収集 ─────────────── 127
　4.5　行動分析の展開の方法 ─────────────── 127
　4.6　広域的な人の流れについて ───────────── 129
　　　4.6.1　広域エリアにおける移動 …………………………… 129
　　　4.6.2　マルコフ連鎖における推移行列の検討 …………… 130
　　　4.6.3　マルコフ連鎖モデルの作成 ……………………… 132
　　　4.6.4　地域の連携の変化 ………………………………… 132
　　　4.6.5　各エリアの時間距離および離発着量（首都1都6県）… 132
　4.7　ネットワークの分析 ─────────────── 133

第5章　人集めの費用便益分析　　137
　5.1　費用便益とは何か ─────────────────── 137
　　　5.1.1　集客施設の整備と便益 …………………………… 137

5.1.2 事業が効率的に行われているかを判断する ……………………… *138*
5.1.3 費用便益分析における潜在価格 …………………………………… *138*
5.1.4 潜在価格の妥当性 …………………………………………………… *139*
5.1.5 費用便益比率法 ……………………………………………………… *139*
5.1.6 リスクの取扱い(プロジェクトの安全性) ………………………… *142*
5.2 プロジェクト分析の種類と特徴 ——————————————— *142*
5.2.1 分析の種類 …………………………………………………………… *142*
5.2.2 時系列分析 …………………………………………………………… *143*
5.2.3 クロスセクションによる費用便益 ………………………………… *146*
5.3 費用便益に関する考察 ——————————————————— *152*
5.3.1 各種法の特徴と比較 ………………………………………………… *152*
5.3.2 複数手法の組合せ …………………………………………………… *153*
5.3.3 帰着便益の問題 ……………………………………………………… *154*

第6章 人集めの空間デザイン　　　　　　　　　　　　　　　*157*
6.1 ミュージアム(美術館、博物館) ——————————————— *157*
6.1.1 ミュージアムのハードウエアとソフトウエア …………………… *157*
6.1.2 圧倒的な展示物と質で迫る欧米のミュージアム ………………… *160*
6.1.3 非オブジェクト型ミュージアム …………………………………… *162*
6.1.4 利用しやすいミュージアム考 ……………………………………… *166*
6.1.5 景観の一部としてのミュージアム ………………………………… *167*
6.1.6 ストーリー性の必要性 ……………………………………………… *167*
6.1.7 今後のミュージアムの見せ方 ……………………………………… *168*
6.1.8 集客空間と建築の方向性 …………………………………………… *168*
6.1.9 今後の利用しやすい集客空間の行方 ……………………………… *169*
6.2 テーマパーク ————————————————————————— *171*
6.2.1 オーランド(アメリカ・フロリダ)の集客施設群 ……………… *171*
6.2.2 ディズニー・インスティテュート ………………………………… *172*
6.2.3 ディズニーアニマルキングダム …………………………………… *172*
6.2.4 ディズニー・MGMスタジオ ……………………………………… *173*
6.2.5 ユニバーサルスタジオ ……………………………………………… *174*
6.3 都市開発の中での集客力の向上 ——————————————— *175*
6.3.1 集客を目指した都市空間開発 ……………………………………… *175*
6.3.2 子供のための空間 …………………………………………………… *176*
6.4 歴史的景観・資源の活用 ——————————————————— *179*
6.5 集客空間の考察 ————————————————————————— *180*
6.5.1 遊休・老朽施設の再活用 …………………………………………… *180*
6.5.2 誘込み型集客 ………………………………………………………… *181*

目次

第 7 章　人集めの波及　　183
7.1　施設整備のもたらす効果　　183
- 7.1.1　地域の開発の視点　　183
- 7.1.2　乗数効果　　184
- 7.1.3　施設整備のもたらす効果　　185
- 7.1.4　集客施設の整備の乗数効果をめぐる議論　　185

7.2　集客施設整備の乗数効果　　190
- 7.2.1　乗数効果の考え方（財市場での分析）　　190
- 7.2.2　45度線分析による解析　　192
- 7.2.3　乗数効果の理論　　192
- 7.2.4　支出乗数　　193
- 7.2.5　波及効果の測定　　194

7.3　産業連関表の仕組み　　195
- 7.3.1　投入係数［表］　　195
- 7.3.2　逆行列係数［表］　　195
- 7.3.3　生産誘発係数　　198

7.4　集客系施設の整備効果試算のフロー　　199
- 7.4.1　事業効果の前提条件　　200
- 7.4.2　施設効果の前提条件　　201
- 7.4.3　試算結果の把握　　202

7.5　波及効果推計に関する方向性　　203
- 7.5.1　入場者数予測の精緻化と背後圏データ収集の必要性　　203
- 7.5.2　市場圏把握の必要性　　203
- 7.5.3　地域間産業連関表の活用　　203
- 7.5.4　雇用効果　　204

7.6　産業連関分析による整備効果の把握事例　　204
- 7.6.1　集客施設の分析対象　　204
- 7.6.2　地域間産業連関表による分析　　205
- 7.6.3　集客施設の波及効果推計に関する提言　　206

補足資料　1.5時間〜4時間圏のケース　　211

コラム01　集客の科学的分析の必要性　　24
コラム02　観光客と煙は高い所が好き（？）　　27
コラム03　予測の精度について　　31
コラム04　ベンジャミン・フランクリンの意志決定方法　　33
コラム05　ピラミッドは公共投資だった　　51

目　次

コラム 06	日本人は売れているものを買おうとする	65
コラム 07	なぜテーマパークが苦戦するのか	71
コラム 08	日比谷のロックフェラーセンター？	73
コラム 09	現地を見ることの重要性	76
コラム 10	黒船来航と好奇心	90
コラム 11	既存の道路のリニューアルによる魅力の増加	122
コラム 12	実験国家シンガポールの都市計画と集客戦略	126
コラム 13	坂のある街の魅力	135
コラム 14	ヘドニック法・トラベルコスト法の環境評価への適用	154
コラム 15	ミュージアムのソフトウエア戦略	163
コラム 16	人を集めるパワー	170
コラム 17	日本のアニメーションキャラクター	173
コラム 18	ターミナルとしての空港	177
コラム 19	コンベンションニーズへの対応	190
コラム 20	シリコンバレーが何故人を引きつけたか	195
コラム 21	行政が考えると何故おもしろくなくなるのか	199

索　引　　　　　　　　　　　　　　　　　　　　　　　　　216

第1章　人を集めること

　どうして人は集まろうとするのか。それを理解するには人の行動の特性に遡って考える必要があるだろう。ある施設やイベント計画にどれだけ人を集められるのか、また、どうしたら人をたくさん集めることができるのだろうか。人の習性や嗜好をとらえて戦略的に人集めを行うこと、これはとても興味を惹くテーマではあるが、その一方で意外と難しく奥の深い命題である。
　人が集まっているから、余計集まってくるのか、それともいろんな人がやってきて、結果として多くの人が集まっているのか、どちらなのだろうか。最初に、『人が集まる』ということから考えてみる必要がありそうである。

1.1　集客の考え方

1.1.1　「集まる」ということ

　人を集めるためにはどのようなことを考えればいいのか。考え方の1つに集まる状態そのものを分析するという手がある。「人が集まるとはどういう現象なのか」、「なぜ人は集まるのか」、そのメカニズムを解析できれば、理由となっているものを提供することで目的の達成が可能となる。
　さらに、どのようなタイプの人をターゲットに、どこで、どうしたものが展開されるのか、どのくらいの人が集

集客装置としてのメリーゴーラウンド（横浜みなとみらい21）　遊園地やテーマパークにあるメリーゴーラウンドは、ヨーロッパでつくられ発達した。もともとは移動式で、人力で回すものが主流であった。その後、装飾がより煌びやかになり、機械仕掛けで動くようになった。その存在には多くの人が引き寄せられている

第1章　人を集めること

観覧車が屋上に設置された商業施設（横浜市センター北）　観覧車はフランスで考案され、19世紀に開催されたアメリカ・シカゴ博覧会に設置されたのが最初。近年、ランドマークとしての機能性から建築物に設置する事例が増えている

まるのかを体系的に考えて戦略を練っていくことで対応策の立案が可能となるはずである。

1.1.2　人が集まっている状態

どのようなタイプの施設をつくるか考える場合、全く新しいアイデアを用いる場合もあれば、これまでの先進事例を徹底的に分析して、その考え方を導入していく方法もある。

「なぜ人が集まるのか」という部分の構造エンジンが明らかになれば、その機構を分析することで、人集めの手法がクリアになってくるからである。

一方で、あまり効果的に人が集まっていないケースもあるだろう。その仕掛けがうまく機能していない原因を分析することで、失敗を未然に防ぐことができる。場合によっては失敗した事例を「他山の石」として参考にしていくこともありえる。いわゆる「**失敗学**」[*1]にも大変重要な情報が含まれているからである。

1.1.3　人が集まる所に賑わいが生まれる

a. 集まることによるメリット　人が集まるという状態を行動科学の視点から見た場合、どのような理屈から成り立っているのかということは考えるに値するはずである。なぜなら、人が集まる所にはビジネスチャンスや経済的なメリットが生まれる可能性が高いからである。

たとえば、市場（いちば）は、人と物を集める集客装置であるとともに、活気と人気（ひとけ）のある場所でもある。海外でも、地元民の生活や活動を実感するには、市場に出かけることが簡単かつ効率的である。

市場という所には、なぜ人が集まってくるのか（日本の近代的な市場は、市場法

[*1]　失敗学：航空機墜落事故や経営破綻といった、さまざまな世の中の失敗事例から、その失敗を繰り返さないように学ぼうとする学問体系。起こった失敗から責任追及するのみではなく、直接原因や背景・組織的な原因を究明することにより過ちを繰り返さないように知識を広く共有することを学ぶ

市場には人が集まる[金沢市近江町市場(左)、沖縄県牧志公設市場(右)] 市場にはたくさんの人が集まる。日常的に経済的な活動、取引が行われ、人を惹きつける活気がある。市場の賑わいは、古今東西を問わない

等で規定されることでシステマティックになりすぎていて、卸売業者、仲卸業者等の専門職でないと実際の取引には加われない。市場外施設には一般人も出入りできる）。かつて物々交換をしていた時代は、米がほしい人、魚がほしい人、服がほしい人は、それぞれ交換してくれる人を直接探さなければならなかった。

当然米がほしくて魚を持っている人と、魚がほしくて米を持っている人の組合せができるとは限らない。また、その必要量もまちまちである。

両者の必要なものがあらかじめわかっていれば、両者は交換する物を持ってお互いの中間地点あたりで会うのが効率的であろうが、世の中はうまくいかないもので、いつも魚のほしい人が相手の必要とするお米を持っているとは限らない。

このように両者のほしいものは必ずしも一致しない場合が多く、互いの住む場所も離れていれば、ほしいものが手に入らない可能性はより高くなってくる。

では、皆が集まりやすい場所に各自が持っている物を集まればどうなるか。図-1.1のように集積した場所に市場ができればその場で各自がほしいものが見つかる可能性はずっと高まり、より必要なものも見つけられるだろう。さらに、貨幣が使用できれば必要なものを必要なだけ組み合わせて手に入れることもできる。

つまり、市場は人間社会の中で自然発生した、人が集まる場所である。

b.人が集まることによるビジネスチャンス 人が集まって住むこと（集住）によってさまざまな利便性が生み出される。人の集積によってさらに新たな需要が発生し、その需要を満たすためにさらに人が集まるという現象がある。お祭りや大きなイベントの際には屋台や弁当屋さんがどこからともなくやってきて商売を始めるものである。

第1章　人を集めること

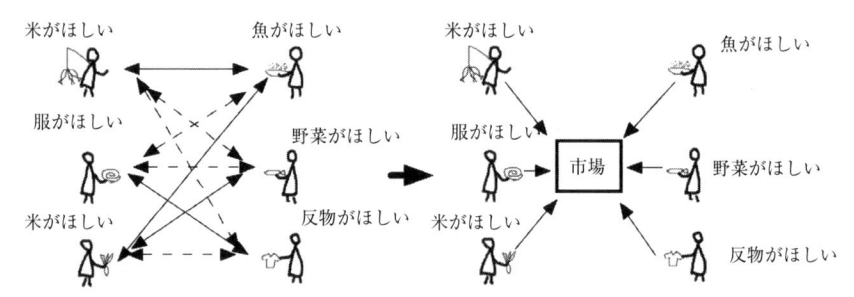

米がほしい　魚がほしい
服がほしい　野菜がほしい
米がほしい　反物がほしい

市場がないときは、物々交換によって必要な品を入手した。しかし、相手が自分の希望するものを持っているとは限らない

米がほしい　魚がほしい
服がほしい　　市場　　野菜がほしい
米がほしい　反物がほしい

人が移動しなければいけない回数は、市場があれば減る。貨幣があれば、要望に応じて必要量を買うこともでき、効率的である

図-1.1　市場にはなぜ人が集まるのか

　いったん人が集まった場所には日常サービスを含め多様な機能が集積するため、一定規模以上になってくると人が人を呼ぶ現象が生じてくる。こうした現象は**ロック・イン効果**と呼ばれるものである。

　人が集まる場にはさまざまな情報が豊富に行き交い、物資の交易も盛んで、利便性が高い。このようにビジネスチャンスや情報に触れる機会を求め、人はまた集積してくるのである。

　いわゆる大都市に企業や産業が集積してくる理由もここにある。大都会は、人が集まることによって利便性が高まり、さらに人が集まる現象が往々に観察される。

　都市はおおむね30万人くらいの人口が集積すると、職場、生産の場、商業、公共施設等が自己完結できる自立した規模の大きさになってくるといわれている。

　ギリシャの哲学者アリストテレスは、**オイコス**(家)が集まって村になり、村が集まって**ポリス**(都市)が形成されると考えた。このオイコスという言葉は、その後オイコロジーすなわちエコロジー(環境)、オイコノミーつまりエコノミー(経済)の語源ともなっている。人は集まることによって文化、社会を形成してきたともいえる。

```
・集積のメリットを享受する
・情報にアクセスしやすい
・経済的なメリット
・人は集まることに本能的な安心
　感、心地良さを感じる
・人が集まっている賑わいが好き
・好奇心・野次馬根性
```

図-1.2　人が集まるおもな理由

c. 人の本性に集まることを好むプログラムがある　人が集まる理由は、多分に経済的な実利を求めた人の集まりと考えられるが、その一方で、理屈だけでは説明できない部分で人が集まる状況もある。

　火事場の野次馬やお目当てのスターの追っかけとなると、多分に理屈を超えた好奇心や本能的な情報や出来事に対するリアクションとも考えられる。

　ある意味で、人は集まること自体を楽しむ生物であるのかもしれない。人にとって最も基本となる特性である「群れる」という行動については、人の本性の中の、集合し群れることによる心理的な「安心感」や「快」の観念があることに起因する。

　こうした心理的な生物学的側面は、必ずしも理論どおりに人が動かない1つの理由にもなっている。

1.1.4 「人が集まる状態」を分析しよう

　まず「人が集まる状態」の分析をマーケティングの分野で活用される「**ロジカル・シンキング**」という考え方を取り入れて行ってみよう。

　ロジカル・シンキングは、ある一定のロジック（論理）を組み立てる際に思考の拠り所として使われるものである。

　ここでは、そのうちの1つである **MECE** という手法を使ってみる。「MECE」とは、「Mutually Exclusive and Collectively Exhaustive」の略である。日本語に訳すと、「個々に見て重なりがなく、全体的に見て漏れがない」という意味である。そのポイントは、話の重複や漏れ、ずれをなくす技術であり、MECE を用いることで話の飛びをなくし、論理的な思考を構築することにある。しかも漏れのない部分の集合体としてとらえることを意味している。この手法は、マーケティング・コンサルティング分野で利用され、もともとは米国のコンサルティング会社が考案したものであるが、応用範囲が広い。何か筋道を立てて物事を考える時に使える道具である。この MECE を用いて「人が集まる」状態をつくる方法について課題分析をしてみる。

天保山ハーバービレッジ（大阪）　日本型のウオーターフロント開発は 1980 年代から活発化した。日本有数の大水槽の中のジンベイザメをはじめ世界五大陸の海洋環境の再現が人を呼ぶ機能を果たしている

第1章　人を集めること

1.1.5　MECEを用いた集客のロジック

　人を集めるための仕組みをつくり出すには、この過程作業を順番に分析すればよい。図-1.3に示す**ロジック・ツリー**といわれるものがある。「人を集める」には何をすればいいのかMECEを用いて分析してみた例である。MECEは無限にパターンをつくることができるので、この例が最良というわけではないが、論理の一貫性と分析力を持たせるのに役立つ方法である。このMECEは、前述のように「ある事柄の全体集合をちょうど漏れも重なりもない部分集合に分けて考える」ための集合の概念である。

　たとえば、「人」を年齢という軸で見た場合、「子供」+「若者」+「中年」+「高齢者」という分解はMECEの構造であるが、「人」=「子供」+「若者」+「中年」では、「高齢者」の部分の漏れがある。

　一方、「人」=「子供」+「若者」+「中高年」+「高齢者」+「既婚者」という分解では重なりが生じている。なぜなら既婚者の若者も、既婚者の高齢者もいるからである（図-1.4 〜 1.6）。

　きわめて単純に「人」を「男性」と「女性」に分類すれば、この場合には漏れも重なりもなく、MECEの構造になっている。これらの漏れなく、重なりなく分類したものについて対応策が示されると、議論が論理的に整理され、解決策が見えやすくなるという手法である。

　図-1.3では、「人を集める」ために何をすればよいかということを考えるために

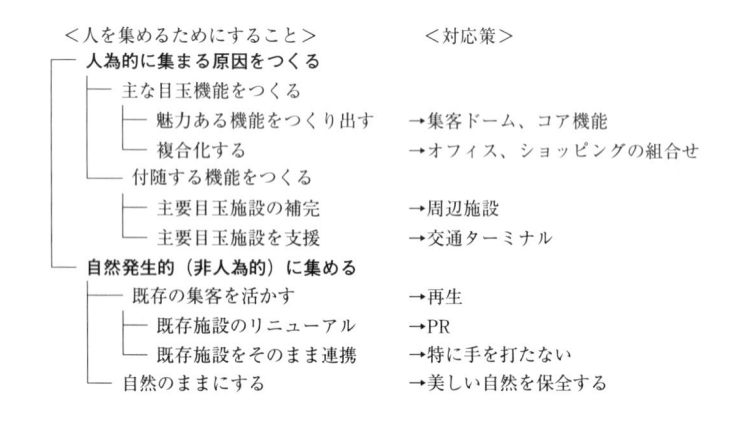

```
      ＜人を集めるためにすること＞        ＜対応策＞
  ┬ 人為的に集まる原因をつくる
  │  ┬ 主な目玉機能をつくる
  │  │  ┬ 魅力ある機能をつくり出す    →集客ドーム、コア機能
  │  │  └ 複合化する                →オフィス、ショッピングの組合せ
  │  └ 付随する機能をつくる
  │     ┬ 主要目玉施設の補完         →周辺施設
  │     └ 主要目玉施設を支援         →交通ターミナル
  └ 自然発生的（非人為的）に集める
     ┬ 既存の集客を活かす
     │  ┬ 既存施設のリニューアル     →再生
     │  ├ 既存施設をそのまま連携     →PR
     │  │                           →特に手を打たない
     └ 自然のままにする              →美しい自然を保全する
```

図-1.3　「人を集める」のロジック・ツリーの例

「人為的」と「自然発生的」とまず大雑把に2つに分けてある。さらに「人為的」な枝(ツリー)の下は、主な目玉機能と付随機能とに分けた。論理上はお互いに漏れ、重なりはないはずである。この形は、**ロジック・ツリー**と呼ばれる。

ただし、ここで完璧なMECEをつくろうとすると、膨大な時間と労力がかかってしまうため、まずは8割くらいの精度を目指せばよい。MECEで考え、抜けや漏れ、重なりをチェックすることで論理を構築しやすくなる。

たとえば、現在は何も集客的な要素がない場所に人為的に人を集めるにはどうしたらよいだろうか。図-1.3のように分析してみると、目玉になる施設として集客機能を持ったドーム施設をつくるといった対応が考えられる。また、人為的に集めるのではなく、既存の集客機能を活かすのであれば、魅力的な施設にリニューアルするといったことも考えられるだろう。

このように**ロジカル・シンキング**を用いると、問題を整理して分解できるため、特定の課題が**セグメント化**(区分)され、議論や解決策がはっきりしてくる。

| 子供 | 若者 | 中年 | 高齢者 |

漏れなく重なりなく

図-1.4　年齢による分類(1)

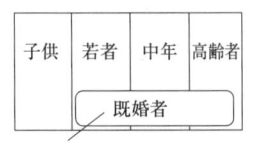

| 子供 | 若者 | 中年 | 高齢者 |
既婚者

漏れはないが重なりがある

図-1.5　年齢による分類(2)

| 男性 | 女性 |

漏れなく重なりがない

図-1.6　性別による分類

もし、あなたの街が抱えているプロジェクトについて戦略を練ろうと思っているなら、その課題に応じた独自のMECE分析をやってみるとよいだろう。

たとえば、これまで多くの人たちが集まる核となる施設がなくなって人の流れが途絶えてしまった街ならば、新しい集客の核となる機能を生み出すことが必要であるかもしれない。また、新たな投資が難しいのであれば、人を呼び込むためのソフトウエア戦略によって集客を伸ばしていこうとする方法もある。

このように論理的なツリー構造によって課題が明らかになることによって、何かヒントや解が見つかってくる可能性がある。

1.1.6　人が集まる類型

人が「集まる」という行為については、古来より社会学の分野等でさまざまな研究

第 1 章 人を集めること

がなされている。「人の集団」の分類は、MECE を使って目的別に考えると、図-1.7 のように大きく分けることが可能である。

この分類では「??」のように明確な分類名がないものもあり、完璧に事象が網羅されているとはいえないが、大枠の分類はできる。この中のどの集団に焦点をあてて、われわれは集客を考えていけばよいのか。少なくとも、「群衆」のように明確な目的をもたない集団と「観客」では、おのずと行動科学的な視点は異なってくる。

一方、人の集合を社会学的な視点で分類すると、通常は図-1.8 のようなものが考えられる。図-1.7 の「??」には、図-1.8 の分類に所属する要因も含まれていることがわかる。その意味では、**群衆、大衆、公衆、観客**では人の集団ということを考えた場合、漏れもあり、重なりもある。

つまり、何かを目的とした集客を考えようとするのであれば、まずは呼び込もうとする人がどの類の人間の集団（group）であるのか、明確に意識する必要があることを意味している。

1.1.7　人集めの分析

人為的に「人の集団」をつくり出すのか、自然発生的につくるのか、動いている状態か、立ち止まった状態か、混雑した状態なのか、ということで状況は変わってくる。本書では「集客」がテーマの中心となっているので、主に「人為的に主な目玉を

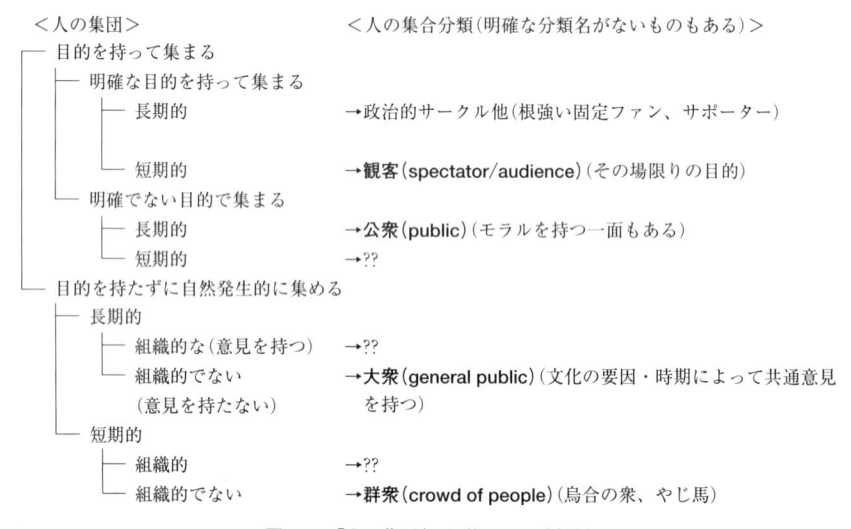

```
<人の集団>                       <人の集合分類(明確な分類名がないものもある)>
├─ 目的を持って集まる
│   ├─ 明確な目的を持って集まる
│   │   ├─ 長期的           →政治的サークル他（根強い固定ファン、サポーター）
│   │   └─ 短期的           →観客(spectator/audience)（その場限りの目的）
│   └─ 明確でない目的で集まる
│       ├─ 長期的           →公衆(public)（モラルを持つ一面もある）
│       └─ 短期的           →??
└─ 目的を持たずに自然発生的に集める
    ├─ 長期的
    │   ├─ 組織的な(意見を持つ)    →??
    │   └─ 組織的でない            →大衆(general public)（文化の要因・時期によって共通意見
    │       (意見を持たない)          を持つ)
    └─ 短期的
        ├─ 組織的                  →??
        └─ 組織的でない            →群衆(crowd of people)（烏合の衆、やじ馬）
```

図-1.7　「人の集団」の目的による分類例

```
・群衆  →  明確な目的を持たない。群がり集まった大勢の人
・大衆  →  特に明確な目的は持たないが、受け身の立場。属性や背景を異にする多数の人から
           なる未組織の集団的存在
・公衆  →  明確な目的は持たないが、モラルを持つ。広い地域に散在しながらもマス・メディ
           ア等による間接的コミュニケーションによって世論を形成する集合体
・観客  →  ある観覧するという目的を明確に持つ。見物人、特に映画・演劇等を見る人
```

図-1.8 人の集合の分類

つくり魅力ある施設」を、すなわち図-1.3のロジック・ツリーの例でいえば、「人為的に集まる原因をつくる(主な目玉機能をつくる、付随する機能をつくる)」あたりを中心に検討をしていくことになるが、もちろん研究の対象とすべき人が集まる状態はこれだけではない。

すでに集まっている人の流れをどうやって取り込んでいくのか、ということも十分重要なテーマである。たとえば、観光では自然の資源を有効に活用するという観点もあり、これらも集客の範囲に入ってくる。

このMECEを使ったロジック・ツリーは応用範囲が広いので、目的に応じてさまざまなものをつくって課題の整理・分析に使用することができる。

1.1.8 「群衆」(群れる)ということ

観客、公衆、大衆、群衆のうち、どのタイプの人たちの人集めをその対象としてアプローチするかで、考え方がだいぶ変わってくる。

たとえば、**渋谷駅前スクランブル交差点**の巨大な人の流れは何か目的を持って動いている人たちなのだろうか。世界でもこれだけ多くの人が常時行き交う交差点はない。この交差点を行き交う人々は1日に約50万人であるが、各自、皆それぞれ異なる目的を持ってどこかへ向かおうとしている。全体で見た場合、この巨大な人の流れは明確な目的を持っていない集団であり、4つのタイプの中でいえば「**群衆**」に相当する。

また、空港の中にいる人々は何のために集まっているのだろうか。空港で働く人を除けば、行先は違うとはいえ、ほとんどの人が航空機を利用したり、そこでトランジット(乗換え)をしたり、一定の目的を持っている。だから飛行機の搭乗関係のアナウンス情報にはいつも耳をそばだてることになる。空港に集まる人々に思想的な共通性はないが、飛行機を利用するという共通の目的のもと、時間的制約や利用

渋谷駅前スクランブル交差点の群衆 渋谷駅前は常にたくさんの人が移動している。彼らは明確な目的を持って集まったのではなく、たまたまこの時間帯に居合わせた群衆である

羽田空港旅客ターミナル(ビッグバード) ターミナル施設の中には人の流れが常に発生し、さまざまな商業機能が集積する。ここに集まっている人は、本来の目的は飛行機に乗ることである

スペース等の一定の法則性が生まれてくる。

　ではコンサートやテーマパークに来たり、映画や演劇等を見に来ている人は何か目的を持ってきているのだろうか。おそらく、いくらかの入場料を払ってきているのだから、そこで提供されるエンターテイメントやサービス内容に惹かれてやってきたのだろう。ショッピングセンターで買い物をする人たちも同様で、購買行動という明らかな目的を持っている。

　こうして考えてみると、人は、時と場合、場所によってさまざまなタイプの集団に変化するということでもある。人が集まっている状態は、集団で移動している状態(渋谷駅前スクランブル交差点)、そこに静止している状態(コンサートや野球場)、滞留している場合(渋滞・行列)等、さまざまなタイプの「集まる状態」を示すということになる。

　では、これからつくり出そうとしている、あるいは対処しようとしている「人が集まっている状態」はどのようなものなのだろうか。

1.2　人が集まることを分析する

1.2.1　人間電子説、経済人

　人間がどこかに集まる時は、何か法則性のようなものはあるのだろうか。人をとらえる際に、あたかも電線の中で電圧を掛けられた電子のように法則性に基づいて動くという考え方(**人間電子説**)といわれるものがある。また、純粋な**経済人**として

各人が理性的に最大の効用を得ようとして行動するという考え方もあり、人はどうも多面性を帯びた集団であるということがいえる。中には、少数の法則性では測りきれない行動をとる人も当然出てくる可能性はある。

しかし、10人中9人まではこういう行動をとるだろうという法則性があるのなら、何らかの集客的な科学理論ができるはずである。「集客」を科学的にとらえようとすると、この人の本能的な「集まる」という行動や現象を定量化し、その戦略および方法論を展開することが必要である。

1.2.2　効用の考え方

また、人間は特定の「**効用**」を求めて人々が行動した結果、集まるという考え方もある(ここでいう効用は、言い換えれば満足度である。ある量の財を消費したことによって得られる何か[something]ということになる)。例として、ビールを消費した時の効用(満足感)等がある。

たとえば、「花火」というイベントがあった場合、そのイベントを見ることを目的として人が集合する場合は「花火を見る」こと自体が目的であるので、見えやすい場所に人は集まり、花火が終われば家へと帰って行く。これは美しい「花火」を見るという効用である。

「バーゲンセールス」であれば、安価な値段の品物を手に入れる効用があるから、たとえ遠くからでも争って人が集まる。この時、人は制約範囲の中で、最大の効用をもたらすような行動や活動をベースとして行う。

人は何か希少なもの(scarcity)や価値あるものを消費することを求めて行動する。集客は、究極的には各々が自分の効用を最大化するように活動する人々ととらえることもできるだろう。一方、何かに対する好奇心もあるだろうが、科学的にとらえるためには、一定の数式等に記述する必要性が出てくる。

経済学の分野では、「**希少性**」という部分がクローズアップされる。「もの」に希少性があるからこそ、価格が決まる。生命にとって欠くことのできない水の値段が、仮になくても生きていくことのできるダイヤモンドや貴金属の値段よりずっと安いのは、希少性に理論的な根拠がある。

1.2.3　これまでの集客の分析手法

8割から9割の人がこのように行動するという特性を掴むことができれば、残りの2割、1割の人が違う行動をとったとしても、ある程度人の集団がどのような動

きをするかということを予測できることになる。そこで集客施設等の経営的にも重要である入場数を予測することができる。

これまで集客型施設への入込客の推計を行う手段として、従来、以下に示すような方法をとることが多かった。

a. 過去の事例からの予測　最初は、過去の類似事例からの分析である。たとえば、大阪ドーム(現京セラドーム大阪)やナゴヤドームを計画する際、先行する東京ドームや福岡ドーム(現ヤフードーム)を参考にして計画が検討された。過去の類似事例から、実際にこれから適用しようとする計画案をあてはめて、どれくらいの数値となるか予測する。過去の実績なので直感的に比較しやすくわかりやすいが、あくまでも類似の事例からの参考値となる。

b. 多変量解析による予測　多変量解析による予測は、複数の説明変数と被説明変数を数式で表現し、説明変数を変更した際のデータを分析していこうとするもので、統計学の手法を使って予測を行う。統計学は、最近ではコンピュータの使用を前提としているため、多くの要因が絡み合った現象を数値的に解析することが可能となり、本質的な骨組みを描きやすい環境となってきている。

たとえば、ビールやアイスクリームの消費量は、その日の気温や天候に左右されるが、説明変数に気温、湿度等の複数データを採用することで商品の売上高をある程度予測できる。同様にして、集客施設においても、曜日や気温等の要因を取り入れることにより当日の入場者数を予測することなどが行われている。実際に**大阪万国博覧会**[*2](1970)や**神戸ポートアイランド博覧会**[*3](1981)の際には、毎日の入場者数を多変量解析で分析、予想することが行われた。

c. モデルによるシミュレーション　モデルとは、現実に実物をつくることが困難、かつ大変コストがかかる場合等にその現象を再現できるようにするものである。コンピュータ上のプログラムや数学的な式を導き出すことによって、スピーディーかつ安価なコストで予測値を出すことが可能となっている。入場者数予測モデルについても、これまでさまざまな手法が検討されてきている。

d. アンケート等による実績意向調査からの推計　推計の中で、シミュレーショ

[*2]　大阪万国博覧会(1970)：大阪で1970年に180日の期間で行われた日本最初の国際博覧会である(EXPO'70)。人類の進歩と調和をテーマにした東京オリンピック(1964)と並び高度成長期の日本を代表するイベントであり、6,400万人の入場者数を集めた

[*3]　神戸ポートアイランド博覧会(1981)：神戸港につくられたポートアイランド(人工島)において1981年に開催された博覧会であり、ポートピア81と呼ばれた。12haの敷地に1,600万人の入場者数を集め、60億円の純益をあげた。この博覧会の成功が1980年代の地方博ブームの火付け役となった

ンを運用する前提条件を調べる場合、**アンケート**を使用した実際の利用者層を想定した分析手法がある。しかし、この方法は、回答者の母集団やアンケートの質問項目により、必ずしも実際の予測値データと比較して正確な回答が引き出せるとは限らず、入込客数との間に乖離が見られるケースが多い。一方、コンピュータを用いたモデルによるシミュレーションについても、現在の集客型施設にいつでも適用できるような汎用的な推計モデルはいまのところ整備されていない。また、過去の事例による推計は施設の容量的な分析が十分に行われておらず、あくまでも計画者の経験によっているところが大である。

今後、「集客力」を科学的に分析するには、より工夫していくことが必要である。今までのトレンドだけでは予測もつかない新たなニーズが登場する可能性もある。

1.2.4 集客分析の留意点

集客施設の分析を考える場合のいくつかの留意点について触れておく。

a. ミクロアプローチ手法による分析　まず、利用者数を予測してゆくうえで時系列(時間を順番に追った)的なデータを積み重ねるミクロ的なアプローチと呼ばれる手法(**ミクロアプローチ手法**)がある。この場合には、集客施設の1日あたり、あるいは時間あたりの入場者数を予測し、積み上げていく方法をとる。この手法の場合には、変化する入場者に関する情報を細かく分析し、データを積み上げていき、アンケート等によってあらかじめ入場者の特性を分析することが必要となる。

b. 客層の行動様式の把握　時系列的な分析の際に重要となるのは、**ターゲット**とする客層の行動様式である。つまり、ウィークデイの集客様式や利用方法、休日の来訪スタイル等が関連する。ターゲットとなる客層により、週の中での最適の活動日が通常異なる。集客的な施設を利用するという観点からすれば、生徒や学生であれば夏休みを含んだ学校の休日、社会人であれば会社の休日である土日が最適活動日となる。また、児童、学童であれば遠足、実習、修学旅行等の教育的色彩を持った需要が見込める。このように利用者層の性格により、季節性要因や休暇、休日のとらえ方等が異なったものとなるため、利用者層の変動についてもあらかじめ検討しておくことが大変重要である。

c. 施設の収容力に関する問題点　次に問題となる点として、施設の**収容力**がある。集客施設に対して人が来てくれても、施設が少数であったり、小規模であれば来訪者を十分収容することは難しくなる。

収容能力は、施設数、1施設あたりの能力、回転数を元にして算出されることと

なる。また、従業員や施設のメンテナンスの必要性についても織り込んでいく必要性が生じる。

こうして算出された1日あたり最大収容能力を利用者の**ピーク・オフピーク**曲線等に重ねて必要な規模を算定していくことが考えられる。

ここで注意すべき点は、最大収容能力とピーク時需要は同じではないことである。ピーク時に併せて能力を設定すると、全体としては過大な投資になる。

コラム01　集客の科学的分析の必要性

　1980、1990年代にかけて筆者は集客施設に関する入場者数予測に関するレポートや報告書に比較的多く目を通してきたつもりである。残念ながら、これらは公開されていることが少なく、自治体や研究所の書庫に眠っていて、あまり一般の目に触れることはない。こうした報告書等のいくつかの研究・調査事例を丹念に分析してみると、時々唖然とさせられることがある。

　どのようなことかといえば、入場者数予測等、肝心な数字は途中まで事例等から分析したり、何らかの予測式を使って分析しているのに、なぜか最後の予測値に関しては途中までの根拠値から飛躍し、エイヤッと定めたとしか思えないような分析のプロジェクトがしばしばあることだ。

　集客型施設の計画の場合、最も肝心な数字は、「入場者数」や「利用者数」の予測値である。多くの計画事例で重要と思われるこの数字が曖昧に決まっているのに、コスト計算が必要以上に厳密であったりするバランスが悪いケースが見受けられる。

　また、経済効果を計算することが近年流行っているものの、単価やケース分けを非常に厳密に設定しているように見えて、肝心の数値が根拠不明な計算例も目につくことがある。

　このように重要な根拠データを勘と度胸によって定めている計画が実はまだまだ多い（イニシャルをとってKD法という人もいる）。

　最近では、リスク管理が流行ってきているが、まだまだ十分な理論に基づいて科学的な**リスクコントロール**が行われているとはいえない状況である。この状況は、21世紀に入った現在でもあまり変化していない。インターネットや情報技術、金融工学等が猛烈な勢いで進化しても、こうした集客力を正確に把握する科学的アプローチというのは、それほど進んではいないのである。それは、往々にして社会科学もしくは政策科学等の範疇に属するものが純粋な理論式に乗るとは限らない理由にも通じる。

　こうした分野は、実験室で装置を使用するような管理実験が難しく、物理学のように実験値からの正確な予測も行いにくい。むしろ、天体観測や天気予報に近い科学になるからである。しかし、そうであっても事業自体は、多額の費用やコストを掛けて行うリスキーなものである。より大型化の傾向にある以上、やはり肝心の集客力の分析をする場合には科学的な分析が必要不可欠となっているのだ。

このように集客を分析する際には、単一の視点ではなく複数の視点に留意しながら分析を行っていくことが望ましい。実際には、いくつかの方法を使ってチェックすることによって正確な予測値を得ることが可能となるだろう。総合的にいくつかの推計手法を組み合わせて収容力を定めていくことが重要である。

・核(コア)をつくる
・ソフトウエアをみがく
・魅力的な機能を組み合わせる
・アクセス性を良くする
・競合を考える
・定期的にリニューアルする

図-1.9 集客施設をつくるうえでのポイント

1.3 集客施設の入場者数予測

1.3.1 集客施設の入場者数予測手法の検討

集客型施設の計画を行う場合、その施設がどれくらいの人を呼び込むことができるのかということ、すなわち**入場者数予測**を適切に行うことは最重要な検討事項である。今日、社会現象や都市問題、環境問題にもシステム工学のアプローチが適用されるようになってきており、入場者数予測にもこのような考え方の適用が考えられる。特に大型の集客施設のように、開発規模が巨大で、多額の投資とランニングコストを伴う計画については、その施設内容や機能を明らかにし、十分な検証を行うための計画理論が必要である。

そこで、まず入場者数予測モデルを構築するにあたって、そのモデルに関する既往の研究についてフォローしてみる。

a. 重力モデル　空間の基本構成要素としては、距離、方向、位置等がある。そのうちの距離を現象説明に用いたモデルとして**重力モデル**と呼ばれるモデルがある。このモデルでは、人と施設の間の関係をニュートン力学の**アナロジー**(類比：例の似たものをもってあるものを説明しようという時に用いる)としてとらえている。重力モデルは、計量学的測定にインパクトを与えた分野である社会物理学を中心として、以前から、物資、人口、情報等の地点間流動現象の解析に用いられてきたものである。万有引力の法則との形式的類似性により成立する重力モデルとして2地点間の流動量が両地点の人口の積に比例し、その距離の累乗に反比例すると仮定する。モデルとしての流動現象への適合度は、現実に対してこれまで良好であったが、その理論的根拠は経験則であることから乏しいものとされてきた。

第1章 人を集めること

ソニーセンター（ドイツ・ベルリン） ポツダム広場にあるヘルムトヤーン設計による複合施設。ポツダム広場の開発は、ベルリンの首都機能再生を担う戦略的な再開発であり、オフィス機能のみならず、ショッピング、映像、交流機能が複合化され、多くの人々の交流の拠点となりつつある

ミレニアムドーム（イギリス・ロンドン） 21世紀の到来に合わせてドックランドにつくられた多目的型のドームで、ハイテク建築家のリチャード・ロジャースが設計。その外観もさることながら、各種大イベントにも積極的に活用され、戦略的な集客施設としての機能も持っている

b. ライリーモデル 米国のウイリアム・J・ライリー[1]の考案した市場圏モデルのことを**ライリーモデル**という。このモデルでは、都市間における買回り品の購入顧客の吸引率を表現する。同モデルでは2つの都市がある場合に、その中間に位置する都市からの購買額は2都市の人口に比例し、距離の2乗に反比例することとなる。ライリーのモデルは、都市間の吸収率を表し、複雑な商圏の交錯する状態では適用しにくいという問題点がある。また、中間の都市の地元に残る地元残留率を計算することはできない。

c. コンバースモデル 米国のポール・D・コンバースの提示したモデルであり、ライリーモデルを発展させ、2つの都市間の**商圏**の分岐点を算出する商圏分岐公式を提唱している。ライリーの法則を変形して作成したものであり、2都市の購買量の比率が等しくなる地点を計算することによって商圏の分岐点が算出できる。ただし、施設が競合状況になる場合は適用できず、人口集積が複雑な場合には問題点がある。

d. ハフモデル 特定の施設において入場者数を予測する手法として重力モデルを援用した**ハフモデル**がある。ハフモデルは、米国の経済学者デービッド・L・ハフ[2]が考案した小売吸引のモデルである。ライリーモデル、**コンバースモデル**で使用する人口、距離の項目に加えて、小売面積を組み入れ、3項目により各商業集積の小売り吸引率を算出したことに特徴がある。

1.3 集客施設の入場者数予測

図-1.10　ハフモデルの考え方（1）

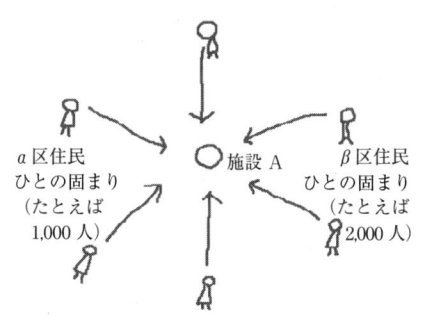

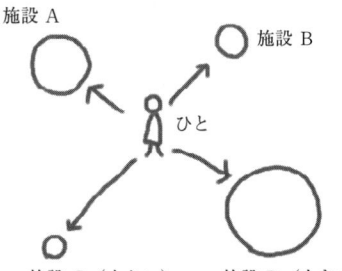

いくつかのエリアから「ひと」が施設Aに吸い寄せられる。たとえば、a区住民1,000人、β区の住民2,000人という具合に集団で引き寄せられると考えることで、行政区ごとの人口データ、施設へのアクセス距離データを用いてそのひきつけられる力を推計できる

図-1.11　ハフモデルの考え方（2）

個別の「ひと」の固まりは、異なる施設のそれぞれの魅力係数に応じて引かれる力が異なり、施設の間では競争関係が生まれる。たとえば、施設Dが最も売り場面積が大きく品揃えのある施設で、近い距離にあれば、ひとの固まりは、ここに吸い寄せられる力が最も強くなる

　ハフモデルは、**重力モデル**の応用でもあり、特に交通計画や商業施設計画では、各都市と施設の距離の2乗に反比例し、質量に相当する小売床面積に比例するという形式の予測式（重力モデル）が実際に高速道路の交通量算定やスーパーマーケットの出店戦略の検討に使われている。適用事例も大規模商店の立地影響評価等で使用事例が多い。

　しかしその一方で、ハフモデルにおいては、前提条件となる質量に相当する魅力

コラム02　観光客と煙は高い所が好き（？）

　最近の都市開発の中で特徴的なことは、観覧車を活用した人集めということである。観覧車の特徴は一定の時間をかけいったん人を見晴しのいい高所に連れて行ってしまうことにある。子どもでもカップルでもゆっくりと高い所まで連れて行ってくれる。

　海外旅行に行って初めての街の様子を把握したり、頭の中にインプットしようと思う時は、高い所に昇ってみるのが一番早い。ついでにその様子を解説してくれる案内者が同乗してくれるとなおいい。

　また、**観覧車**は、遠くからでも見え、目印（ランドマーク）としての機能が大きい。さまざまなパターンのイルミネーションによって夜間でも遠隔地からも確認することができる。また、なんといっても観覧車の円形のシルエットがあることによってその場所が楽しい雰囲気を持つエリアであることを象徴することにもなる。

　こうした点が、近年、観覧車を取り入れた開発が増えている要因ともなっている。

第1章 人を集めること

観覧車のある街（横浜みなとみらい21） 近年観覧車はウォーターフロントや街の中心部などのこれまで考えられなかった場所に大胆に設置されている

係数のとらえ方がこれまで十分に検討されてきたとはいいがたいという側面がある。一般的な商業施設においては、この値を売場面積や延べ床面積に置き換えて計算がなされるが、特に複合的な機能を有する大規模な集客施設の場合には、必ずしもこの数値が十分に施設内容を反映しているとはいえない。したがって、これを各施設の機能を反映して数値化し、地域に対する波及効果がいかなるものであるかを正確に判断していく検討が必要となる。

e. エントロピー最大化空間的相互作用モデル 英国リーズ大学のアラン・G・ウイルソン[3]は最も実現性が高い流動パターンを記述する式を統計力学的エントロピーと名づけて、それを最大化することによって行動をモデル化する**エントロピー最大化空間的相互作用モデル**を提唱した。**エントロピー**というのは、「不確定さ」、「乱雑さ」、「無秩序の度合い」である。高温のものと冷温のものが接する時、高い方から低い方へと熱の移動が起こる（逆向きはない）が、その時の物質やエネルギーの局在（偏り）の度合いを表す。

たとえば、水の入ったコップにインクをたらすと、最初、インクの分子は、水の中のある部分に「もや」のように固まっているが、この状態はエントロピーが低い状態である。しかし、時間がたつにつれ、インクはコップ全体に行きわたり、やがて均一な色になる。この状態がエントロピーの高い状態ということができる。自然界では、エントロピーは系全体としては減少することなく、時間とともに増加を続け、これが物理学の「熱力学第2法則」と呼ばれるものである。

このモデルは、社会集団全体を1つの熱力学的なシステムとみなし、個々の人を分子のように統計力学的に行動すると考え、一定の総移動距離の制約の中で集団が総体としてのエントロピーが最大となるように行動するという前提に立っている。

そのエントロピーが最大になるように行動した場合にハフモデルで記述されるパターンが得られることがすでに証明されている。

ただし、意志決定の主体である個人がどうして社会全体のエントロピーを認識しているのかという根本的な問題は残る。

このモデルにおいては、通常の重力モデルに総流出量と総流入量の制約を加えた発生・吸収制約型重力モデルと式の構造において同一であり、これによってエントロピー概念により重力モデルの理論的根拠が与えられることとなる。

f. ロジットモデル　空間相互作用モデルでは、マクロモデルとして社会集団が全体として統計力学的な法則に従うことを仮定している。しかし、この仮定においては、エントロピーの概念は導入されているものの、

観覧車のある街並み(イギリス・ロンドン)　テムズ川沿いにある観覧車(ロンドンアイズ)は国会議事堂(ビッグベン)の対岸にあるため、景観論争があったが、現在は新名所となっている

個々の意志決定を行っている個人がどのような理由で統計力学的な法則に従うのかを明らかすることができない。

　ロジットモデルでは、空間相互作用モデルを需要関数とみなした場合の消費余剰を計算して、これを最大化するように施設資源の配分計画を算定する。空間相互作用モデルが距離と施設の魅力係数という2つの変数しか扱えないのに対して、ロジットモデルは、3つ以上の変数にも対応が可能となる。ただしその一方で、計算量が飛躍的に増大するという欠点がある。また、効用関数を作成する際、系統的(システマティック)に決定される効用と確率分布に従うランダムな誤差項を考える必要があり、**ガンベル分布**[*4]に従うなどの仮定を設ける必要性があること、魅力係数の考え方自体については検討されていないことなどの問題点もある。

　ロジットモデルは、消費者余剰の概念等が導入され、より高度な予測モデルを構築することができるが、その一方で、利用者各個人の特性を定量的に分析する手法が必要であるともいえる。

g. 集客施設の需給モデルの構築　ハフモデルにおいては、利用者と商業施設等の間にニュートン力学の法則をあてはまることを前提としているが、実際にはその理論構成はアナロジーとしての適用であり、理論性に欠ける。ここでは、施設の利用者需要と施設の効用の供給側に需給均衡が成り立つと考え、利用者が純粋な経済

[*4]　ガンベル分布：二重指数分布とも呼ばれる。ある集団の最大値や最小値の確率分布を議論する時に登場する概念である

人として、効用を最大化させる行動をとる結果、入場者数が定まるとする考え方を紹介する[4]。この考えでは、ある居住者の固まりが任意の集客施設へ行く確率によって入込客数は特定の施設へ吸引され、利用者側と施設側の**需要曲線**と**供給曲線**の均衡点に基づいて決定するものと考え、あるブロックから特定の施設へ行く確率を算出し、計画施設への来客数の合計を計算し、成立可能規模を求める方法である。

すなわち、各利用者は効用を最大限にすることを目途として、より時間距離が短く、**魅力係数**の高い施設を利用することを前提とする。

この場合には、施設へ利用者を惹きつける魅力係数を各施設が持つデータを定量化したうえで、その施設の集客能力を判定することが必要となる。しかし、現行のハフモデルにおいては、売場面積（㎡）等の単純な評価値を採用しており、複合的な施設において魅力係数を計測する手法を詳細に検討している事例はこれまであまりなく、その評価手法を新たに検討する必要性がある。たとえば、ある集客施設を例にとると、その施設の魅力係数を設定したうえで集客の範囲をマーケティングエリアで設定し、どれだけの人数を集めることができるのかを予測する。また、**時間距離**概念は、施設利用のコストと時間的な拘束を伴うものであり、変数として検討する必要があり、これらの検討を基に入場者の需給モデルを作成し、将来的な類似施設の計画に資する検討方策を示すことを目指したものである。

1.3.2 シミュレーションの考え方

集客施設において何故シミュレーションが有効なのか　シミュレーションは、実際の現実を真似する、つまり、仮想現実状態をつくり出すことが目的である。たとえば、航空機の運転や原子力発電所内での核反応など、広い範囲で科学的な分析に使用される。この時、何故シミュレーションを行うのか。その大きな理由は、実際に航空機を飛ばしてみたり、あるいは、核反応を実験装置で起こさせるには、莫大なコストと労力が掛かることにある。また、実際の実物を使って実験した場合、飛行機が落ちたり、核反応の深刻な被害が発生する可能性もある。実物では複数回にわたって実験を繰り返すことが容易でない。しかし、こうした必要な実験をコンピュータ上で検証することができれば、実際に何億円もする飛行機を飛ばしたり、危険な装置をセットして環境を破壊することなく、その影響を分析することが可能になる。このように本物を使って実験することが困難な場合に仮想現実世界の中でその現象を把握する手段としてシミュレーションが使われる。

近年、都市計画や建築計画、地域開発の分野でもシミュレーションが使用される

ようになってきている。たとえば、景観や日影条件に関しても施設の建築や開発の場合、実物を建ててしまうと完成後の変更は困難を極める。後戻りすることができない実際の建設には多大の労力と年数とコストが掛かるが、これを**仮想現実**の世界で実験することが可能であれば、その施設がどれぐらい人を呼ぶことができるか、あるいはどれぐらいの影響を周辺域に対して及ぼすかといった疑問点を事前に知ることが可能になる。そこで、シミュレーションを使い、コンピュータ上でその施設立地を集客施設が立地効果を事前に把握することができれば、実際にそのものをつくった場合にそれをフィードバックすることで計画で反映することできる。

シミュレーションの最大のメリットは、低いコストによって実際にそのものができる前に施設の持っているインパクトを把握できるということにある。したがって、特に大規模な集客施設の整備を検討する場合、正確に数字を積み上げたうえで、その集客力のシミュレーションを行うことが必要なのである。しかし実際には、コンピュータを使って収支計算プログラムで事業収入と費用支出からその施設の経営上の可能性を判断する程度にとどまっている傾向にある。本来はその集客施設の持っている集客力や整備のインパクトに入場者数や地域への波及効果を正確に

コラム 03 予測の精度について

予測には、非常に高い精度である法則性に則った自然科学の分野から、曖昧なファクターに左右されやすい社会科学まで精度にかなりの差がある。物理学の力学や量子力学等の分野と経済学等の社会科学との間には予測において精度にかなりの差が出てくるということである。すなわち、科学の分野でも非常に高い精度で予測が行われる分野と、複雑な数式を用いても必ずしも精度が高くない分野があるということで、なかなか興味深い。物理学の分野では、ニュートン力学を応用すれば惑星や彗星の位置や動きは秒単位で正確に予測することができる。たとえば、日食や惑星の運行はきわめて正確な予測が可能である。同じ物理の問題であっても、自分の目の前で紙切れを離した時にそれがどこに着地するのかを正確に予測することは大変難しい。

これは風の向きやスピードといった予測不能な動きがファクターとして入るからである。宇宙の何千何万 km も離れた現象は正確に予測できるのに目の前の紙切れ 1 枚の動きは予測が難しい。

一方、社会科学や経済学の分野では、ぐっと予測の精度が落ちる。半年後の為替相場や景気動向がエコノミストによって全く意見が異なることなどざらにある。これを比較すると、物理学者の自然現象においては公式(formula)やモデル式がどれだけ信頼性のおけるものであるかという点が重要なのである。したがって、誤差の範囲と逸脱している数式、前提条件を吟味しないで使用すると、あまり精度の高くない予測結果が出てくることになる。

把握することができなければ、その施設をつくることがどうか判断することは難しい。

これからは、集客施設を整備するうえで必要となるデータや分析を行った後、施設整備の是非の判断や効果的な政策を判断することが重要になると予想される。

コンピュータの値段が大幅に低下し、かつ高性能化し、安いコストで計算が可能になった現在ではもっと多くの計画においてシミュレーションが適用される必要性がある。

1.3.3 集客の予測の方法

予測の方法の代表的なものには以下のようなものがある。

a. トレンド法　過去から現在に至る傾向を分析して、そのデータを延長する形で予測を行う。予測手法のうち最も古くから利用されてきたもので、外挿法ともいわれる。具体的には、現在入手できるデータを過去から時系列的に並べ、その傾向を延長して予測する。不連続で変化の大きな事象の予測には適用しにくい面もある。短期的な予測に向く手法である。

b. シミュレーション法　現実に近いモデルをコンピューター内に再現し、模擬実験を行う。やや中期的な予測に向く。実際に現物をつくって試すことのできないものをコンピュータの中で予測実験を行い必要なデータを予測する。経済や環境の予測にも欠かせない手法である。

c. クロスセクション法　現時点の断面（クロスセクション）のデータからある出来事と別の出来事の相関を考え、予測につなげる手法である。先行している他の国の状況等から将来像を予測する。たとえば、他の先進諸国で起こっている事象の因果関係が発見できれば、自国でも起こり得ると有用な予測ができる。ちょうど写真で瞬間を切り取るようなタイプの分析である。モデルとなる先行事例がある場合等に有効である。

d. デルファイ法　専門家に対する繰り返しアンケートによる予測手法で、新しいタイプの施設や全くデータのない新技術の予測等に利用される。専門家から雑音の少ない予測結果が得られるものの、専門家の選択やその意見の抽出という非常に地道なアンケートとフィードバック作業も必要である。デルファイ(Delphi)という名称は、古代ギリシャの神のお告げからとられた言葉である。

e. 現場調査法　徹底的な現場調査によって予測の対象を深く掘り下げて予測を行う方法である。現場の意見を収集することによって新たな視点等を見出すことも

ある。対象によっては、机上での情報収集のみで予測することが危険なケースもありえる。たとえば、エネルギー資源がいつまで持つかという予測も現場調査を行い、埋蔵量を実際に確認しなければ、実態にたどり着くことはできない。こうした場合には、探鉱して埋蔵量を計測することが予測のベースとなる。

f. コンジョイント分析　ある魅力ある品物を企画していく場合、品質管理、技術開発力、販売や経営のノウハウ等の要素が絡んでいる。こうした考えでは、魅力ある商品をつくり上げた背景や開発行為を理論的な面から取り上げ、魅力の理解に対する枠組みや応用を構築することが必要である。

　コンジョイント分析は、マーケティング手法の1つで、ある商品の魅力を商品を構成する個々の特性（部分）の魅力や性能で単純に加算したものと考えず、商品の全体的な魅力であるジョイント（複合）効果から個々の部分をとらえようとする手法である。「商品が選ばれる順序」等から各部分の効果を計算することによって最適な仕様の商品像を解析し、加重総和方式とは逆の発想で評価を行う。実用上は、各因子や因子水準のトレードオフ構造を明らかにし、これまでの市場に登場していない新商品の調査等に使用される。

　ショッピングセンター等の集客機能を持つ施設について、その商圏や背後圏のとらえ方についての研究がある。重力モデルや空間相互作用モデルを利用することによって売上げ高を予測することを行っている。

コラム04　ベンジャミン・フランクリンの意志決定方法

　アメリカ建国の英雄の一人であるベンジャミン・フランクリンは、新聞を発刊したり、雷の電気実験を行ったり、憲法の草案にアイディアを出したり、八面六臂の活躍をした人物である。彼の意志決定方法は、大変ユニークで示唆に富んだものである。何か重要な決定をしなければならない時、彼はノートを開き、左側にそのことを行った時のメリットを、右側にデメリットを書き連ねた。そして、数日間両者にさらに気づいたことを書き加えたり、修正しながら、メリットとデメリットが同じくらいの重みである場合は、両者を線で消していった。客観的なデータを蓄積し、数日後頭を冷やしたうえで、そのノートを眺め、やるべきか、やらざるべきか、判断したという。

　この方法は、ビジネスで意志決定に迷った時等、現在でも通用する方法であり、近年いろいろな計画をする際に必須になっているCBA（Cost Benefit Analysis：費用便益分析）の神髄の部分でもある。これまでトップの経営者が直感的にと決めてきたことは、200年前の彼が見たらどう思うだろう。

　意志決定者が適切な判断をするためには、メリットとデメリットに関する正確な情報の収集と分析が不可欠なのは、今も昔もそうは変わりがない。

実際の予測には、これらの手法を適切に組み合わせながら予測を行っていく観点が重要である。モデルを作成し、そのモデルへの与条件により予測結果を生み出す方法がシミュレーションである。モデルをどれだけ実際の状況に近付けることができるかが予測の精度に大きく関係している。

1.3.4　集客のモデル

a. モデルとはなにか　　モデルとは、現実に実物をつくることが困難であり、莫大なコストが掛かる場合など、その現象を再現できるようなコンピュータ上のプログラムや数学的な式を導き出すことによって、スピーディーかつ安価なコストで予測値を出すことが可能とするものである。集客施設については、入場者数予測モデルとしてこれまでさまざまな手法が検討されてきている。

b. 需給モデル構築の位置づけ　　1.3.1 g.で紹介した需給モデルによる入場者数の予測手法について、大規模集客施設を例にもう少し具体的に内容を見てみる。

一般に複合型の大規模集客施設は、その活動内容がバラエティに富み集客力を持っている。これを魅力係数(魅力度)という数値で表現する場合、たとえば、延床面積や売場面積等の単純な数値による比較では、必ずしも十分にその特性を表すことはできない。また、こうした施設が展開された場合に周辺域が受ける便益は、その展開内容によっては必ずしも均質であるとは限らない。周辺域への影響は、施設の活動内容に応じてさまざまに変わってくることを考慮する必要がある。

1.3.5　魅力係数の考え方

a. 魅力係数　　集客施設が持っている人を集める能力を**魅力係数**という定量的な数値でとらえてみる。

たとえば、品質管理の分野では、狩野ら[5](1984)は、「魅力的品質」を「品質特性であり、その実現、提示によって消費者の満足度および使用してのメリットが著しく高まるもの」と定義している。この中で「魅力」は、実体があり、客観的に観測できるが、ある意味で「実体概念」ではなく、人間の文化や頭脳がつくり出した抽象的な概念とされている。また、どの製品でも達成している特性のことを「当たり前品質」とも定義している。

このように理論上で構成される構成概念(仮説概念)であることを踏まえて、魅力を測定することの可能性が考えられる。いわゆる商品に対して魅力をあてはめる考え方がある一方、集客施設のように人を惹き寄せることを目途とした施設・建築物

もある意味で商品であるという考え方も成り立つ。

狩野ら[5](1984)は、価値観は、文化や教育といった個人の体験で後天的に形成され、モデル化する際には人間の評価構造を理解し、このような背景も要因として取り込まなければならないとする。また、魅力的であることは、他と異なる個性を持つことが必要条件である。外部的に定められた基準や標準を達成するのではなく、他と異質なものを発見することが鍵を握っているとしているとしている。

b. 魅力係数の内訳　ある施設を対象に総合的な評価をする場合、その部分や側面ごとの評価にウエイトを掛けて積み上げることによって評価することが考えられる。通常の人間の思考回路では直感的な判断で施設が選択されており、パターン認識によって評価モデルを行うことがよいとされる説もあり、評価モデルをつくるのは、実際には難しい作業である。

集客施設の場合、魅力係数は、空間、収容、アクセス性、施設のグレード、立地地点の周辺の施設集積等の要因が組み合わされることによって定められると考えられる。実際問題として、どの基準値を魅力係数に盛り込むべきかは、決定的な判断基準がない。

大規模集客施設について考える場合、たとえばドーム球場であれば、施設の基幹となるグラウンドや観覧席等が最も核となる定量的データと考えられる。

また、施設規模(キャパシティ)や付帯設備としては、外構(緑地、通路)、駐車場等の項目があげられる。一方、付帯する施設内容については、飲食、娯楽施設、文化施設等の内容も関連する。また、施設の入場者を規定する要因として、当該施設の周辺に存在する施設の充実度も影響を受ける。

こうしてみると、大規模集客施設における魅力係数の設定のうえで集客要因となっているものとしては、料金、施設の内容以外に口コミや評判といったものがあり、これらが相互に絡み合って集客施設の魅力係数を左右していると考えられる。

1.3.6　需給モデルの構築と効用

検討した魅力係数のデータを基に実際の入場者数予測を行うための予測モデルを構築する必要性がある。ここで、検討しようとしているモデルの特徴を整理すると、①需要曲線の形態は、右下がりであり(縦軸を価格 P、横軸を量 V とすると、P が増えると V は減る)、②モデル上では、各施設の吸引力が施設と利用者の居住地との時間距離に依存している状況を想定している、という特徴があげられる。実際には、施設ごとにその個性や魅力に相当する機能が異なるため、時間距離のみで

説明できない入込客数の相違性が存在する。

商業施設の中でも小売店舗のような物品販売を主目的とするものは、そこから受けるサービスが均質であるならば、規模が大きいほどその**集客力**を増してゆくものと考えられ、大規模集客施設の内容によっては施設の競合についても視野に入れたうえで、その施設立地の影響を見ていく必要性がある。また、買回り品のような小売施設の集積については、利用方法として必ずしも競合の関係のみではなく、むしろ相乗効果を生む可能性も高いものと予想される。

こうした中にあって**大規模集客施設**は、その活動内容がバラエティに富み、周辺域と比較してその受ける便益が必ずしも均質であるとは限らず、周辺域への影響は、施設の活動内容に応じてさまざまに変わってくることを考慮する必要がある。

こうした施設での活動に加えて、その利用時間帯に関する検討が実際には必要であると考えられる。特に面積規模の大きな商業施設については、交通量の発生について科学的かつ定量的検討を行うことが重視されてきており、駐車場や周辺施設への影響について把握を行ってゆくことも必要となる。

またその一方で、**効用**(utility)とは、元来が経済学の用語であるが、今日では社会科学だけでなく、数理計画やシステム工学等で広範囲に使われる概念である。経済学では、「効用は消費行動から得られる欲望充足の満足の度合を測る主観的測度であり、その量的変化を効用関数と呼ぶ」[6]と定義されており、対象に備わった固有の客観的特性ではなく、人間が付与する心理量を指している。

これは、ある施設を利用する観客の動機は、あくまでも行動する各個人のインセンティヴによっていると考えるからである。

1.3.7 需給モデルを使用した入場者数予測例

a. モデルの仮定　各地区ごとの入場者数を予測するため、**需給モデル**を検討した考え方を示そう。これは、あるエリアに現時点で想定する集客施設が立地した際の入場者数予測を行ったものである。この場合、1つの施設に対して地区の数だけ、縦軸を動員数 Y、横軸を時間距離 X とする右下がりの曲線が描かれる。魅力係数を使用することで、時間距離 X の施設に対する各地区および各施設ごとの動員人数 Y が定まる。

もし、このエリア内に N 個の地区があれば、各施設ごとに N 個の需給均衡の発生動員数の図ができ、それぞれがエリア内の総動員数の人口のパイを分け合うと考えることができる。

b. 需給均衡の計算　需要曲線が Y 軸である時間距離は、たとえば、日帰りなら 120 分（2 時間）以上かけてくることはないと想定する。つまり 2 時間以上となると、往復が 4 時間となり、9 時開始、5 時終了の施設の場合には朝 7 時に出て帰宅が夜 7 時になってしまう。もし往復時間がこれ以上掛かるとなると、朝 6 時に出て帰宅は 8 時以降となるか、もしくは施設の滞在時間を削ることとなり、疲労も重なる。したがって、2 時間以上も掛けて何かの集客施設を目指すということは、日帰りを前提とした場合、レアケースである。

こうして考えると、**日帰り客**の入場者は、おおむね時間距離 120 分で打ち切られる。また、需要者の発生量が 0 以下になることはあり得ないこと、需要曲線が指数関数[*5]型であることを基に均衡値（発生動員数 y）を求める。ここで、各区域ごとの利用者発生数を図-1.12 に示すような形で予測することができる。

なお、もう少し詳しい理論的な根拠は次節において解説する。

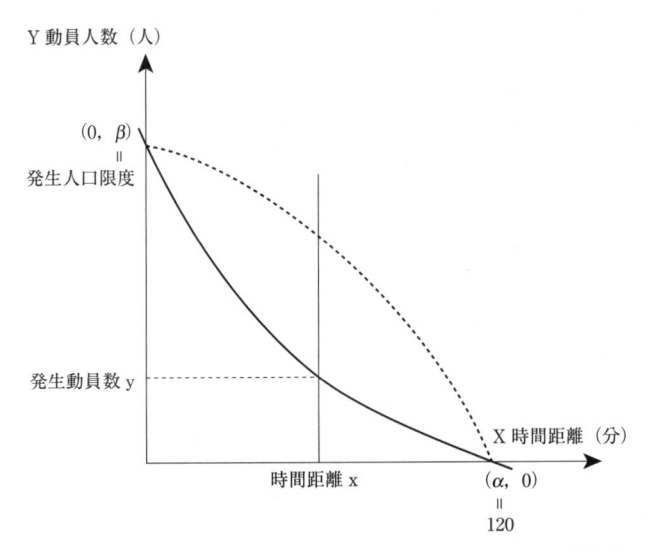

利用者が経済人として行動した場合に、施設までの時間距離や魅力係数に応じて合理的な行動をし、他施設との競合を考えて、人口のパイを取り合ったとして予測をする。動員人数は限られ、時間距離が一定以上だと発生しない

図-1.12　需給均衡モデルによる集客予測例

[*5] 指数関数：3＋3＋3＋3 を略して「3×4」と書くように 3×3×3×3 を「3^4」と書く。右肩の小さな「4」を累乗の指数と呼び a^x と書いたとき a を「底」、x をその「指数」と呼ぶ。「$y = a^x$」の形のものが指数関数

1.4 ハフモデルが何故成り立つのか

1.4.1 何故ハフモデルが成り立つか

これまで、重力モデルの一種としてハフモデル等を用いて入場者数を測定することが多く行われてきた。しかし実際には、なぜ人間がちょうど重力に引き寄せられるように作用するのかということは十分解明されてこなかった。そこで基本に立ち返って、なぜこうした理論が成り立つのか整理してみる。

集客行動もある意味で消費者行動であると考えられる。それは何らかの集客施設を利用することで、利用者にとって効用が生まれると考えられるからだ。

一口に消費といっても、何かのオマケにつられて行動してしまう人もいれば、誰かが言ったから負けじと対抗意識で買う人もいるだろう。その行動パターンは、無限に種類があり、これを統一的に説明することは難しい。そこで、科学的に分析するため単純化して、集客施設の利用者は効用を最大限にするように行動すると仮定するのである。効用は満足の度合いとも置き換えることができる。

このように人々は、限られた条件の中で自分の効用を最大にする行動をとると考えることができる。

1.4.2 問題の単純化

経済人として行動する人々は、自分の効用を最大にしようとする。一般的な人々は、1年間のうちに何回かは集客施設を利用する平均的な数値がある。たとえば、ディズニーランドだったら、せいぜい1年に1.0回、1.5回とか、スキーだったら、0.8回とかというような数字である。もちろん個人差があるから人によって数字が違うが、全国平均すると、どの地域でもその回数がだいたい決まってくる。

このような場合、問題を単純化しているので、さまざまな条件を一定にするという仮定をよく用いる。ここでも他の条件を一定と考えながら話を進める。

1.4.3 効用の考え方

博物館に行く回数が仮に全国平均0.2回／年の人口50万人の都市があると仮定する。その都市の人々は、毎年50万人×0.2回／年＝10万人の博物館の利用需要を持っていると考えることができる。同様に100万人の都市なら毎年どこかの博物

館に 20 万人が足を運ぶということになる。

　この都市に住む A さんは時給 1,000 円を稼ぐ価値を持ち、1 日 8 時間働くと、8,000 円になる。A さんが博物館に行くには、行き帰りを含めると、丸 1 日掛かるとする。その場合の総コストは、A さんが 1 日に稼ぐ費用と同じ 8,000 円というように考えることができる。

　これは、A さんが博物館へ行かないで 1 日家でゆっくりするか、せっせと働いたら本来 1 日分稼げるはずのお金をわざわざ博物館まで足を運んだ分のコストと考えることができる。1 日博物館めぐりに労力を傾けたのに対して、それに見合った満足できる内容であったかどうかが、その博物館に 1 日を使った A さんの効用に相当することになる。

　もし、博物館にその日 1 日使ったのに、残念ながら満足せずに帰ってきた場合、博物館行きの 1 日は 8,000 円分の価値はなく、あんな所にわざわざ行かないで、その日 1 日を家で過ごすか、むしろ働いた方が良かったということになる。

　この博物館に来る人たち皆が 1 日 8,000 円分のコストの価値を認めないのであれば、いずれ博物館を利用する人はいなくなるということになる。すると入場者は減り、その博物館の収入も減って商売も傾いてしまう。今時だったらば、行政評価をすると点数が低くなってしまい、納税者に対しての説明が求められた場合、アカウンタビリティに欠けた施設として整理対象の施設となる可能性がある。

　この施設が 1 日費やして 8,000 円分の価値が普遍的に認められないなら、再度訪れる人はいずれいなくなる。しかし、この分の効用があると考える人がいれば、この人たちはリピーターとなって、少なくとも施設は存続する可能性があると考えられる。

1.4.4　移動コストとの勘案

　では、次に 1 日の時間の使い方という観点から考えてみる。この 8,000 円の中には、**博物館**の入場料や交通費等、さまざまな要因が入っている。

　もし、出掛けてから帰ってくる実質的な活動時間がだいたい 9 時から 5 時までの 8 時間とすれば、1 時間あたり 1,000 円分を使っていると考えられる（お昼の時間 1 時間を抜くと、実質的には 7 時間であるが）。電車等の**アクセス**が 1 時間とすると、その往復の交通に 2 倍の 2 時間とられ、実際の活動の時間は 6 時間となる。話を単純にするために交通費を 0 とすると、交通に掛かった機会費用コストは、この人が働いて稼げるであろう時給の 2 時間分であり、

第1章 人を集めること

$$8,000\text{円} - 1,000(\text{円}/\text{h}) \times 1\text{h} \times 2 = 6,000\text{円}$$

つまり、6,000円分の効用を博物館で享受するチャンスがあるということである。ところが仮にアクセスに2時間掛かると、今度は往復で4時間掛かることになり、

$$8,000\text{円} - 1,000(\text{円}/\text{h}) \times 2\text{h} \times 2 = 4,000\text{円}$$

となり、効用は先ほどの6,000円に比べて4,000円と3分の2にぐっと減ってしまう(実際には、交通費も距離が増えると高くなってくる。単純に時間距離が2倍になると交通費も2倍になるとすると、交通費は往復で4倍になる)。ここでわかるのは、アクセスの時間が増えると、それに比例してではなく指数関数的に集客施設を利用する効用が減るという点である。

それでは、アクセスに2時間30分掛かると、どうなるのか。この場合、

$$8,000\text{円} - 1,000(\text{円}/\text{h}) \times 2.5\text{h} \times 2 = 3,000\text{円}$$

となり、効用はアクセス1時間の時の半分になってしまう。こうなってくると、移動コストは博物館そのものに掛けるコストより2,000円オーバーしている。博物館を利用するために目的地まで行って帰ってくることに5時間を費やし、そのためにエネルギーをとられていることになる。

また5時間も交通に時間を要するのは疲労度も高い。普通の人は、片道2時間30分も掛けてかけて博物館に日帰りするというわけにはいかないだろう。実際には、博物館(集客施設)への時間距離的な限度は2時間から2時間30分の間で、今の計算の場合、交通コストが施設の利用コストを上回る2時間が限度と考えてよい。

実際には、博物館の入場料や交通費等の追加コストが掛かることを考えてみると、アクセスの時間距離が増えれば増えるほど、途中からその効用が指数関数的に急激に減り、施設を利用するという本来のメリットが減少することになる。

1.4.5 魅力係数(魅力度)

一方、**魅力係数**(魅力度)という考え方についても説明をしておこう(後ほど詳述)。魅力は、ある施設に人が行ってみたいと思わせるものをどれくらい持っているのかということを数値化したものと考えることができる。

A博物館よりB博物館の方が同じレベルの作品で5倍の魅力を持っているとしてみる(あくまでも単純化である。たとえば、A博物館がモネの名作『睡蓮』の絵を1枚だけ持ち、B博物館は『睡蓮』を5枚持っているというように)。

そうすると、魅力係数に比例して人を引きつける力は強くなる。その一方で、**時間距離**の指数倍に反比例するとすると、

人を引きつける力 $(F) = δ ×$ (魅力係数) ／ (時間距離の指数倍)

という関係を導くことができる（$δ$：参加比率）。これは重力モデルのひとつであるハフモデルの理論の根幹の部分になる。そして、複数の魅力の異なる施設があれば、お互いに力比べをして**競合**する（このあたりのもう少し科学的な理論内容についてはP91からの3.3において詳述）。ライバル施設があり、そちらの方が魅力があれば、そちらに利用客は吸い寄せられていく。

　施設を利用する人は、だいたい頭の中で概ねのコストを計算し、合理的な行動をとるとすると、これも数式化することができる。つまり、こうした数式は100％の人にはあてはまらないものの、9割近い人がこうした行動をとるとすれば、ある程度科学的に分析することができるようになってくる。

1.4.6　魅力係数の数値化

　ある施設がある施設の5倍の人を引きつける能力があるということは、どのようなことであろうか。これは、たとえば、B博物館の魅力は、A博物館の5倍の魅力だというように考えるのである。そもそも、こうした魅力を単純に数値化することはおかしいのではないかという人もいるであろう。しかし、問題を単純化することは、理論構築にとって大変重要な作業である。

　また、実際にはこうした分析が行われている分野もある。たとえば、土地の値段として毎年発表される**公示地価**や**基準地価**は、その典型例である。ある地域の用途地域や周辺の土地の値段の取引事例、施設をつくるとしたら掛かるコスト等から不動産鑑定士がその数値を鑑定する。

　取引価格事例、**収益価格**、**工事原価価格**等の数字を組み合わせて地価が決定されるアプローチは、ある意味でその土地の魅力係数とみなせることもできる。

　最近では、このように魅力係数を考慮して分析を行うことにより特定の施設の魅力というものを計算することができるようになってきている。

　先ほどの例で、N倍の引きつける力のある博物館は、やはり、同じ条件の人をどうやらN倍の人数分だけ吸い寄せることができると考えてよさそうである。たとえば、スキー場においてはリフトの長さ、商業施設においては売場床面積を魅力係数としてハフモデルが適用されることが多い。

1.4.7　需要と供給から考えた集客数の予測

　理論をもう少しだけ進める。集客施設にくる人は、限られた時間と予算の範囲で

第1章 人を集めること

どのように効用を最大化させるかということを考えて行動する。

そこで、以下のような図式が各エリアでエリアの数だけ発生していると単純化して考える。X はアクセスのための片道時間(h)、Y は集客施設で過ごす時間(h)とする。α は移動の時間コスト、β は施設利用の**時間コスト**とすると、両者とも人的な機会費用と考えることができ、人の時間給と置き換えられる。たとえば、仮に $\alpha = 1{,}000$ 円/h、$\beta = 1{,}000$ 円/h、使用できる予算の制約を M_L とする。M_L は前と同じように 8,000 円程度とする。

一方、施設を利用する時間 Y と交通アクセスの往復時間 $2X$ を比較する場合、一般的に $2X$ が Y をオーバーすると、その施設を利用することに抵抗感が強くなると考えられる。この時、T_L を利用時間と交通アクセス時間の合計とすると、

$$T_L = 2X + Y$$

と表される（**図**-**1.13**）。

Y を最大限にすることが施設を最もゆっくり楽しむことである。Y はせめて $2X$ より大となることが望ましい。すなわち、$Y \geqq 2X$ の時、

$$T_L \geqq 2X + 2X = 4X$$

$$X = \frac{T_L}{4}$$

往復時間と実質的な施設の利用時間が等しい状態 $2X = Y$ の時は、仮に $T_L = 8\,\mathrm{h}$ とすると、$X = 2$ となる。この時の時間 $X = 2$、つまり 2 時間で通常の利用者は、ほぼ利用を断念する。

図-**1.13** は、基本的な利用時間 Y とアクセス時間 X の関係を示している。全体の時間 T_L を横軸に移動に掛かるコスト、施設利用に掛かるコストに分けると、両者は**トレードオフ**の関係になる。これは、経済学ではよく大砲とバターの関係といわれる例である。

1 人あたりの移動の時間価値は、λ(円/h)で X 時間移動し、集客施設利用価値を ε（円/h）で Y 時間過ごすとする。

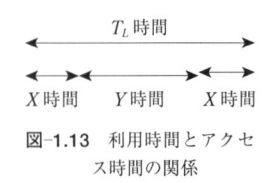

$$M_L = 2\overset{\text{移動コスト}}{\lambda X} + \overset{\text{施設コスト}}{\varepsilon Y} \tag{1.1}$$

M_L は予算の制約コスト（ここでは 8,000 円）、λ、ε は単純化し、各 1,000 円と考える。

全体の効用については式(1.1)で表すことができる。施設の利用者には、このコストと便益が一致した場合に初めて利用した意義が出てくるからである。たとえ

図-1.13 利用時間とアクセス時間の関係

ば、移動の時間にほとんど使ってしまえば、集客施設を利用する貨幣価値分はなくなってしまう。

a. 30分圏での利用者の想定　次に30分おきの時間圏での効用の概念について考えてみる（図-1.14）。この場合、横軸は時間距離、縦軸は効用とする。

回/年の人口規模面積あたりの参加率をδ(人/m²)とすると、30分圏(0.5 h)での集客施設利用のポテンシャルがある人の合計値は、図-1.15の網掛け部分のエリアに住んでいる人たちである。

また、1時間距離の場合の物理的な距離をκ(m)とする。つまり、時間距離Xの場合にはκX(m)で、0.5(h)の時間距離では0.5κ(m)となる。

図-1.15の同心円内の人口密度を均一とすると、参加率がδである場合、参加率×圏域の円の面積人口は、

$$\delta \times 0.5\kappa \times 0.5\kappa \times \pi = 0.25\kappa^2 \delta \pi (人)$$

ということになる。

移動時間以外の遊ぶことのできる時間が多いほど効用が高いと考える。T_L 8時間から移動時間($0.5h \times 2$)を除いた7時間必ずしも施設を利用する必要はなく、5時間でも3時間でもかまわない。しかし、30分圏の利用者は、1日フルに施設を利用することができるが、移動に2時間掛かる人は、$T_L = 8$の場合、物理的に4時間以上は滞在できない。1時間あたりの施設利用価値をμとする。

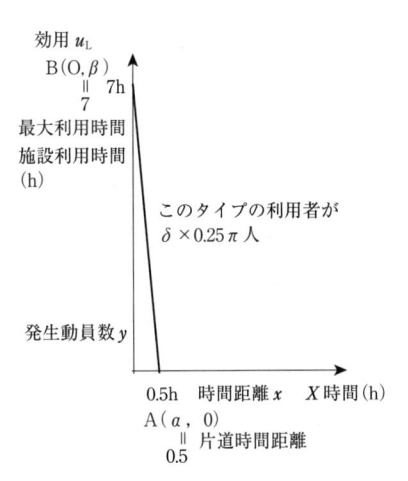

図-1.14　距離30分圏のアクセス時間と利用時間の関係

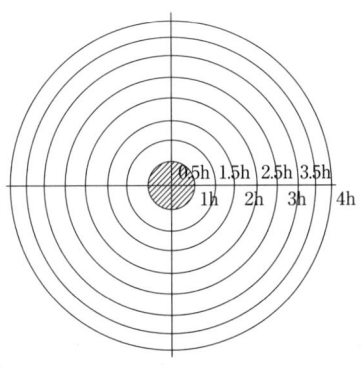

図-1.15　距離30分圏のエリア（斜線部は、$0.5 \times 0.5 \times \pi = 0.25\pi$）

第1章 人を集めること

30分圏内ケースの1人あたりの効用 (u_1) を魅力係数×利用時間×施設利用価値と定義すると、

$$u_1 = M \times 7(\mathrm{h}) \times \mu$$

となる。M は魅力係数で、M が大きいほど効用は大きくなる。7h に相当する時間は、T_L から $2X_1$ の往復時間を引いた数字であるから、これを一般化すると、

$$u_1 = M(T_L - 2X_1)\mu$$

と表される(図-1.16)。

30分圏の団体の効用 U_1 は、

$$U_1 = u_1 \times 0.25\kappa^2 \delta \pi$$

である。図-1.15 の斜線部分の面積が $0.25\kappa^2\pi$ である[1時間距離(1h)を半径に持つ円形の面積を単位とする]。

なお、利用者ポテンシャルの面積は X の関数とも考えられる。半径を κX とすると、

$$U_1 = u_1 \times (\kappa X_1)^2 \pi$$

全体の効用 U は、

$$U = M(T_L - 2X_1)\mu \times (\kappa X_1)^2$$
$$= \mu M\kappa^2(T_L - 2X_1)X_1^2$$

b. 1時間圏のケース 今度は1時間圏の効用 u_2 について考えてみる。この場合には、

$$u_2 = M \times 6(\mathrm{h}) \times \mu$$
$$= M(T_L - 2X_2)\mu$$
$$U_2 = u_2 \times (\delta\kappa^2\pi - 0.25\delta\kappa^2\pi)$$

図-1.17 の斜線の部分の面積は $\delta\kappa^2\pi - 0.25\delta\kappa^2\pi$ である。全体の効用 U は、

$$U = \mu M(T_L - 2X_2)[(\kappa X_2)^2 - (\kappa X_1)^2]\pi$$
$$= \mu M\kappa^2(T_L - 2X_2)(X_2^2 - X_1^2)\pi$$

と計算できる。

このようにして、以下 1.5 時間、2 時間、2.5 時間、3 時間、3.5 時間、4 時間と 0.5 時間ごとに時間距離をとり u_1 〜 u_8、その間のドーナツ状の区域に居住す

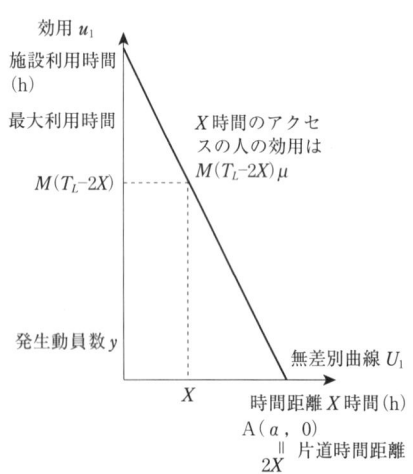

図-1.16 距離 X 時間圏のアクセス時間と利用時間の関係

1.4 ハフモデルが何故成り立つのか

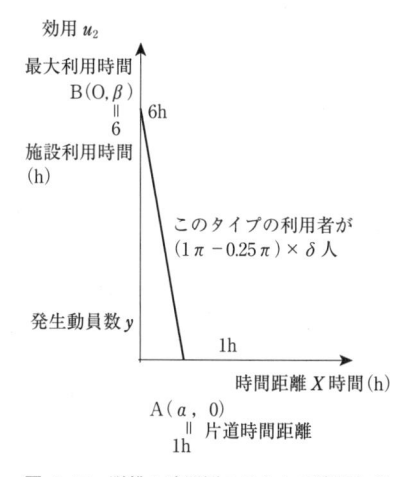

図-1.17 距離1時間圏のアクセス時間と利用時間の関係

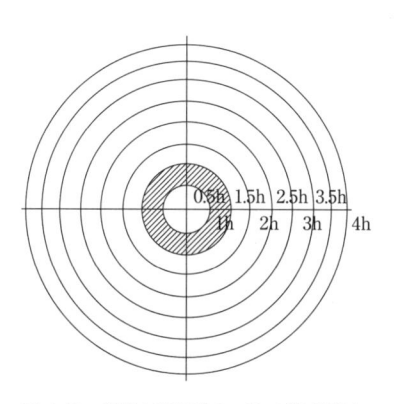

図-1.18 距離1時間圏のエリア（斜線部は、$1\pi - 0.25\pi = 0.75\pi$）

る人たちが集客施設を利用していると考えることができる。

効用全体としては、$U_1 \sim U_8$ までを合計する。つまり、$U = \Sigma U_i$ となる。この場合、面積を一般化し、時間距離を X_i とした場合、

$$面積 = (\kappa X_i)^2 \pi$$
$$人数 = N_i = \delta(\kappa X_i)^2 \pi$$

したがって、

$$U_i = u_i \times N_i$$
$$= \mu M(T_L - 2X_i)[(\kappa X_i)^2 - (\kappa X_{i-1})^2]\pi$$

U は、U_i をトータルしたものなので、

$$U = \mu M \kappa^2 \Sigma (T_L - 2X_i)(X_i^2 - X_{i-1}^2)\pi$$

と表すことができる。

なお、1.5時間〜4時間までのケースについては、資料編を参照願いたい。

1.4.8　効用の考え方の一般化

ここではイメージしやすいように30分圏ごとに人口の分布を同心円状に分けて考えてみた（1.5時間〜4時間については資料編参照）。しかし、実際には時間は連続的な数値であるから、アクセス時間を X と一般化して考える。一般化することにより予測モデルとしてさまざまな応用をすることが可能になる。

45

第1章 人を集めること

なお、T_L が 8(h) であるとすると、X は 4 以上の値をとることはできない（4 時間だと往復で 8 時間をオーバー）。

1 人あたりの効用は、**機会費用**としてもとらえることが可能である。また、ここでの議論の考え方としては、長く施設を使えるほど効用が高く、また魅力のある施設ほど利用者の満足度が上がるとすると、

$$u_x = M(T_L - 2X)$$

そして、X 時間距離の面積の中でこの u_x の人が何人いるかというと、総人数を N_x とすると、半径 X の円の面積 × δ となるので、

$$N_x = \delta \kappa^2 \pi X^2$$
$$U_x = u_x N_x = M \times (T_L - 2X) \times \delta \kappa^2 \pi X^2$$

となり、これが X の距離の人全体の効用となる。

時間距離 $X + \Delta X$ と時間距離 X の効用を比較して、ΔX に対して 1 人あたりの効用の減少分は $M(T_L - 2X)$ の傾きが $-2M$ であることから $-2\Delta X$ である（図-**1.19**）。ここで、図-**1.20** の網掛け部分が X から微少時間 ΔX だけ増加した場合の面積である。dX だけの微少な面積の増分は、これを微分することで計算できる。時間距離 X の所の円の面積に相当する S_X は、

$$S_x = \delta \pi (\kappa X)^2 = \delta \pi \kappa^2 X^2$$

である。一方、個別の効用 u は、

$$u = M(T_L - 2X)$$

X という距離にある集合体の効用 U_x は両者を掛け合わせたものと考えられるので、距離 X の際、

$$U_x = M(T_L - 2X) \times \delta \pi \kappa^2 X^2$$

で表される。

$$U_x = M \delta \pi \kappa^2 (T_L - 2X) X^2 \tag{1.2}$$

したがって、dX の微少な変化分に対しての U_x の変化は、式 (1.2) を**微分**して求めることもできる。

$$\frac{dU_x}{dx} = M \delta \kappa^2 \pi \{(-2)X^2 + (T_L - 2X) \times 2X\}$$
$$= M \delta \kappa^2 \pi \times 2X[-X + (T_L - 2X)]$$
$$= M \delta \kappa^2 \pi \times 2X(T_L - 3X) \tag{1.3}$$

ちなみに、以下のような積の形の関数の微分の時には、

$$f(x) = g(x)\ h(x)$$

1.4 ハフモデルが何故成り立つのか

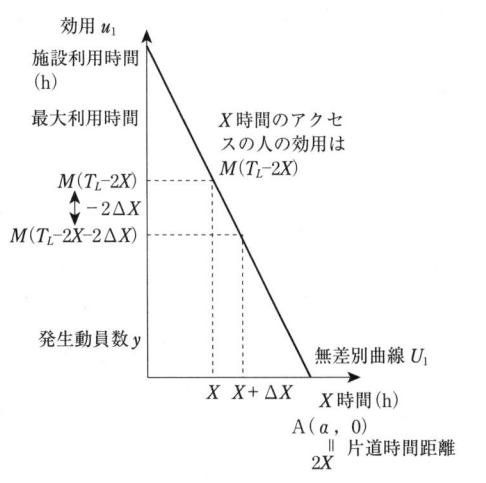

図-1.19 距離 X と $X+\Delta X$ での効用の変化

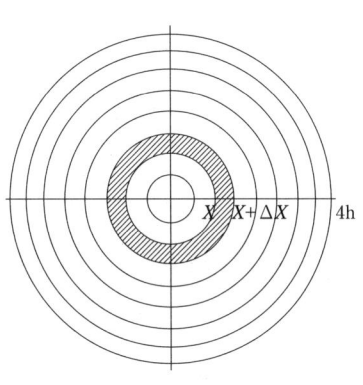

図-1.20 X と $X+\Delta X$ 時間圏のエリア

右辺を微分する時は、
$$f'(x) = g'(x)h(x) + g(x)h'(x)$$
となる。別の書き方では、
$$\frac{df(x)}{dx} = \frac{dg(x)}{dx}h(x) + g(x)\frac{dh(x)}{dx}$$
となる。これを利用して式(1.2)を微分すると、式(1.3)のようになる。なお、効用があがるほど利用者数は増加する。すなわち、動員数は、効用に比例しており、距離の3次関数で規定されていることがわかる。

U 全体は、U_x を足し合わせていったもの、つまり**積分**したものと考えることができる。したがって、

$$\begin{aligned}
U &= \int M(T_L - 2X) \times \delta\pi\kappa^2 X^2 \, dX \\
&= M\delta\pi\kappa^2 \int (T_L - 2X) X^2 \, dx \\
&= M\delta\pi\kappa^2 \int (T_L X^2 - 2X^3) \, dx \\
&= M\delta\pi\kappa^2 X^3 \left(\frac{T_L}{3} - \frac{1}{2}X\right)
\end{aligned} \tag{1.4}$$

となる。

第1章 人を集めること

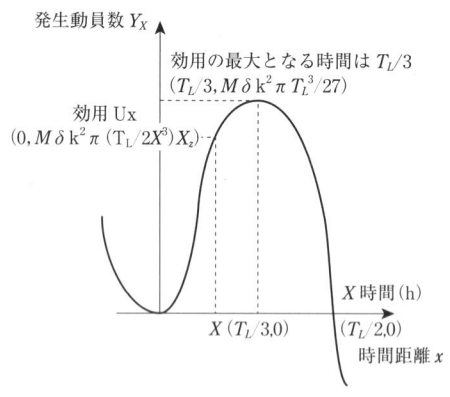

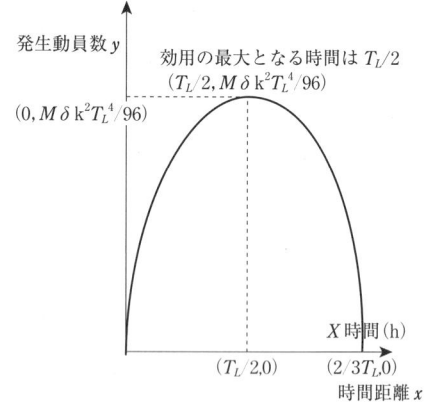

図-1.21 時間距離 X と効用(動員力)　　図-1.22 時間距離と効用のトータル(動員数全体数)

　最も動員力がある時間距離は、式(1.3)が 0 となる $T_L/3$ の時間距離の場所で、$M\delta\pi\kappa^2 T_L^3/27$ に比例する数値の動員数がある。しかし、時間距離が $T_L/2$ になると、動員力が 0 となる。T_L が 8 時間とすると、$T_L/2$ は 4 時間で集客力が 0 ということになる。

　また、動員数全体を見た場合、式(1.2)を積分した式(1.4)で表される値に比例する数値が総動員数となる。これは (0,0) と $(2T_L/3, 0)$ を通る 4 次関数の形をしている。

　また、頂点は、式(1.4)に $X = T_L/2$ を代入して、

$$\left(\frac{T_L}{2}, \frac{M\delta\kappa^2\pi T_L^4}{96}\right) \tag{1.5}$$

となる。

　式(1.2)から動員力が X の 3 次関数によって規定されている様子がわかる。

　ここでは、集客施設が XY 座標の原点に位置し、人口密度が δ で緊密に分散し、アクセスが放射線上に均等に広がる場合を想定しているが、実際の地理的状況を見た時、地形が山岳地であったり、河川があったり、傾斜勾配があったりと、アクセス距離や人口分散は異なるものであることが多く、今回のように指数がきれいに 4 となるとは限らない(図-**1.23**)。

　こうした場合、時間距離のコンタ(等高線)をとって 10 分圏、30 分圏等と区切った方が考えやすい場合もある。

　実際の時間距離は、アクセスによって違い、きれいな円形になるとは限らない。

1.4.9　ハフモデルとの比較

これまでのハフモデルでは、各施設が惹き込む力は、距離の2乗に反比例し、魅力係数に比例することから、距離が0の際には分母が0になることで無限大になる等の問題があった。しかし、実際には距離0は施設への限りない隣接であり、ここには人口があまり張り付いていないならば利用者数は0である。

ここで説明しているモデルでは、その矛盾点等についても説明することができる（Kawaguchi2010‐model）。

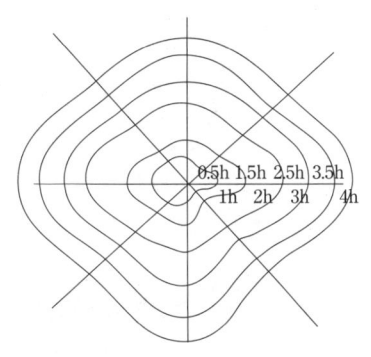

時間距離は10分で区切っても30分で区切ってもかまわない

図-1.23　地形変化によって異なる人口分布。実際の時間距離はアクセスによって違いきれいな円形になるとは限らない

$X = T_L/2$ を代入すると、$M\delta\kappa^2\pi T_L^4/96$ が動員数の最大値となる。

一方、施設が複数ある場合にはどのように考えたらよいのであろうか。これまでの計算では、魅力 M という施設が1つだけの場合を想定しているが、もしこれに対して競合するライバル施設があった場合である。

その場合、それぞれの施設の魅力度に比例して引力のように引きつけられ、お互いに人を引っ張り合うと考えればよい。

この場合、複数の施設がお互いに時間距離に反応し引きつける力が計算でき、その力に応じて年間の集客施設の潜在利用者が引きつけられると考えられる。

1.5　入場者数予測の位置づけ

ここまで集客施設における魅力係数に関する概念を明らかにし、需給モデルの考え方を適用しながら、**入場者数予測**を行う手法について新たな検討を行ってきた。すなわち、重力モデルや空間相互作用モデルがそれぞれ人が意志を持たず、分子のような扱いをしているのに対し、モデルの中では制約条件の中で人が効用を最大化させることを求めて理性的に行動するという視点に立っている。

一方、現在進行中のプロジェクトであっても、今後10年、20年と人気を保ち続けることができるかどうかを判断するのは正直なところ難しい作業でもある。予測が外れる危険性もある。実際、数年程度前の本でありながら、最新事例として紹介

第1章 人を集めること

ラッフルズホテル(シンガポール) イギリスの初代提督の名前をつけたホテル。アジア最高ランクのホテルとして、多くの文豪に愛された。現在は、ショッピングモール等と複合的な施設となっている

されたプロジェクトが経営的に破綻しているケースすらある。普遍的な理論の提示がないと、単なる事例集になってしまう恐れもある。将棋の定石のように法則が並べてあっても、根拠が明らかでなかったり、あまりに定性的な理論ばかりでは、現実を説明しきれない。その一方で、計量モデルや高度の数学を援用していても、パラメータを間違えると、人によって予測値が全く異なったり、見解が異なってくるという現実的な問題もある。

まとめ

人を集めるにはその対象の分類が必要

「なぜ人が集まっているのか」が解析できれば、その理由になっているものを提供することで集客ができる。

ターゲットを定める必要がある

人を集めるためには、どのような人を集めようとしているのか、その基本的なターゲットをしっかり定める必要性がある。効果的に人を集客するためには、その性格や属性を分析してみる必要がある。

集客を科学的にとらえるにはシミュレーション等の方法がある

集客を考えるには、これまでのように勘と度胸に頼っていては戦略が立てられない。科学的に集客をとらえるために、コンピュータ等を使ったシミュレーションによる予測手法がある。

魅力度や重力モデルを利用することで利用者数の予測をする

重力モデル等を活用した利用者数の予測手法があるが、まだ世の中では十分に使われていない。

重力モデルがなぜ成立するのか

施設を利用する人は自分の持っているお金や時間によって得られる効用を最大限にしようとして活動する。

コラム 05 ピラミッドは公共投資だった

　エジプトの**ピラミッド**は、王家の墓というのが定説である。王(ファラオ)は、自分の生前からその権力を後世に伝えるために延べ何十万人という奴隷を過酷な労働を課して巨石を運ばせてつくり上げた、それが近年までの学説であった。しかし、最近この巨大墓にまつわる考え方が変わろうとしている。それは、この建設に関わったと思われる人々の痕跡や墓がピラミッドの周辺で発見されて、その暮らしぶりが少しずつわかってきたことによる。

　この労働者たちの生活した部落らしきものはピラミッドから数 km 離れた地点で発見されたが、その中での生活者はどうも家族で暮らしていた者が含まれていたこと、また生活も豊かで、かなりの自由度があったらしいということが近年わかってきた。なぜそうしたことがいえるかというと、たとえば、当時の労働者達の働いていた状況を管理した古文書が出土してくる。そうした記録の中には、ある者が親戚の結婚式のために休暇をとったり、二日酔いのために休みをとったりした記録というものがある。また骨の中には人為的な手術で治癒した痕跡がある者がいたり、家族のものもあったりする。

　つまり、家族連れで住むことができたり、休みをとれたり、お酒を飲むことができる人たちというのは悲惨な生活を強いられている奴隷には通常できないということである。ピラミッドをつくるために働いていた人たちの中には普通の生活を楽しむこともできる人も含まれていた。

　また、その周辺で当時の石を積み卸したと見られる場所も見つかった。そこはかつてナイル川が氾濫した時の川と陸地の境界線近辺にある。ナイル川の氾濫期に川上で切り出されてきた石を船で運び、そこから陸揚げしたわけで、なるべく移動距離が少なくなるようにしていたということになる。ちょうど川の氾濫期である 7 月から 10 月の間には、畑は水に覆われ、水が引くまでは人々は仕事ができなくなる。強制的な農閑期になるわけであるが、その時の豊富な手の空いた農民たちを労働者として仕事を与え、その間食べられない人々に食事を与えることは国家の公共事業として経済的な安定と意義を持っていたということである。つまり、ピラミッドは、ナイルの氾濫で仕事にあぶれた人々の農閑期の公共事業としての機能があったというのが最新の学説となってきている。

　確かに公共事業の本来の役割は国民に長期間にわたって便益を与えるものである。しかし 4,500 年後に世界中の観光者を惹きつけ、エジプトを代表する都市景観を形成しているということでは、ある意味でエジプトという国に対して非常に大きな便益をもたらしているという言い方もできる。少なくともクフ王のピラミッドを見るために世界中の人々がカイロやギザを訪れ、多くのお金を落として観光産業を潤わせているのだから。

第1章　人を集めること

参考文献

1) W. J. Reilly : The law of retail gravitation, Putman and Stone, New York, 1931
2) D. L. Huff : A probabilitistic analysis of shopping center trade areas, *Land Economics*, 39, pp. 81–90, 1963
3) A. G. Willson : Entropy in Urban and regional modeling, Pion, London, 1970
4) 川口和英：需給モデルからみた大規模球場型集客の魅力係数に関する研究―集客施設の入場者数予測手法に関する基礎的研究、日本建築学会計画系論文集、No.534、p.123、2000.8
5) 狩野紀昭、瀬楽信彦、高橋文夫、辻信一：魅力的品質と当たり前品質、日本品質管理学会誌『品質』、Vol.14、No.2、pp.39–48、1984
6) 経済学大辞典、東洋経済新報社、2000
7) 位寄和久、両角光男:ファジィ解析を用いた都市内空地の心理評価構造分析―都市内空地の魅力度評価に関する研究、建築学会計画系論文集、No.467、p.105、1995.1
8) 宇治川正人、讃井純一郎：スキーリゾート施設に対する利用者の評価に関する研究その1、日本建築学会計画系論文報告集、No.472、1995.6
9) 市原実：商圏と売上高予測、同友社、1995
10) 林田和人、渡辺仁史：博覧会における日別入場者数変動に関する研究、日本建築学会計画系論文集、No.467、pp.81–88、1995.1
11) 宮尾尊弘：現代都市経済学、日本評論社、1985
12) 岩田規久男：土地と住宅の経済学、日本経済新聞社、1979
13) 八田達夫、八代尚宏：東京問題の経済学、東京大学出版、1995
14) 木多彩子、柏原士郎、吉村英祐、横田隆司、阪田弘一、片岡正和：ショッピングセンター周辺における地域施設の分布実態と発生影響要因について―核型施設の周辺地域における地域施設の発生予測に関する研究、計画系論文集、No.475、p.95、1995.9
15) 森杉壽芳、大島伸弘：幹線道路網形成の簡易な事後評価モデルの提案、土木計画学研究・講演集、No.7、pp.125–132、1981
16) 稲村肇：港湾経済効果分析―物流効果・帰属付加価値モデル、土木学会論文集、No.359／n–3、pp.51–59、1985
17) 稲村肇、早坂哲也、德永幸之：SNA地域間産業連関表を用いた物流解析の実証的研究、土木学会論文集、No.488、IV–23、1994.4
18) 寺岸歩、小嶋勝衞、根上彰生、宇於崎勝也：内発型リゾート開発が地域に与える影響に関する研究（長野県野沢温泉村における産業連関分析）、日本建築学会学術講演梗概集、F–1分冊、p.385、1996.9
19) 九州経済調査会：福岡ドームの地域経済への影響、p.5、1994.5
20) 横浜市、浜銀総合研究所：2002年ワールドカップ開催に伴う横浜市の経済波及効果、1994.12
21) 慎重進、佐藤滋：駅前再開発と関連事業の連鎖的展開に関する研究、日本建築学会計画系論文集、No.494、pp.179–186、1997.4
22) 蟹江好弘：県境地域における住民の生活行動・地域連携に関する基礎的研究、日本建築学会計画系論文集、No.493、pp.175–183、1997
23) 宇治川正人、讃井純一郎：部分効用関数による個人差と地域差に関する考察、日本建築学会計画系論文集、No.488、pp.93–99、1996.10
24) 山口有次：観光・レジャー施設の集客戦略、日本地域社会研究所、2008

第2章　人集めのターゲット

　集客を機能的に行うために、どのような人々をターゲット層に置くのかがこの20年来、比較的強く意識されるようになってきている。設定したターゲット層をうまく掴みきれず、苦労している施設も実は多い。
　ファミリー層をターゲットとするのか、若い女性をターゲットするのか、中高年齢層をターゲットとするのか、子供をターゲットにするのかを絞り込むことによって、よりその施設の魅力がはっきりと演出されることにつながる。ターゲット層をはっきりしないまま施設の開発に及ぶと、違う機能が並列されるだけで、その施設の持つ魅力や集客力が落ちてしまう場合もある。集客のターゲットをセグメント化する方法、利用者を取り込む工夫について考えてみる。

2.1　人集めの方向

2.1.1　ターゲット層と発展方向

　ある施設に集客する場合、どのような利用者層を**ターゲット**として考えていけばよいのだろうか。集客をうまく行うには、ターゲット層をしっかり押さえなくてはならない。巨大な施設は、ある程度守備範囲が広くても多くのターゲット層をカバーすることが予想できる。しかし、コンパクトでそれほど大規模でない施設であればあるほどターゲット層をどうするのかということは、よく考える必要がある。何でもできることは、実は何もできないことであるともいわれる。ビジネスの戦略では、「選択と集中」という考え方がよく口にされるが、集客においても**マーケット**を絞り込まなければ、成功は覚束ないだろう。
　たとえば、ベンチャー企業であれば、ヒット商品となる主力商品がおのずと必要であり、かなりターゲットを狙い澄ました戦略を立てないと、経営的なサスティナ

ビリティを保つことは難しい。

いかにしてターゲットをとらえ、消費者のニーズに合ったサービスを提供してゆくかというマーケティングの概念は、集客施設においても重要な観点である。

2.1.2 ターゲットの類型

たとえば、集客型施設を利用する客層を、年齢層や構成要員から大きく次のように分類してみる。

① **小・中・高校生**：家族連れの活動等に影響
② **学生**：アルバイト、余暇活動、通学等
③ **ビジネスマン**：ビジネス用途および週末の余暇の用途、通勤等
④ **OL**：週末利用、通勤
⑤ **主婦**：買い物、日常生活の移動、送り迎え等
⑥ **カップル**：ドライブ、デート、余暇活動等
⑦ **家族連れ**：買物、子供を連れた余暇活動
⑧ **高齢者**：買い物、日常生活上の移動
⑨ **外国人**：観光、ビジネス、買物
⑩ **事業者**：事業活動、ビジネス、運送、物流業務

第1章で述べたMECEの概念で見た場合、この類型は、漏れも重なりもない状態にはなっていない。

たとえば、ビジネスマンは、週末には家族連れに変身する可能性があるし、大学生でカップルの場合だってある。この分類では、施設の利用者は、グループ構成によって行動特性や求めるものが異なっている。計画する施設がどのような人をターゲットとするのか、そのマーケティングを行わなければならない。

ターゲット層と活動、発展方向との対応づけをキーワードを基に考えると、**図-2.1**のようなものが考えられる。

2.1.3 客層の行動様式

縦軸のターゲット層と客層のアクティビティ(**行動様式**)には、どのような関連性があるのかを分析しておく観点が重要である。

学生であれば、夏休みや春休み等の学校の休日、社会人であれば、会社の休日で

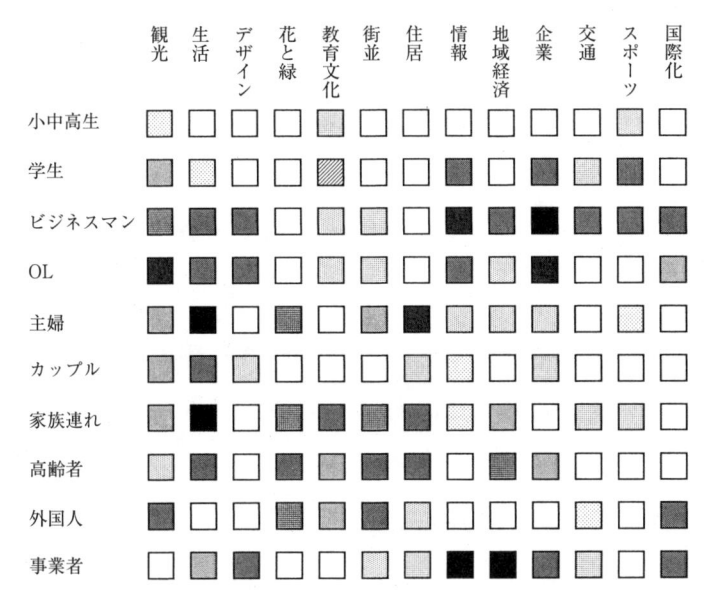

図-2.1　ターゲット層と発展方向(色が濃いほど関連性が高いと考えられるもの)

ある土日が最適活動日となる。また、児童・学童であれば、遠足、実習、修学旅行等の教育的色彩を持った需要が見込める。

つまり、ウィークデイの集客様式や利用のされ方、休日の来訪スタイル等が関連する。ターゲットとなる客層により週の中での最適の活動日が異なる。このように利用者層の性格によって季節性要因や休暇、休日のとらえ方が異なるため、利用者層の変動についてもあらかじめ検討しておく必要がある。

2.1.4　ライフスタイルによる類型

施設の利用者は、グループ構成により使用単価や行動特性が異なったものとなる。計画する施設がどのような人をターゲットとするかを十分に考慮して、そのマーケティングを行うことが望ましい。

また、施設の使われ方も、大きくビジネス、商業活動を志向して使用される類型とオフビジネス(余暇的な活動)を志向して使われる類型に分けて考えられる。例として、**ライフスタイル**をキーワードとした MECE に基づいた分析をしてみる(**図-2.2**)。

第2章 人集めのターゲット

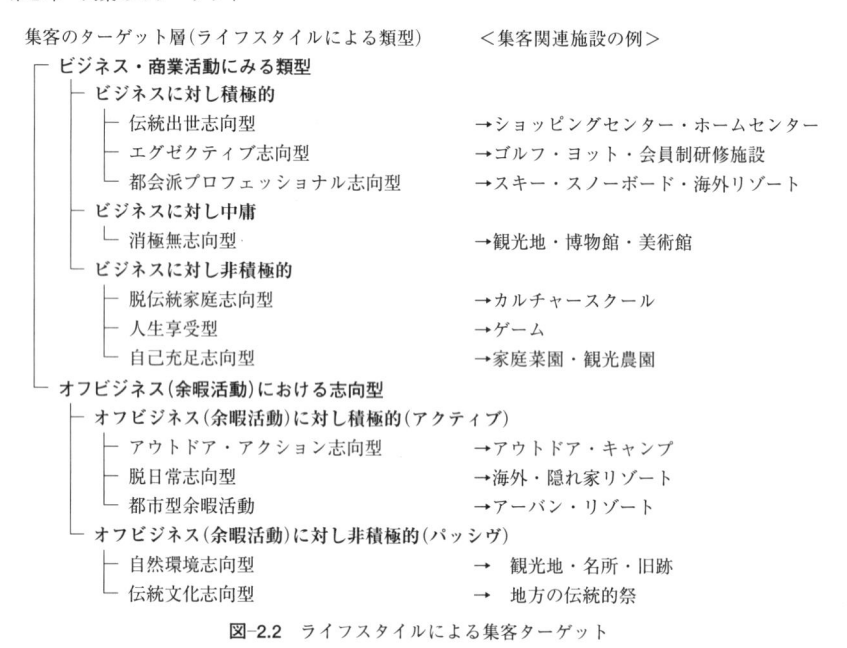

```
集客のターゲット層(ライフスタイルによる類型)    <集客関連施設の例>
├ ビジネス・商業活動にみる類型
│   ├ ビジネスに対し積極的
│   │   ├ 伝統出世志向型            →ショッピングセンター・ホームセンター
│   │   ├ エグゼクティブ志向型        →ゴルフ・ヨット・会員制研修施設
│   │   └ 都会派プロフェッショナル志向型  →スキー・スノーボード・海外リゾート
│   ├ ビジネスに対し中庸
│   │   └ 消極無志向型              →観光地・博物館・美術館
│   └ ビジネスに対し非積極的
│       ├ 脱伝統家庭志向型           →カルチャースクール
│       ├ 人生享受型               →ゲーム
│       └ 自己充足志向型            →家庭菜園・観光農園
└ オフビジネス(余暇活動)における志向型
    ├ オフビジネス(余暇活動)に対し積極的(アクティブ)
    │   ├ アウトドア・アクション志向型    →アウトドア・キャンプ
    │   ├ 脱日常志向型              →海外・隠れ家リゾート
    │   └ 都市型余暇活動            →アーバン・リゾート
    └ オフビジネス(余暇活動)に対し非積極的(パッシヴ)
        ├ 自然環境志向型            → 観光地・名所・旧跡
        └ 伝統文化志向型            → 地方の伝統的祭
```

図-2.2 ライフスタイルによる集客ターゲット

(1) ビジネスおよび商業活動に見る類型

a. ビジネスに対し積極的なタイプ

① **都会派プロフェッショナル志向型**：人生80年時代の生き方をさまざまな意味でリードしていくと考えられるターゲット層。積極的な主流志向が非常に強く、一流志向、個性化志向、出世志向、スポーツ・健康志向、グルメ、本物志向、いずれも強い。若い層に多く、ハイテク機器を中心にして、従来の生活のあり方を革新してゆく商品を購入するマーケットリーダーでもある。30代以下の若い層もいるが、団塊世代リタイア組の中にもこうした趣向を持つ人が増えてきている。

② **エグゼクティブ志向型**：少々無理だと思うくらいの仕事目標を立て、積極的に仕事をこなし、人生を享受することよりも、出世に価値観を見出す猛烈タイプ。40代以降で、ある程度出世を果たしたエグゼクティブがこのタイプの代表。新たなビジネスチャンスを積極的に求める等、ビジネス活動を中心とした交流をサポートする機能を持つ。

③ **伝統出世志向型**：家族のため、会社のため、自己を犠牲にしてでも勤勉に働き、自分のやりたいことは後に置いておくタイプ。努力をすれば出世することが

できると考え、また、伝統文化・形式をできるだけ継承するのを良しとする等、昔ながらの価値観の基に働いている。20年前のサラリーマン社会の常識であった会社奉公型のライフスタイルを送る層。やはり年長者に多い。

b. ビジネスに対し中庸なタイプ
① 消極無志向型：ほどほどの階層にも存在し、他の類型と比べて際立った特徴を持っていないグループ層。ビジネス、商業活動についても日常の必要な活動として熱心に取り組むが、ビジネスについてもオフビジネスについても中庸路線である。全国的に見ると、このタイプは30％以上になるが、首都圏ではこの比率はやや低下し、約20％強を占めるといわれる。良く働き、ほどほどに遊ぶ、平均的生活者の層。

c. ビジネスに対しあまり積極的でないタイプ（非積極的）
① 脱伝統家庭志向型：昔ながらの価値観を抜け出したものの、それに代わる拠り所を基本的には家庭生活の中に見出すグループ。自己充足や出世志向は、どちらかというとあまり強くない。生活に埋没する傾向があり、消費に関しても先端を追うことなく、スポーツ活動もあまり熱心ではない。基本的な活動タイプとして、日用品買い回り活動等が多いタイプ。50代以上の女性、主婦に多い。
② 人生享受型：人生享受志向、自己充足志向が非常に強く、また、個性を求める傾向が類型中最も強い。だが、必ずしもそれが一流のものである必要はなく、自分なりの個性を大事にしながら人生を楽しく生きていこうとしているグループ。単身者の若年層に多く、ビジネス活動にはやや消極的である。何か（ミュージシャン等）を目指してはいるが、現在はフリーターである人等の層。
③ 自己充足志向型：伝統的なものの考え方には反発し、個性を重んずるタイプの類型。このタイプは、価値観の成熟化に伴って、伝統出世志向型に移行していくと考えられ、ビジネス上は単発的。
④ ニート（NEET）引きこもり型：就学や就労していない、あるい何か具体的な仕事をするための訓練等を受けている状態をいう。また、ある程度狭い空間から出ず、特に一定の仕事に就いていない人々。所得が低く、特定の分野以外にはお金を使わないタイプ。

(2) 余暇活動における志向型
ビジネス以外の類型として、オフビジネス（余暇活動）における志向型がある。

a. 余暇活動に対し積極的(アクティブ)

① **アウトドア・アクション志向型**：豊かな自然環境の中でアウトドア・ライフや、スポーツ等を思いきり楽しむことを志向するタイプ。現在は20％弱といわれるが、健康志向の近年の増加傾向から今後増加すると考えられる。男性や30代以下の若い層に支持率が高く、高学歴、高所得者層にも人気が高いという傾向がある。

② **脱日常志向型**：国際的な雰囲気や異国情緒等、非日常感覚が特に強い余暇活動を志向するタイプ。日本人の中では少数派といわれ、全体の10％弱とされる。

③ **都市型余暇活動型**：通常の都市から離れた自然環境を志向するタイプとは逆に、洗練された都市文化の中で、楽しさ等を味わうタイプ。女性、30代の若い層、50代後半の高年齢者層に多い。

b. 余暇活動に対し非積極的(パッシヴ)

① **自然環境志向型**：日本人の余暇活動タイプのうち、最大多数派であるといわれる。美しい自然、山河、田園風景といったどちらかというと自然そのものの魅力に惹かれるタイプ。豊かな自然に囲まれて、ゆっくり休養したり、のんびりしたりすることを望む。家族連れ等、30代後半以降の支持が高い。

② **伝統文化志向型**：自然環境派に次ぐ多数派。歴史や芸術の香りが漂う史蹟、ふるさとやひなびた温泉、観光地、名所、旧蹟等を訪ね、伝統や文化に肌で接する余暇活動を志向するタイプで、都市感覚よりは素朴さ、伝統性文化を求めるタイプ。女性や40代以降の割合が高い。

　ここであげたものは、あくまでも仕事および余暇に対する意識を切り口としたターゲット層の類型の例である。

　したがって、広い領域をカバーしているが、実際にはこの分類からでは広すぎて、どの類型の人々をターゲット層としたらいいのかはまだぼんやりしている。ターゲットを絞るという観点では、十分な解とはいえない。

　ある特定の集客施設のターゲットを定めるのであれば、異なった切り口(たとえば、年齢、所得、活動内容、地域別等)は無数に考えられる。この類型自体も時代の変遷によって変化してゆくことが十分予想できる。

　仮に余暇活動に対して非常に積極的な脱日常志向型やアウトドア・アクション志向型、都市型余暇活動の人たちを対象とした施設を展開することを考えてみる(アウト・ドアアクション志向型のみでもよい)。

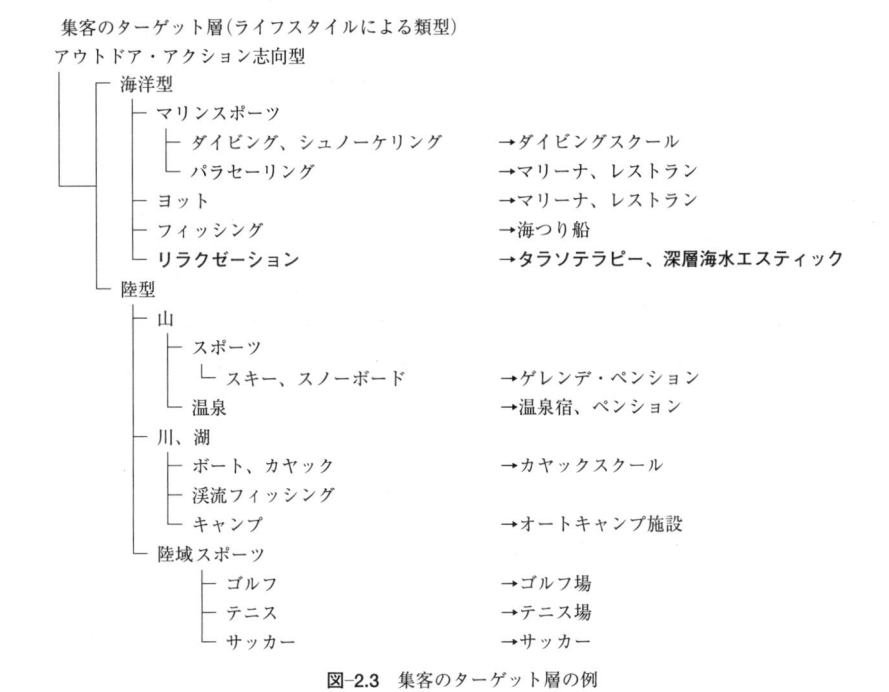

集客のターゲット層（ライフスタイルによる類型）
アウトドア・アクション志向型
├ 海洋型
│ ├ マリンスポーツ
│ │ ├ ダイビング、シュノーケリング　　→ダイビングスクール
│ │ └ パラセーリング　　　　　　　　　→マリーナ、レストラン
│ ├ ヨット　　　　　　　　　　　　　　　→マリーナ、レストラン
│ ├ フィッシング　　　　　　　　　　　　→海つり船
│ └ **リラクゼーション**　　　　　　　　**→タラソテラピー、深層海水エスティック**
└ 陸型
   ├ 山
   │ ├ スポーツ
   │ │ └ スキー、スノーボード　　　　　→ゲレンデ・ペンション
   │ └ 温泉　　　　　　　　　　　　　　→温泉宿、ペンション
   ├ 川、湖
   │ ├ ボート、カヤック　　　　　　　　→カヤックスクール
   │ ├ 渓流フィッシング
   │ └ キャンプ　　　　　　　　　　　　→オートキャンプ施設
   └ 陸域スポーツ
      ├ ゴルフ　　　　　　　　　　　　　→ゴルフ場
      ├ テニス　　　　　　　　　　　　　→テニス場
      └ サッカー　　　　　　　　　　　　→サッカー

図-2.3　集客のターゲット層の例

　この人たちが望んでいる活動を場所で大きく分けると、海域か陸域か、どちらかに出かけるだろう。検討する場所に海が要素として入るなら、ひとまず陸域を選択肢から外せばよい。特に女性を取り込みたいと思うのであれば、近年の健康ブームの中、リラクゼーションの人気に着目して海洋深層水を用いたタラソテラピーを取り入れることもありえる。タラソテラピーを例にとってみても、さらに分解が可能である。ターゲットの戦略を立ててゆくには、与条件等を勘案しながら、あとは具体的なデータを基に自作するのが一番である。目標とする集客施設についてMECE等のロジカルな手法で分析を行ってみる必要がある。

2.2　施設タイプによる類型

　次に集客のターゲットを施設タイプ別に類型化してみる。いくつかの事例について若干私的な見解や、関係者へのヒヤリング内容等も加えながら、もう少し具体的な施設について紹介し、個別のターゲットの類型についても考えてみよう。

第2章　人集めのターゲット

ニューハウンの街並み（デンマーク）　コペンハーゲン市内の小さな港のゾーン。狭い運河の両側に建ち並ぶ宿屋やレストラン、港湾関係の事務所がおとぎ話に出てくるような美しい色遣いである。観光地としてのみならず、都市景観における色づかいの研究対象としても有名である

ベルンの街並み（スイス）　中世の雰囲気が色濃く残るスイスの首都。ジュネーヴが国際機関の集中する都市として名高いのに対し、ベルンは街のスケールも小さいが、魅力ある観光地である。アインシュタインが相対性理論を思いついたのはこの地である

2.2.1　ミュージアム

（1）　博物館、美術館

図-2.1で見ると、活動（アクティビティ）という点で博物館・美術館は、教育文化との関連で見られるケースが多い。

もちろん、博物館、美術館の中で知識や教養を吸収し、知的な探求心を満たしたいという人の欲求に応えていく要素は大きく、芸術的な要素と教育・文化的な要素を持った集客施設といえる。

博物館や美術館は、英語ではmuseumが最もポピュラーな訳であるが、他にinstituteもしくはcanvusと訳されることもある。後者は、日本語では研究所、大学の敷地という意味で使われることが多い。その機能としては、「人を集める」、「展示物を見る」、「知識を得る」、「美に触れる」、「人間の交流」、「憩いの場」等のように多種多様化してきている。

近年、日本国内の博物館は、装置に触れる、最新技術の映像を見る等、展示方法のバリエーションが増えることで、以前に比べ楽しい場に生まれ変わってきている。しかしながら、装置に頼った展示は、来館者にいずれ飽きられることになり、オープン後2、3年で入場者が減少傾向を辿ることが少なくない。また、新たな展示によりリニューアルを図るにしても、展示方式のコンセプトに一貫性が欠けるためにどうしても魅力に欠けるといったケースが見られる。

こうした施設の魅力の向上のために、装置の入れ替えやソフトウエアの更新等が行われるものの、多額の投資が必要なため、多くの博物館においては思い切ったことができず、入館者が益々減少する可能性を持っている。

本来、博物館は、文化の時代にあってもっと魅力的で発展と継続性のある事業に成長する可能性を秘めている。たとえば、魅力のある博物館事業を地域産業づくりの拠点として考えてゆくこともできるはずである。

(2) 市民参画型ミュージアム

近年の傾向として、美術館も単に建築的な企画としてでなく、市民活動の場としての位置づけを強く意識したものが計画されるようになってきている。

たとえば、2004年にオープンした**金沢21世紀美術館**は、徹底的に市民をターゲットに置いたことに特徴がある。金沢市の中心部に位置し、「まちに開かれた公園のような美術館」として誰もがいつでも立ち寄ることができることを念頭につくられた新しい美術館の形である。

地元金沢の工芸やデザインに刺激を与え、活性化するために、市民との討論により企画がスタートしており、新しいものを生み出す土壌を育成するという美術館の方針の基での効果を目指している。

所蔵作品には、近代美術と現代美術が主となっており、体験型作品や、部屋の空間全体を活かしたインスタレーション等が数多くある。無料入場エリアには、ジェームズ・タレルの作品を恒久設置した部屋がある。市民ギャラリーで印象派以降現

金沢21世紀美術館 2004年にオープン。SANAA（妹島和世・西沢立衛）設計による白い建築建物は、ガラスを基調とした軽快な円形スタイルである。外側のエリアは、入場無料で、内側のコア部分は有料。レアンドロ・エルリッヒの「スイミング・プール」は、光庭と呼ばれる中央部にあり、プールの中に観客がいる様子を上から見ることができる幻想的な人気展示である

代に至る名品展が同時開催される等、観客を集めることに成功した。市内の小・中学生を無料招待し、後日、家族連れで再来館を期待する等の試みも行われている。

年間利用者数150万人（2009年）と地方美術館としては非常に強い集客力を持っているため、今後、施設を活かして、開放エリアの市民との交流プログラム、特別展の企画等、どのような展開で行っていくかが注目される。

筆者が訪れた際には、加藤裕三（1950～2001）のグリコの動くおまけシリーズの展示を行っていた（手で触って動かす楽しさを、コマ、やじろべえ、からくり等の伝統的な遊びを取り入れて子どもたちに伝えようした。90年代に「動くおまけ」シリーズを手がけブームを巻き起こした）。楽しい造形と色づかいとともに作者の作品に対する愛着や姿勢をうかがわせる珠玉の展示であった。

(3) オブジェクト型の博物館

外国と比較することで、将来のミュージアムのあるべき姿、日本が目指すべき近未来の博物館像が浮かび上がってくる面もある。ここでは、アメリカ・シカゴにあるフィールド自然史博物館をあげる。

フィールド自然史博物館は、シカゴの都心部にある自然科学をテーマにしたアメリカでも最大級の博物館である。自然科学の研究のため専門研究機関を持つと同時に、エンターテイメントとしての特質、さらに経営的な自立性を目指した取組み等大いに参考となる博物館である。

館内では人類を取り巻く人類学、植物学、地質学、動植物学のあらゆる地球上の物質を地球誕生の時から現代に至るまで詳細に再現している。標本、剥製等、収蔵物は1,600万点を超え、20エーカー（約8万㎡）のスペースには収蔵物全体の3％が展示されている。ジョージア州の大理石を使用した重厚なつくりで、シカゴの都市景観上も象徴的なものとなっている。

a. 施設内容　フィールド自然史博物館の理念は、「地球と自然を探求しよう」である。中でも「ライフオーバータイム」は、フィールド自然史博物館の中でも最も重要かつ人気のある展示である。

巨大な中央エントランスホールは、上層部まで吹抜けになっており、ホールには恐竜ブロントザウルスの壮大な骨が展示されている。

莫大な研究資金や運営費を補うためにもさまざまな工夫がなされている。たとえば、中央ホールは、レンタブルとなっており、閉館後にはパーティのためのレストランと早変わりする。昼間とはまた異なった趣の美しい空間へと変身する。これは

フィールド博物館が自らの経営戦略を練る中で建築的な資源をその商売に結びつけているケースである。

b. 目指す方向性　　フィールド自然史博物館は、**コレクション＆リサーチ**の観点と、**エデュケーションプログラム**の観点を持っている。これは、オブジェクトベース、すなわち物を中心とした収集がベースにあり、リサーチと2つの観点からアプローチをしている。

　博物館の組織としてのあり方や、長期的なコレクションのあり方、外部のクライアントに対する展示内容、アピールを設定していくか等を検討している。これらは、オフィス・オブ・アカデミアでもあり、収集と研究をどう位置づけていくかという問題でもある。

c. 運営資金調達等　　シカゴの場合には、周辺約100 kmの範囲までがその影響の範囲であり、アメリカの中では第3位程度の規模である。また、集客性のある高いレベルの展示を保つためには、科学等についても国家レベルでの情報を維持していくことが必要である。

　しかし、このためには大量の資金が必要となる。現在の資金調達の手段は、1/3は市から、1/3はアテンダンスのギフトショップ等の収入、残り1/3は寄付等から得ている。

　収入の確保方策の1つとしてグラントと呼ばれるメンバーシップに基づいた特別の補助金がある。Development Officeと呼ばれる開発部門により資金を調達するための活動が行われている。

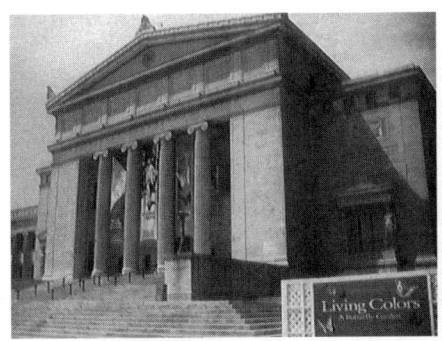

フィールド自然史博物館（アメリカ・シカゴ）　グラント公園の南東にある世界有数の自然史博物館。1893年、デパート「マーシャル・フィールド」の創設者であるフィールドが世界コロンビア博開幕にあたって100万ドルを寄贈したことが創立のきっかけとなっている

d. 民間企業との連携　　また、新しい収入の確保の方法としてマクドナルドとの提携がある。マクドナルドの本社は、シカゴの郊外にあり、現在、館内にあるマクドナルドを近い将来ディノマクドという名前にするという。シカゴには、ロックンロールマクドナルドと呼ばれるマクドナルドもあり、さまざまな多様性のある展開を試みている。

　企業と提携することは、フィールド博物館にとっては良い広告となるし、企業にとってはアカデミズムの情報を得るメリットが生じる。

　提携の道を探りながら資金の調達を行うことは、これからの新しい博物館のあり方であり、座して待つのではなく、さまざまなトライをするということである。

　かつてフィールド自然史博物館は、「Dusty（ほこりのかかったミュージアム）」といわれ、その展示内容も古くさく、あまり顧みられない博物館であったが、こうしたトライによってそのイメージも払拭されつつある。

（4）ニュータイプのミュージアム

　また、最近では新しいコンテンツ（内容）を主要テーマとしたミュージアムも登場してきている。1997年4月にアメリカ・ワシントンにできた**ニュージアム**（NEWSEUM）も、そのひとつである。

　ニュージアムはNEWSとMUSEUMを合わせた造語で、ユニークな博物館である。取扱い内容は、各種ニュースメディアにおいて取り上げられた新旧の歴史的事件の決定的瞬間や報道として価値の高いニュースや写真、映像がふんだんに紹介されている。

　インターラクティブの展示物が多い理由は、一般の人々がジャーナリストの役割を実際に体験できて、ジャーナリストや編集者が直面する困難を理解する手助けとなるからである。ニュースをテーマに置いた新しいタイプの博物館は、ABCやCNN等が配信した世界のニュースコンテンツを題材としているが、湾岸戦争以降、アメリカの報道機関としてのみならず、全世界が注目するメディア局となっているため充実度は高い。

　報道シミュレーションは、一般の人が報道メモをカメラの前で読み上げると、有名ニュース番組のテロップを入れ、数分おきに館内に流し、それをビデオ（有料）にして持ち帰ることができる等、来訪者にとっても良いみやげとなっている。

　これらの報道内容については、圧倒的なコンテンツの質の高さと豊富さによるところが大であり、日本で展開するとしたらどうすれば良いかと、ふと考えさせられる。

2.2 施設タイプによる類型

筆者は、日本の新聞博物館にも足を運んでみたが、同じ報道をテーマとして扱いながら迫力、内容ともに全くレベルが違うと感じた。これはひとえに「報道の自由、言論の自由」に対する歴史の深み、力の入れ具合の違いである。

第二次世界大戦時の大本営発表に基づく戦果の記事等、戦時中の日本の新聞機能の不甲斐なさに改めて気づかされ愕然とするものがある。

NEWSEUM（アメリカ・ワシントン） 報道と言論の自由に捧げられたこの博物館では、世界中のさまざまなニュース素材の集められ歴史的な展示が行われている

2.2.2 リゾート

(1) アーバンリゾート

集客施設の成功事例として過去25年にわたり好調なのは、御存知TDR（**東京ディズニーリゾート**）である。1983年の開園以来、毎年1,000万人以上の集客を持続し、隣接するディズニーシーと合わせて年間2,500万人を動員する。TDRのターゲットは幅広い。子どもから大人、カップル、家族連れ等、あらゆる年齢層がター

コラム06　日本人は売れているものを買おうとする

日本人がレストランに入って何を注文するか、電気店でどのような商品の探し方をしているかを注意深く観察してみよう。「この商品が売れ筋です」、「これがお勧めです」といったセールストークによって勧められた商品を購入する姿が見受けられる。山本七平は、日本人の意志を決定するものは、「空気」であるといっている。

意志決定が「空気」に左右されることは、政治や文化でも、日本人の特質として現れやすい面である。これは、施設の利用の面でも同様の傾向がある。つまり、行列ができていたり、賑わいのある空間があると余計に人が集まる現象である。

この日本人的特質を生かして集客する場合は、人気の出ているものによって人を集めることができるということである。これを極論すると、内容はともあれ、売れ筋の商品ほどさらに相乗効果を生みやすいということである。裏返すと、一旦人気が落ちてきたり、話題性がなくなると、集客力が落ちる危険性もある。高い集客力をコンスタントに維持することがいかに難しいかということでもある。普通に固定客やリピーターをいかに確保するためには、どうすればいいのかということを常に考えておかなければならない。

ゲットのように見える。しかし、TDR の基本的なターゲットは家族連れである。

　ディズニーの強みは、テーマ性とその展開力である。現代の日本人のほとんどが何らかのディズニー映画やアニメーションに触れた経験を持つ。こうした基本的な共有体験をベースに、ミッキーマウスやドナルドダックをはじめとした豊富なキャラクターやヒット映画等の世界に観客を誘い込むためのさまざまな仕掛けを持つ。

(2)　ディズニーシーの持つ集客機能

　集客機能についてこれまでの本で取り扱われてきた先端的事例は、5 年や 10 年も経つといつの間にか経営が危なくなったり、集客施設としての機能が落ちてしまうケースが近年非常に増えている傾向にある。

　そのため、長く先端的な事例として紹介するためには、ある程度評価が落ち着いて、多くの人にとって明らかに魅力が高い施設を取り上げざるを得ない。たとえば、シーガイア(宮崎)やアルファトマムリゾート(北海道)は、20 年前には事例として最先端であったが、現在では必ずしも先端事例とはいえなくなっている。今現在、魅力ある集客施設はどのようなものだろうか。

　ディズニーシーは、2001 年 9 月にオープンしたディズニーの複合リゾートである。隣接するディズニーランドと並んで相互に魅力を増幅する役目を果たしている。ディズニーシーの開園数ヶ月前には新交通システムがオープンした。

　この新交通システムは、ディズニーシーやディズニーマジックキングダム、さらにホテル群や**イクスピアリ**を相互に連携する機能を持っている。窓や吊革がミッキーマウスの顔の形となっている等、小憎らしいばかりの演出効果によってディズニーの世界へ誘うための導入部になっている。

　ディズニーシーの園内はディズニーランドよりもアトラクション数が抑えられている。コンピュータを駆使した最新鋭のアトラクションは、ディズニー映画やおなじみのキャラクターを巧みに取り入れたストーリー性があるものになっており、全体的にはイタリアをテーマにしている。ミッキーマウスやドナルドダックはもちろん登場するが、ディズニーシーという海をストーリーの中の 1 つの要素として取り扱っており、ディズニーランドとは若干異なる。TDR の位置する舞浜エリアは、東京湾と連続性がある。しかし、日本におけるディズニーの展開は、基本的に周辺域と隔離したスペースの中で非日常性を認識しているのがポイントである。

　サイン計画やデザインは、本国のトータルデザインでつくられるため、つくり込みは高いレベルである。本物のようなレンガを用いることで、非日常世界に我々は

入り込まされるように演出されている。

また、JR 舞浜駅に隣接して迷路のような街イクスピアリを併設している。イクスピアリは、商業施設群として物販および飲食店の集合体（ショッピングモール）となっている。

2.2.3　大規模集客

(1)　ドーム型複合施設

複合開発におけるターゲットについて見る時、たとえば、スポーツ対応型施設としてのドーム型球場は、野球という特定のスポーツにターゲットを絞っている。プロ野球は、全試合合計で年間 1,500 万人近い入場者数を見込むことができるが、特定の人気球団に集客が集中する傾向がある。

チボリ公園（デンマーク・コペンハーゲン）　コペンハーゲン駅に隣接し、豊かな自然環境と落ち着いた雰囲気の市民のための憩いの場。遊具そのものより、心落ち着く場所として市民に愛される遊園地である。ウォルト・ディズニーは、チボリ公園を見てアメリカにもこうした家族が安心して楽しめる施設がほしいと考えた。いわば、ディズニーランドのルーツでもある

(2)　球場は何故ドーム化したのか

1988 年に**東京ドーム**ができて以来、90 年代にかけて日本国中、特に政令指定都市レベルの大都市で 4〜5 万人の収容力を持つ大型のドームが相次いで建設された。なぜ、日本にドームがこれほど増えたのだろうか。

その 1 つの大きな理由は、ドーム化による安定した集客力の確保により、収益の面でも有利になるということである。

たとえば、野球場の場合、その日の売上げは天候にきわめて大きく左右される。もちろん、収入の中心である入場者数自体も天候に左右され、飲食物販（ビールや弁当）まで含めると、晴れた日と雨の日では売上げ額が大きく異なる。

現在は細かいエリアに分けた天気予報を行う天候ビジネスが盛んになってきたが、飲食物販業にとってはその日の天候が店頭の納入品の数、ビールの売上げにきわめて大きな影響を与える。こうした場合、天候に左右されないビジネスというのは大変魅力的なものである。

また、数万人規模の人を収容できるための施設というのは、大型コンサートを開くうえでも都合がいい。屋根のあるドーム施設にすることで、予定していたコンサ

第2章　人集めのターゲット

ートが天候等に左右されて中止になるといった危険性はきわめて低くなる。

　東京ドームは、読売巨人軍と日本ハム（2004年から札幌ドームがホーム）のフランチャイズ球場であった以外に、コンサートやイベント絡みの収入が多く、その稼働率は実に90％以上に及ぶ。

　こうした事態を認識した地方の政令指定都市レベルの大都市で施設のドーム化への関心が高くなった。東京ドームに続いて登場した福岡ドーム（現ヤフードーム）は、こうしたニーズに合って、九州の人口規模に比較して多くの人を集客することに成功した。このような状況を見て、日本全国で地域や地元の経済団体が協力してドームを欲しがるという現象が発生した。

　こうしたドーム型施設の場合に先例となるのがアメリカのドーム球場である。アメリカの場合、イベントの使い方に日本とは異なった傾向がある。たとえば、テキサスのアストロドームでは、ロデオ等の地元の伝統的に人気のある地場イベントを取り入れることで集客力を高めている。アメリカのドーム球場は日本のドーム化ブームの発端であるが、日本においてはアメリカでの成功とは違った形で展開した事例といってよいだろう。

　ドームには固定型と開閉型がある。アメリカの**開閉型ドーム施設**では、開閉システムがうまく動かないケースが続発した。日本の開閉型ドーム施設である福岡ドームの開閉屋根は順調に作動するが、ジェット機3台分の重さがあり、建築物の本体以上に屋根のコストが掛かるという問題が生じた。以降は固定型のものが増えて、1997年には4万人収容の**ナゴヤドーム**が、1998年には**大阪ドーム**がオープンした。大阪ドームオープン時のフランチャイズ球団である近鉄バファローズは、2005年にオリックスブルーウェーブ（現オリックスバファローズ）と楽天イーグルス（仙台市を本拠地）に組織吸収されたことは記憶に新しい。

　やはり集客施設を運営していくうえで中味のソフトウエアはきわめて重要である。安定した集客力を持つことができるかどうかは、地方都市においてドーム型施設が立地できるかどうかを左右する。

　地域に人に集めることによる周辺への波及効果はある。たとえば、福井県の鯖江市にある福井鯖江ドームは、1997年に世界体操大会を開催し、世界中から多くのファンを集めることに成功した。事務ボランティアとして地元の人々が協力し、手づくりの地域性を表現した。その他、島根県の**出雲ドーム**は、ドームを木でつくり、地域的な特徴をアピールしている。ドーム施設にも巨大資本型、地域に根ざした地域密着型と独自の展開が行われるようになってきている。

2.2　施設タイプによる類型

ドーム施設による集客[大阪ドーム(左)、ナゴヤドーム(右)]　全国に次々ドーム型の大規模集客施設が立地している。この背景には、天候、季節に左右されない安定的な集客機能を保持するという意図がある。シーズン中には、プロスポーツ対応のニーズに応えている。ゲームのない時には、各種大型イベントや、コンサート会場としてのニーズにも応えている

2.2.4　イベント・可動型

(1)　短期決戦型

たとえば、臨海副都心にあるヴィーナス・フォート[*1](1999)の場合、ターゲットを若い女性に徹底的に絞り込んだという点でわかりやすく明快なものである。ここまでターゲットを特定化することは、ある意味では冒険でもあるが、当たればヒットとなる確率は高くなる。この施設は、10年間を期限とした仮設型施設で、契約終了後は撤去予定であるが、このようにターゲットを絞り込んだ事例としておもしろい展開例である(当初の契約期間を過ぎたが、情勢変化により期限は延期されている)。

こうしたターゲット層の絞込みが若い女性層のみでなく、付随して男性客も呼び込むことにある程度成功した。

借地を10年契約(事業用定期借地方式)としていることから、タイムリミットも明確であり、ある意味で長期の博覧会形式であるともいえる。入場者の5年間の出足は好調で、臨海副都心に魅力を加えた。

ヴィーナス・フォートは当初ナイキタウンのようなスポーツをキーワードとした集客を遊休地で行うことを検討していたが、ナイキがこの計画に関心を寄せなかっ

[*1]　ヴィーナス・フォート(東京臨海副都心)　臨海副都心のパレットタウンにある短期決戦型施設。可処分所得の多い若いOLや主婦層をターゲットにエステティックやレストラン、ジュエリーショップ等が集積し、ヨーロッパの町並みを屋内に再現した。ターゲットを絞り込んだ期間限定の開発事例といえる

69

ナイキタウン（アメリカ・シカゴ） ナイキグッズの専門店（ブランドストア）。野球やサッカー等あらゆるスポーツ用品を販売するだけでなく、マイケルジョーダンをはじめとするスター選手のユニフォームやシューズ、写真を展示するスポーツミュージアムの雰囲気を併せ持つことで集客力を高めている。シカゴ以外にも、ニューヨーク等にもある

たことがかえってこの企画にプラスに働いたとされる。

2.2.5　街の再生

（1）　街自体を変化させる

a. 東京・丸の内が変化した　東京・丸の内といえば、平日はサラリーマンやOLが賑やかに行き交うビジネスの街であるが、土日は人気がなく、死の街になるというのが1990年代までの印象であった。丸の内仲通りも、同じような無表情の建物が連なる素っ気ない、あるいはあまり愛想のない街であった。

ところが最近になり、ブランド店やセレクトショップ、カフェなど人気店が軒を連ねるようになってきた。このように、たとえ休日であっても人が集まる街というのが新しい街づくりの流れになりつつある。

仲通り以外も丸ビルや、新丸ビル、オアゾ等の再開発によって丸の内はビジネスマン以外の人も行き交う街へと変身を遂げつつある。これまでバラバラであった商業機能を結び、テナントとしてブランドのショップ化や、商業的なショッピング施設として活用させる方向となってきている。もちろん、この背景には地価やテナント料の下落があるが、こうした施設が入ることによりアフターファイブや土日に人が賑わう空間の演出づくりがなされるのである。街路樹の景観とも相まって日比谷のペニンシュラホテル辺りまでがちょっとしたシャンゼリゼ通りのようにもなりつつある。今から20年前、東京大学名誉教授伊藤滋は、臨海副都心の都市の姿を「六本木がすこしまじめになったような街のイメージ」といったが、丸の内もだいぶ変化してきている。

b. 丸の内の新しい街並　丸の内では、容積率が約1,000％となっている。これは敷地目一杯に建てられた場合、基本的には10階建ての鉄筋コンクリートの建築物が並んでいる状態になる。1970年代以前に建てられた建築物は、高さ約31mが上限（昔の100尺）でそろっている。この同質の空間が連続して建つことにより関東

コラム07　なぜテーマパークが苦戦するのか

　1980年代はテーマパーク礼賛の時代であった。それまでの遊園地は、スリル型やライド型が中心で、子供が遊んでる最中、お父さんは家族サービスに疲れてひたすらベンチに腰掛けているという構図であった。
　そうした昔の形の遊園地は、もう古いと指摘されてきた。**テーマパーク**という概念が注目されるようになったきっかけは、なんといっても1983年のTDL（東京ディズニーランド）の出現である。それまでの遊園地では太刀打ちできないテーマ性とホスピタリティーを基にひとり勝ちの様相を呈していた。これに対して登場してきたのが長崎オランダ村である。一時は東のTDL、西のオランダ村と並び称された。
　長崎は、江戸時代にオランダのみが交易を許されていた頃、出島を通して世界に門戸が唯一開かれていた場所である。オランダとの関係が歴史的にあるにもかかわらず、これを想起させるものが県内に少なかった。
　こうして創業者の超人的行動力と先見性でつくられたオランダがテーマのテーマパークで、続いて整備されたハウステンボスは、開業5年目までは話題性、テーマ性は十分にあった。しかし、ここ数年は苦戦している状況となっている。
　これを大局的に見た場合、背後圏やニーズに対する見誤りに原因がある。当時においてはできる限りの相当のアイディアと資金を注ぎ込んだ施設であるだけに実際に入場してみれば見ごたえがある。
　しかし、全国に100近くできたテーマパークに大人も含め今の日本人の消費者層が年に4回も5回も行くかどうかは疑問である。外国人旅行客も視野に置くのであれば、アメリカ・フロリダ州オーランドのように徹底して宿泊と交通利便性のリンクを考えたサービス戦略が必要になってくる。果たしてこうした戦略を実践できるテーマパークがいくつ存在するだろうか。
　また、第三セクター方式は、開設当初の目論見は官と民のお互い良いところが活かされるシステムであるはずであったが、蓋を開けてみると両者が相互に依存しすぎ、結果として両者の悪いところが出る結果となっている。これは、いくら事業をPFI方式にしても、コンテンツが変わらない限り変わらない問題である。この10年間の間に消滅したテーマパークとしてシネマワールド等のたくさんの施設がある。これらは、訪れたことのある人にすれば、一度行けばよい、行くだけの価値がなかった、という厳しい評価が下される施設である。口コミは、非常に大きな力を持っている。悪印象を持って帰る利用者の多い施設は、あまり先がないといえる。

大震災前まで存在したロンドン1丁目のようなモダンで粋な空間からも程遠い、整然とはしているがやや味けないビル街の景観がひろがっていた。
　こうした風景ができた理由は、建築基準法や都市計画法によって高さが抑えられ、街並みも規定されたことによる。しかも、週休2日のオフィスが中心のエリアなため、土曜日と日曜日にはまるで人気のない街の様相を呈することになっていた。

第2章　人集めのターゲット

ところが、最近になって曜日にとらわれず人が常にいるような空間とすることが街づくりの基本であるということがわかってきた。

人がいるということは、そこに住む人もいるということである。現在の複合開発の場合、人が常にいる街、つまり住み、働き、遊ぶための空間をつくっていくことが目指されるようになっている。土日に人気(ひとけ)のない街にしないための方策をたてることが常識となってきているのだ。

丸の内(東京)　これまでどちらかといえばそっけないオフィス街であった丸の内が仲通りを中心に変身しつつある。新丸ビルをはじめとして、商業施設も出現し、休日にも人通りが生まれるようになってきた

2.3　集客の戦略

　ターゲットの類型のいくつかの事例を見てきたが、今後計画しようとするもの、あるいは再生すべきものに必ずしもターゲット類型があてはまるとは限らない。
　では、集客の戦略はどのように立てたらよいのだろうか。今後の集客のための戦略に大変重要なのは、プロジェクトの核をいかにしてつくるかという視点である。
　そのためには、一部の人間のみではなく、多くの関係者が知恵を出し合いながら施設としての魅力を総合的に高めていくという観点が重要である。

2.3.1　プロジェクトの核をつくる

　人を集めていくためには、その集客の核となるものが必要になってくる。
　人気をつくり出すには、ニュートンの万有引力の法則に準(なぞら)えると、質量に相当するような人を引きつける**核**(コア)となるものが必要となる。核の種類は、さまざまなものが想定されるが、アミューズメントの場合もあれば、歴史的な観光施設や神社仏閣のような信仰対象の施設の場合もある。
　概ね求心力を持つものは、歴史的に推移する傾向にある。それが権力である時代も、信仰が対象の場合もあり、人を引き寄せるパワーを持っているものだ。このために必要となることは、「知恵を集める」ことである。集客のための施設をつくってゆくうえで不可欠なことは、そのための人知、知恵をいかにして集めるかというこ

コラム 08　日比谷のロックフェラーセンター？

　1970年代につくられた三菱地所が展開する日比谷のビル群はどこかで見たことがある景観だと思っていたら、これはニューヨークに行った時に五番街にある**ロックフェラーセンター**の光景であると気がついた。もちろん、ビルの高さや雰囲気、規模は異なるが、ビル群の配置といい、中の展開といい、ロックフェラーセンターによく似ている。

　ロックフェラーセンターは、19世紀から20世紀初頭にかけ世界最大の石油会社スタンダード石油のオーナーであったロックフェラー家の財産を継承するロックフェラー財団による近代的な商業施設群である。ロックフェラーセンターは、借地の上に建てられている。その土地所有者は、意外にもコロンビア大学である。

　丸の内最大の大家でもある三菱地所は、どうもロックフェラーセンターに対して思い入れがあったように思えてならない。1980年代アメリカの象徴でもあるロックフェラーセンターを購入した事がその最大の理由であるが、展開する日比谷シティからも見受けられる。高さが低く、迫力は本家に到底かなわなかったものの、廃止された半地下型のスケート場型の施設やイベント広場はまさに、ロックフェラーセンターのミニチュア版と考えられた。

　当時、ロックフェラーセンターの購入額は、約2,000億円くらいで、同じく三菱地所になる横浜ランドマークタワーも総事業費2,000億円というから、当時の担当役員から見れば決して高い買い物ではないと思ったそうである。

日比谷シティ（東京）　中央にプラザがあり、周囲を高層ビル群が取り囲む。街区の構造としては、ロックフェラーセンターによく似ている

ロックフェラーセンター（アメリカ・ニューヨーク）　ロックフェラー財団によるニューヨーク五番街の複合開発に伴いつくられた。冬のクリスマスツリーが有名。1980年代には日本企業による買収で多くのアメリカ人にショックを与えた

2.3.2 集客力の持続

集客力を発揮し続けるためには、施設の特性を生かし、周辺域と調和した空間、アメニティのあるデザインを提供し、それによって施設の持つ特徴や持ち味を最大限に活かすような計画を立てる必要がある。現在は、何が何でも大きな施設をつくる必要性はなくなりつつある。コンパクトな施設であっても、地域のポテンシャルを読むことでより効果的な集客力を実現できる施設が今日登場してきている。

たとえば、新横浜にはラーメン博物館というラーメンをテーマに置いた博物館型の集客施設がある。純粋な民間による整備であるが、昭和33年をテーマとしたレトロで、ノスタルジアを味わえる街並みの中に昔の駄菓子屋や飲み屋、ラーメン屋が存在するというつくりになっている。新横浜駅から徒歩15分に位置し、日本人の戦後の食文化を象徴する内容でもあり、開館当初から人気を博した。1994年にオープン後、2001年までに総来館者数1,000万人を数えた。

地下1階、2階は、レトロな街のパノラマとなっており、空は夕焼け時には赤く染まる等、芸も細かい。ミュージアムに相当するところにインスタントラーメンの歴史や有名なラーメン屋の歴史といった展示がある。人気のポイントは、全国で行列ができる評判のラーメン屋に出店してもらい、実際に食べることができることだ。また、博物館内の出店には定期的な入れ替えがあり、新しい評判の地方のラーメンをすぐに食べることができるのも人気を保つ秘密である。

こうした事例に触発されて次々と日本人の好きな食材を追った博物館が登場している。静岡県には寿司博物館がオープンし、こちらも話題を呼んでいる。こうした食べ物をテーマとした、いわゆる博物館型テーマパークは、それほど大きな集客圏域を持たないもかかわらず、安定した収益力を持っていっているといえる。

2.3.3 親水性（生命の根源・水の循環）

人の根元的な感情の中には水に対する郷愁がある。人の体の70％は水であり、母親の胎内は、いわば海であったともいえる。生命の根源である水を見る時、人は心を落ち着かせ、憩いの気持ちを抱く。海辺や湖、池等の水辺を活かした開発、すなわちウオーターフロント型の開発がこの10年間の間で注目を浴びるようになってきているのも、水辺が人を集めるうえでの大変重要なエレメントであるからだ。

人を呼び込むための手法に、郷愁（ノスタルジー）といった手法もあげられる。新

横浜ラーメン博物館と池袋のナンジャタウン等は、この手の郷愁を生む手法により一定の成功を収めているといえる。同様の手法は、大阪の梅田シティの地下にある滝見小路においても試みられている。これらの施設においては、人を呼び込むためのシステムとしてノスタルジーを援用しているということができる。

近年の集客型施設の中でも従来の観光型のものからリゾートタイプへと質的な転換を考慮したものが出現しつつある。

また、観光の構造とリゾートの構造を比較したものが表-2.1である。観光の要素が「観る」、「食べる」、「体験する」が中心で、短期滞在型、立寄り型であるのに対し、リゾートの構造は、滞在型で、文化的なニュアンスが含まれてくる。つまり、リゾートには、人工のものと自然のものがバランスよく配合されていることが重要なポイントである。

新横浜ラーメン博物館 ノスタルジーをテーマにしたテーマパークが最近多くつくられるようになってきている。ノスタルジーの味わえる街をつくり、その中に人気のあるラーメン店を集め、食事を提供するシステムである。この場合、入場者は麺を食するという付加価値を持っている

表-2.1 観光とリゾートの構造

観光の構造
・短期滞在、立寄り型である
リゾートの構造
・便利で快適な生活がある
・コミュニティがある
・カルチャーがある
・都市的な展開を持つ
・日常の煩わしさを徹底的に省略でき、一歩外に出れば自然が満喫できる
・新しい人間関係が生まれる出会いの場がある
・本物の文化がある
・日常では見られない新しい自分を見出す場所である
・一部の金持ちだけのものではない平等さがある

2.3.4 リゾート開発の成功事例（水辺、緑）

リゾート開発の中で、結局、息長く生き残るものは、やはり美しい自然とホスピタリティのある空間である。現在、癒しに対する需要が高いが、このキーワードのあるリゾート地では、現在でも一定の需要をキープしているともいえるだろう。

浜野総合研究所の浜野安宏は、1972 年、世界銀行のコンペの際にバリ島**ヌサ・ドウア**の計画の際に Bali must not become another Hawaii のコンセプトを用いて一等案を勝ち取った。これは、ヌサ・ドウア地区の開発をハワイやゴールドコーストのような人工的な高層建築物の林立するリゾートにはしないという意志表示でもある。この中で考えられたことは、ヌサ・ドウア地区に立地するホテルの高さをすべて椰子の木の高さ以下に抑えるという発想である。これにより、海側から見たヌサ・ドウアのホテル群は生い茂る椰子の木の中に隠れるように、島全体の景観を壊さないように配慮された施設が建つことになった。

沖縄のリゾート地としての機能　美しい海と南国の日差し、中国の流れをくむ異国情緒あふれる琉球文化、穏やかで暖かいホスピタリティー等、魅力溢れるリゾート地の要素をたくさん持っている

ヌサ・ドウアのリゾートホテル群（バリ・インドネシア）　立地するホテルの高さをすべて椰子の木の高さ以下に抑えられているため、海側から見ると、生い茂る椰子の木の中に隠れているようだ

コラム 09　現地を見ることの重要性

現地を見て計画を進めることがなにごとも基本である。施設計画において現地を見て五感をフルに活用してエリアの性格やポテンシャルを探ることがプランニングの基本である。このことは強調しても強調し足りない。

個人的な体験談になるが、東北のあるリゾートプロジェクト基本構想の仕事の担当

者になったことがある。1980年代当時、何本も抱える仕事であまりに忙しく、なかなか現地を見ることができないまま、クライアントとのやりとりが始まった。先輩が現地でとった写真数枚と地形図を基に数 ha に及ぶ計画案をいくつかつくりながら先方と打合せを何度も行うこととなった。やがてジレンマに陥った。

先方は、筆者が当然現地のイメージを頭の中に持っていると思い、ほらあの場所とか特定の現地にある施設を引合いに出しながら話に加わってくる。現場派遣されているクライアントとの打合せに同席して話を合わせるのがだんだんつらくなってきた。地形図を見ながら推測でこちらはしゃべるが、先方の担当者は筆者が当然そこに行ったことがあると思って話すからこちらはつらい。

そこで上司に相談して、東北地方の他のプロジェクトに出張にいった後に1日足を延ばして現地を見たいと申し出た。しかし、上司は、おまえにはもっとやってもらう仕事があるから1日たりとも無駄にできないので、行く必要なしということで却下されてしまった。その時の言葉は、「見ないで書くのがプロ！」ということであった。経験の浅かった筆者は、そんなものかと思い、結局、現地を見ないまま最終計画案をつくり、プロジェクトを終了した。想像でしゃべるうちに迫力がなくなってくる。やはり1日につぶしてでも現地を見るべきだった。

これはプロとしての姿勢として全くの間違いであると、今なら確信を持って言うことができる。なにはともあれ、まず現地に飛んでいって正面から対象地と向き合うのがプロの姿勢なのではないのか。たとえその時の方便であっても、こうしたいいかげんなことを言うことには、正直怒りを覚えた。プロというプランナーの風上にも置けないではないか。現在、この元上司はどこかの大学で教鞭をとっているが、現地を見ないで描くプランナーを間違っても養成しないでもらいたいと、密かに願っている。

六本木ヒルズ 森ビルグループが総力をあげて都心部につくり出した複合型の再開発である。オフィスタワーを中心として森美術館、シネマコンプレックス、テレビ局、ショッピング、レストラン等の都市機能が集積する巨大な再開発である

東京ミッドタウン 六本木の旧防衛庁跡地再開発によってつくられた。オフィス、ショッピングガレリア等の複合商業施設。サントリー美術館は、隈研吾の設計で、和の空間をイメージしている。新しい六本木の街を象徴する開発である

第2章　人集めのターゲット

国立新美術館　旧東京大学生産研究所跡地に2007年つくられた黒川紀章設計による国立美術館。うねったファサードが特徴。広大な所蔵面積を持ち、日本の新しい現代美術の活動発信地である。六本木ヒルズの森美術館、東京ミッドタウンのサントリー美術館、国立新美術館はちょうど三角の位置関係にあり、アートトラインアグルと呼ばれている

まとめ

ターゲットを定める

　どのような人を集めようとしているのか、その基本的なターゲットをしっかり定める必要性がある。効果的に集客するには、その性格や属性を分析してみる必要がありそうだ。そのためには、ロジカルシンキング等によって狙うターゲットを明確にしておくことが重要である。

集客施設の類型を押さえる

　集客施設のタイプや規模、計画を設定していくにあたって、コンセプトを明快にし、人を誘い込むための仕掛けをつくる必要がある。

利用者のニーズを捉える

　どのような施設が長きにわたって存続し続けることができるか、そのためには戦略が必要である。核をつくり、人の知恵を集めることがまず必要となる。また、ターゲット層を絞り込むことよってどのような人々をその施設に呼び込むかを明らかにする。

参考文献
1) 電通集客装置研究会：集客力、PHP研究所、1988
2) 電通集客装置研究会：新集客力、PHP研究所、1993
3) 浜野安宏：リゾート感覚、東急エイジェンシー、1988
4) 浜野安宏：人があつまる、ノア出版、2005
5) 九州経済調査会：福岡ドームの地域経済への影響、p.5、1994.5

第3章　人集めを予測する

> 第1章で、人を集めることの意義や集客モデルの紹介を行った。その中で注目したのは、集客力を把握するうえで最重要となるデータを入場者数と考えたことである。この集客力をなるべく科学的に測定する際に重要となってくるのは、基本の数値をいかにして予測していくかということである。本章では、実際に施設ができた時にどのくらいの人数を集客できるか具体的に予測する方法について解説していく。大規模集客施設と呼ばれる一定の規模を持った集客施設を計画して広域から人を呼び込む際、需要と供給の均衡からどのような推計手法があるのだろうか。人集めをいかにして予測するかを考えていこう。

3.1　集客施設の需給モデルと魅力係数の検討

3.1.1　需給均衡モデルの考え方

　集客施設を検討する際、入場者数はいろいろな意味で基本となる数字である。年間30万人が利用するのか、それとも100万人が利用するのか、施設の規模や対応する交通等も入場者数予測が基本的な根拠の数字になる。
　ここで、大規模な集客施設の構築を考える場合、いきなり現物をつくるということはコスト的に大変難しく、簡単に意志決定できない。このような場合、施設規模や内容を想定してシミュレーションを行うことで、その計画の可否を判断することになる。
　現在、地域開発を取り巻く環境は、困難な時代が続いている。全国各地でさまざまな集客施設が立地されている一方、十分な集客力を持ちえず、淘汰されるものも出てきている。つまり、ある施設をつくるか、つくらないかの意志決定も含め、なるべく科学的な目で判断することがますます必要になってきているといえる。

第3章 人集めを予測する

こうした中、全天候に対応できるドーム型施設等の大規模な集客施設が全国で次々と立地している。

一定程度以上の大規模な集客型施設の計画を行う場合、いったい何人の人が利用するのか、入場者数の予測を適切に行うことが重要な検討項目であり、計画理論としても体系化される必要がある。

3.1.2 魅力係数のとらえ方

広域圏からの利用が考えられる施設の整備の場合、その施設の持つ集客力を説明するためにデータに基づいた定量的な検討が必要となる。第1章で解説したように、これまでも重力モデル等で集客施設における吸引力を判定する数値として魅力の度合を数量化した**魅力係数**(魅力度)という概念が採用されてきた。

魅力係数に関する研究には、狩野ら[1](1984)、位寄・両角[2](1995)の研究がある。狩野らによれば、魅力的品質とは、「それが充足されれば満足を与えるが、不充足であってもしかたないととらえられる品質」と定義されている。

この魅力係数をあてはめた事例として、宇治川・讃井[3](1995)のスキー場の魅力に関する研究や市原[4](1995)による商圏と売上高予測に関する研究がある。これらの研究では、魅力係数に売場面積やスキーリフトの総延長距離等が用いられている。

しかし、大規模に複合化した多目的な集客施設おいては、スキー場のリフトの総延長のような単一の数値では評価しにくい面がある。

また、特に博覧会における入場者数の変動についての検討したものに林田・渡辺[5](1995)の集客施設に関する研究がある。

その一方、都市経済学的な需給モデルによるアプローチとして、都市内交通や施設立地等の需給関係を分析した都市経済の立場がある。この事例は多数あり、1980年代の東京への一極集

魅力ある施設の複合化(みなとみらい21) 造船所や倉庫群の跡地を再開発し、港湾機能から集客機能へと変化した。海と帆船(日本丸)、商業施設等を一体的に整備。国際会議場、国際展示場、宿泊機能も備え、国際色豊かな新しい横浜の顔となっている

3.1 集客施設の需給モデルと魅力係数の検討

中に関する需給モデルを解析した八田・八代[8] (1995) による研究等がある。これらは、都市経済学的な立場から施設の必要床量や住宅戸数の需給均衡を試算する事例が中心であり、時間距離の概念と集客施設の入場者数、およびその競合につき需給モデルの検討を行った事例は現在のところ少ない。

3.1.3　大規模集客施設を例に入場者数を予測する

ここでは、通年営業可能な大規模の集客施設を例にとり、需給モデルの観点から入場者数予測手法の検討、および魅力係数の概念について考察してみる。

ドーム施設のような**大規模集客施設**の計画を検討する場合、入場者数を的確に予測することは重要な検討項目であり、**計画規模**や内容の基準となると考えられる。類似施設と単に比較するのみではなく、定量的な検討に基づく根拠となる数値が必要となる。この際、建設する施設へ利用者を惹きつける魅力係数を定量化したうえで、その施設の集客能力を判定することが必要となるが、そのためには同時に入場者予測手法を検討することが重要である。

3.1.4　分析の方法

集客の予測を進めるにあたっては、大規模集客施設の魅力係数の考え方を整理するために各類似施設の各種指標を抽出し、定量的な評価を行う。

また、大規模集客施設に関する需給均衡モデルを作成し、入場者数の予測手法の提案を行う。以下に分析方法を示す。

① あるエリアを想定し、そこに数万人規模のドーム型球場のプロ野球球団が立地した場合、年間どれくらいの人が利用するか、という命題を立ててみる。

② 対象施設の周辺圏域（関東に立地するとして、周辺1都3県と考える）の人口および鉄道を利用した各

沖縄美ら海水族館　2003年に開館。沖縄海洋博の跡地に立地する水族館。圧倒的に美しい珊瑚礁の海を背景に最高のロケーションにある。その目玉は、なんといっても世界最大のフラットな水槽である。3匹のジンベイザメと9匹のマンタ（イトマキエイ）が悠々と泳ぐ姿は圧巻である

施設への時間距離データを測定する。
③ 想定する施設と競合が想定される同種大規模集客施設にも魅力係数の考え方を適用し、その値を求める。
④ 施設利用者の想定される市場圏を対象に入場者数予測モデルを作成し、予測手法に関する検討を行う。

第1章では、需給モデルを考える際に施設利用者は、時間距離が増加すると減り、魅力係数に比例して各地域から人が惹きつけられると考えられると解説した。他にも、周辺地域の人口分布はきれいな同心円状に展開され、人口密度も均質なものとして単純化し、また、人が時間距離の4乗に反比例して惹きつけられると考えるモデルの例(Kawaguchi2010-model)を紹介したが、実際は、地形も異なり、都市により人口密度が異なっている(重力モデルでは2乗に反比例する)。

こうした背景を受け、以降では、時間距離が2乗あるいは4乗ではなく、もっと普遍的な指数関数(γ乗)に反比例すると考えるモデルを想定することで実際の予測を行っていく。さらにもうひとつ違うのは、競合する施設を想定するという点である。展開される施設が同一エリアの中に複数ある場合、より魅力が高く、なおかつ時間距離が近い施設の方が**集客力**が高くなり、お互いにお客を取り合うという状況を想定する。

3.1.5 施設利用と魅力係数

人が集まるメカニズムを解明し、いかにして人間を集積させるか、もしくはその集積を決定する要因はいかなるものかを解析することは、規模の大きな施設が増加することでより必要性が高まっている。

スーパーマーケットのような**小売商業施設**では、利用客数が地区の人口に比例し、店舗と地域の距離の2乗に反比例するニュートン力学のアナロジーである重力モデルが多くの予測で用いられている。この際、商店であれば床面積、病院であればベッド数等が施設の魅力を表す魅力係数に相当するものとして採用される。

この際に用いられる魅力係数の単位は、㎡もしくはベッド数という実数値であり、統計データの分類で加減乗除することに意味のあるとされる**比例度**(身長、給与、人数等)である。近年の複合型の施設は、施設内容が複層的になっており、延床面積単独による評価ではなく、多次元に定量的な評価を行うことが望まれている。なお、従来型の重力モデルにおいては、

3.1 集客施設の需給モデルと魅力係数の検討

梅田スカイビルと滝見小路 原広司設計による、ハイテク建築の足下には、滝見小路というレトロな商業施設街がある。都市のゲートウェイとしての役割とともに、大阪の新しい商業地域としての機能も持っている

$$\text{集客力} = \delta \times \frac{\text{魅力係数} \times \text{地区人口}}{(\text{施設と地区の距離})^2} \tag{3.1}$$

と表されてきた（δ：参加比率）。

3.1.6 需給モデルから考えた利用者の行動モデル

(1) 需要曲線

需給モデルは、集客施設の利用者の需要と施設の供給において次のような需給均衡の考え方が成り立つとし、利用者モデルからアプローチする。つまり、人がある集客施設を利用するのは、ある地区に住んでいる人が施設を利用する需要を持ち、それに対し集客施設の利用サービスが供給され、その結果、需要と供給のバランスで利用者数が決まってくると考える。

仮に図-3.1、3.2 に示すように、P_1 から P_n までの n 個の地区からAからEまでの5つの施設に対して利用する需要があるとする。

動員人数を縦軸、時間距離を横軸に置き、**需給曲線**を想定する。この際、AからEまですべての施設の魅力係数が同じとする。たとえば、地区 i（人口が P_i）の場合、人口の塊のある地区と施設の間の時間距離が大であるほど需要人数は減り、時間距離が短いほど需要人数が増え、図-3.3 のような右下がりの曲線が描かれる。

第3章 人集めを予測する

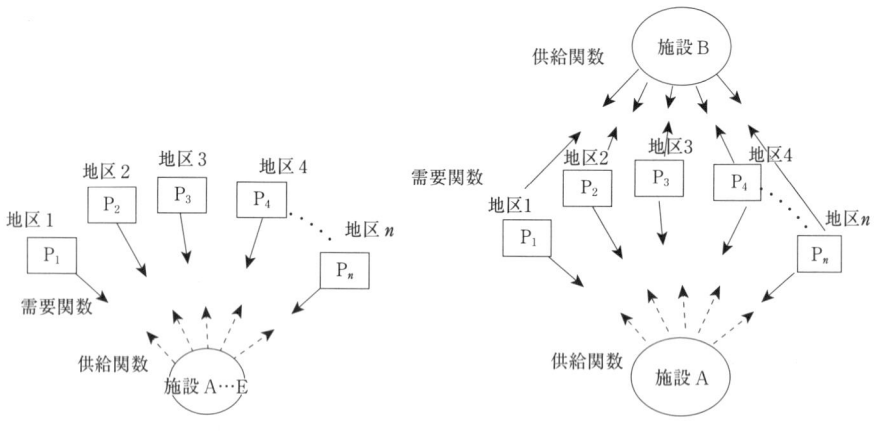

図-3.1 需給関係のモデル

図-3.2 需給関係モデル（競合施設がある場合）

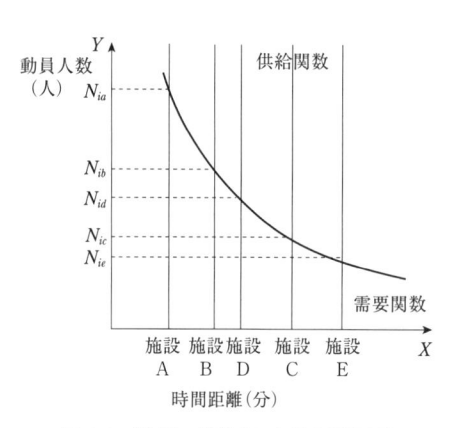

図-3.3 地区iの均衡点における動員人数

なお、ここで定義している地区とは、ある程度の面積と人口を持つ特定のエリアを指すものとする。地区iとは、iという地名を持つ一定の行政区域を範囲に持つ。たとえば、熊谷市であれば、人口約155千人を1つの地区とみなしている（**表-3.1**）。このような需給曲線は、地区の数だけ存在し、指数関数の形をとると考えられ、右下がりとなると予想される。実際には、特定区間では概ね各施設の魅力係数が異なるため、係数Mに比例して惹きつけられる人の数は増え、需要曲線は上側にシフトする（**図-3.4**）

(2) 供給曲線

a. 供給曲線の特性　一方、**供給曲線**について見ると、各施設の場所は物理的に固定化されているため、各地区との時間距離は、**図-3.3**に示すように地区ごとに異なり、横軸の時間距離方向に直交する直線となる。仮にすべての施設が全く同質のものとすると、**図-3.3**に相当する図がn通りでき、その需要曲線と供給曲線の**均衡点**におけるY軸の動員人数の数値（たとえば、i地区の施設BであればN_{ib}）を

3.1 集客施設の需給モデルと魅力係数の検討

表-3.1 各球場からの時間距離(一部抜粋)(分)

区域		最寄り駅	人口(千人)	A施設 信濃町	B施設 水道橋	C施設 神宮前	D施設 海浜幕張	E施設 西武球場前
埼玉県	川越市	本川越、川越	315	102	65	69	122	65
	熊谷市	熊谷	**155**	119	85	97	140	126
	川口市	川口	446	73	39	49	94	78
	浦和市	浦和	445	79	45	57	96	86
	大宮市	大宮	426	84	50	62	103	91
	行田市	行田市	86	120	95	100	143	127
	秩父市	西武秩父	61	170	155	160	192	124
	所沢市	航空公園	315	107	112	74	131	44
	飯能市	東飯能	80	130	93	97	152	59
	加須市	加須	66	124	96	104	133	131
	小計		6,666					
	平均時間			120.1	86.6	92.9	122.6	105.5
	最大時間			170.0	149.0	154.0	180.0	153.0

加算することで利用者総数が予測できる。

しかし実際は、各施設ごとに定量化される魅力係数に相当するものが異なる。

地区 1 という場所を考えた場合、もし施設 A がもっと近い場所にあったとすると、**動員人員**はより大きな人数となる。この時、施設 A の供給曲線は、左方向にシフトし、N_{ia} は N_{ia}' となる(図-3.5)。

一方、動員人数は人の数である以上、マイナスの数値をとることはありえない。さらに各地区ごとの需要は、日帰り時間を想定し、時間距離が2時間(120分)を超える場合は実質的には参加者は0であると考える(第1章で想定したように、2時間以上は実質的な活動時間がとれず、日帰りのアクセ

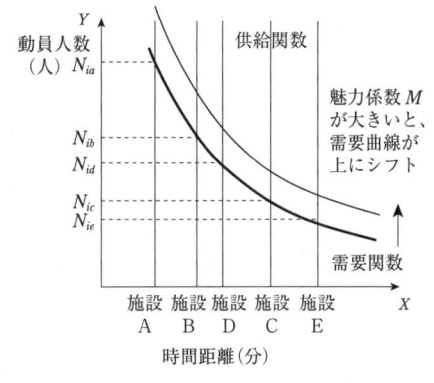

図-3.4 地区 i 動員人数(魅力係数に違いがある場合)

85

第3章 人集めを予測する

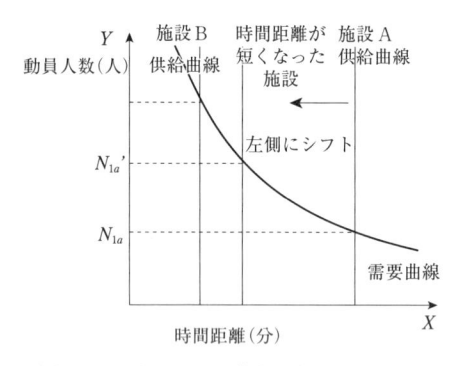

図-3.5 地区1における施設の時間距離による均衡点のシフト

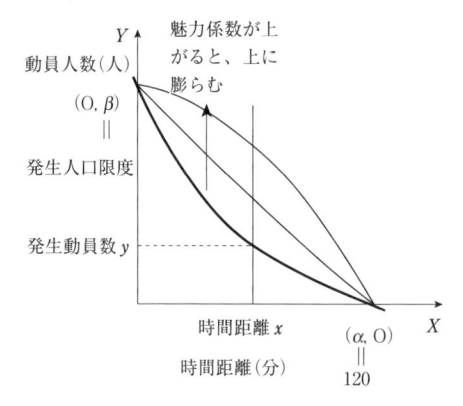

図-3.6 地区iにおける時間距離の限度と発生人口の限度

ス時間の限度ととらえる)。日帰りの限界となる時間距離を2時間とする120分の点は、利用者発生の限界ということになる。

このことからX軸の120を通り、その地区の人口以上の発生数は考えられず、Y軸では、その地区の人口の最大発生数量(参加比率δ×地区人口)以下にとどまることが予測される(図-3.6)。なお、地区iの特定の施設の発生動員数は、図に示すように魅力係数が上がると、需要曲線がX軸、Y軸の限度の点を通った状態で上に膨らむと考えることができる。

b. 魅力係数と供給曲線の関係 後述する総合特性値としての施設jの魅力係数をM_jとする。M_jは地区iとの位置関係とは関係なく定まる値である。

ここで相対的な魅力が高いということは、その数値に比例して利用者を惹きつける力が強まると考えることができる。魅力係数が高いほどその数値に比例して動員数は多くなる。

ここで、地区iを考えた場合、図-3.3に示されるように施設がAからEまでの5種類の施設に対して需給均衡点が存在し、地区iのA〜Eまでへの入場者数合計値は、

$$\text{地区iにおける入場者数} = N_{ia} + N_{ib} + N_{ic} + N_{id} + N_{ie} \tag{3.2}$$

施設jへの入場者数は、

$$\text{施設jへの入場者数} = N_{1j} + N_{2j} + N_{3j} + \cdots N_{ij} \cdots + N_{nj} \tag{3.3}$$

と、N_{ij}を合計したものとなる。

3.2 施設モデルの適用

3.2.1 区域の設定

関東地方における球場型の大型集客施設を例として考える。地区を概ね**日帰り圏内**である区域として、東京、千葉、神奈川、埼玉の1都3県に限定して検討する（このうち、東京都の諸島部は除く）。また、施設は関東地方内にある4つの大規模の球場 B、C、D、E の施設と競合関係にあるとする。

3.2.2 時間距離の測定

ここでの検討は、単純化のために車による利用者は考慮せず、鉄道利用客のみを想定する。本来ならばプロ野球以外のコンサートやイベント活動に関する集客力もプラスして考慮すべきであるが、経年的な正確な数値が対象とするすべての球場で同列で整理されていないこと、また、その活動内容にもばらつきがあることから、プロ野球以外の活動は除外して検討することとした。

1都3県内の行政区域から各球場の最寄り駅への鉄道による時間距離（分）を測定

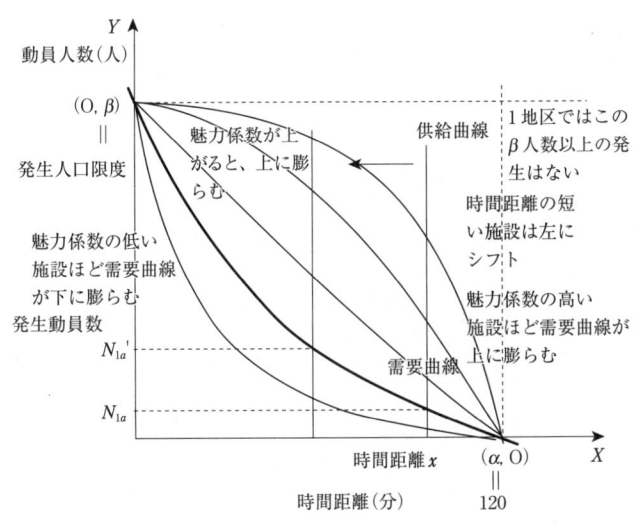

図-3.7 時間距離が大きく、魅力が高い施設ほど動員力が大

大英博物館・グレートコート（イギリス・ロンドン）
ロゼッタストーン、エジプト王家のミイラ等の古今東西の歴史文化の集積を誇る世界レベルの博物館。中央部は、元は図書館であったが、ノーマン・フォスター設計による改修で自然光を取り入れた魅力的な交流空間へと生まれ変わった

表参道ヒルズ（東京・原宿） 表参道の旧同潤会アパートが再開発された新しい観光スポット。安藤忠雄設計による複合商業施設は、傾斜地を巧みに活かし、界隈性を持った開発となっている。旧同潤会の独特の雰囲気を残すために、一部分を保全している

したものは**表-3.1**に示した。この際、最寄りの鉄道駅から施設までの歩行時間（分）を加算した。表は埼玉県での数値を一部抜粋して例としている。1都3県について同様に行政区ごとの人口データを抽出し、最寄り駅から各施設までの時間距離（分）を時刻表で調べた。この場合、**参加比率** δ は、1997年の実際のプロ野球観戦の参加実績を対象エリアの人口の合計で除し、

$$\delta = 13,500,000 \div 32,078,000$$
$$= 0.4208 （回/年） \quad (3.4)$$

と計算できる。実際問題としては、地区ごとに参加指向は異なるはずであるが、単純化のために一律であると仮定し、対象エリアの人はプロ野球を年0.4208回観戦すると考える。

3.2.3 施設の設定

大規模集客施設を立地させた場合を検討する。想定する施設は、地上5階、地下1階建てのSRC造のドーム型球場とする。

なお、各候補地ごとに魅力係数の設定を図ってみることが考えられる。施設の魅力係数を定量的に求める。

3.2.4 施設の仕様と概要

大規模集客施設の前提条件について整理する。大規模集客施設は、観客席60,000人規模の野球場を核としたスポーツ施設で、事例等から面積、形状が

前提条件となる。メインのスタジアムには可動席を設け、プロ野球とともにアメリカンフットボール、サッカー等の各種スポーツに柔軟に対応できるようなものを想定する。

(1) 施設の仕様
　球場上層階は、基本的に観覧席および各種ソフトウェア対応施設として整備していくことが考えられる。4階にはスーパーボックスを配置し、センター席側にはオーロラビジョン等を設置する。また、スポーツバーを設置することによって新たなスポーツ需要等に対しても積極的に対応していくものとする。
　最大の天井高を80mと想定し、スタジアム下部には駐車場や各種機械装置室、イベント対応資材置場等として有効活用する。また、客席の一部は可動性のものを想定している。

(2) 各地区における施設配置
　Y市という都市を例に考えてみる。Y市内では、60,000人規模の大規模集客施設が立地可能な区域として、臨海部に開発余地のある想定地がある。
　A地区は、新規埋立地に施設を立地させることが前提である。A地区は、平成10年に埋立て事業を完了し、文化施設、業務施設、都市住宅、商業施設等、またホテル等のアミューズメント施設、国際交流施設、オフィス等も立地する国際的な機能を持つエリアである。ペデステリアンデッキによる駅との連携機能等もあり、鉄道でアクセスするうえでも便利な位置にある。
　一方、B地区は、現行では倉庫群の立地する港湾施設用地を転用して大規模集客施設対応に改変することが前提となる。将来的には、臨港幹線となる高速道路や広規格の道路がこの地のアクセスルートとして整備されることが計画されている。B地区は、Y市の物流機能として現在でも多くの港湾貨物を取り扱うエリアである。
　なお、その他競合するスポーツ対応施設としては、サッカー場、アリーナ等の施設が考えられるが、行われる種目内容が異なるものとは競合は基本的に考えないものとする。

3.2.5　対象施設の立地比較
　また、首都圏、関西圏、名古屋圏、九州圏で近年立地した施設の中で本施設と類似し、比較対照が考えられる大規模集客施設と比較評価を行う。具体的には、首都

圏では東京ドーム、西武ドーム、千葉マリンスタジアム、神宮球場、横浜球場、関西圏では大阪ドーム、名古屋圏ではナゴヤドーム、九州圏では福岡ドーム（現ヤフードーム）を比較対象とする。また、計画案の中で、適地における各施設の魅力係数を求め、入場者数の推計を行う。

コラム10　黒船来航と好奇心

　横須賀の久里浜海岸に立つと、まず目に飛び込んでくるのは、長閑（のどか）な海の眺めにややそぐわない東京電力の火力発電所の威容である。目の前の海岸では家族連れがこの火力発電所の煙突を斜めに見ながら、波打ち際で水遊びしているが、今から150年前にここには違う煙突がそびえ立ち、日本中を震撼させたのである。それは、浦賀沖に現れた米国提督ペリーを乗せたサスケハナ号を筆頭にする4隻の軍艦であった。
　タールで黒く塗られた船体から突き出した高い煙突から石炭の燃える煙が昇る様は、今の火力発電所の煙筒のように高くはなかったが、幕府を叩き起こすには十分であった。「泰平のねむりをさますじょうきせん　たった四はいで夜も寝られず」と川柳に詠まれた碑がペリー公園の中に海の方へ向かってひっそりと立っている。
　国中が軍艦の突然の来訪に恐れおののき、三浦半島に旗本が集まり、現地が封鎖される中、噂を聞きつけ頼まれもしないのに遠路はるばるこれを見に来た物好きの人間がいた。その中には、吉田松陰、佐久間象山といった当時の一級の知識人とともに、幕末にかけて活躍する坂本龍馬等の姿もあった。
　国の行く末を左右する一大イベントを自分の目で見ようと好奇心旺盛な人々は、江戸から遠路はるばる足を運んでこの有様を見学しに行った。今の時代と違って鉄道も車もない時代は、足で歩くか、馬で行くしかない。当時の何か事を起こそうとする人は、移動スピードが早いのである。
　黒船来航は、鎖国時代が終焉を告げ、日本が開国、倒幕へ向かう歴史のターニングポイントであったが、怖いという意識以上に好奇心、物珍しさ、異国の技術、異国の船を見たいという意識がこうした人たちを強烈に惹きつけたのである。
　おそらく一般市民にとっても、人は、強力に惹きつけられるものに磁力を感じてそこに集結するのである。こんな巨大な軍事力を持った国に戦争をしかけられたらどうなるのだろうか。日本がこんな脅しに乗らない国になる強い国になるには、逆にこうした国から技術を学んだ方がいいのではないか。さまざまな思いを抱き、こうした磁力を素直に感じた人たちによってその後の歴史はつくられていったといってもいいだろう。

3.3 魅力係数の検討

3.3.1 魅力係数の考え方

魅力係数は、各大規模集客施設の品質を数値化する作業でもある。施設の性格を示す複数の評価軸について総合的に評価し、数値的に一元化して魅力を表現する手法が必要である。

そのために各施設について定量化可能な項目を複数とり、そのスコアを間隔尺度に近いものに置き換えた後に合計することが考えられる。

ここで検討する魅力係数は、ある施設そのもの持つ**ハードウエア**(施設規模等)と**ソフトウエア**(野球試合日数等)を取り合わせた施設そのものの魅力を表す数値である。たとえば、野球試合日数は、試合の行われる回数が入場者数に大きく影響するソフトであることから用いている。

また一方で、魅力係数そのものは、各地区との時間距離や人口とは関係なく定まる概念でもある。たとえば、A 施設と同じ施設、興業内容であっても、他地区で展開されれば異なる集客効果をもたらし、入場者数も異なる。魅力係数は、入場者数と密接に関係するが、入場者数の大小が必ずしも魅力係数であるとは限らない。すなわち、高い魅力係数でも、周辺の人口が少なかったり、人口の多い地区が周辺域にあっても時間距離が大であれば、集客力は小となる。逆に魅力係数が低くても、立地が良好であれば、入場者数は大となると考えられる。

3.3.2 総合特性値としての魅力係数

魅力係数は、さまざまなデータの集約として判断されるものであり、**総合特性値**として考える。ある施設 j の魅力係数 M_j は、

$$M_j = w_1 f_1 + w_2 f_2 + \cdots + w_i f_i + \cdots + w_p f_p = \sum w_i f_i \tag{3.5}$$

と表される。f_i は各評価項目の値であり、w_i はそのウエイトとなる係数である。なお、式(3.5)のように $w_i f_i$ を合計するには、各評価項目のデータの原単位が揃っていることが必要と考えられるが、各単位が異なるためこのままでは評価できない。そのため、各データを規準化し、各項目ごとの**重みづけ**(ウエイト係数)を与えるように評価する。重みづけについては後述する。

各施設ごとの評価の数値の中から評価値として延床面積、グラウンド面積、収容

マーライオンとボートキー(シンガポール) シンガポールは、淡路島ほどの面積の小さな都市国家であるが、経済成長が著しい。マラッカ海峡の交通の要衝に位置し、交易によって栄えてきた。1970年代から加工貿易に積極的に乗り出し、先進国の仲間入りを果たしている。魅力的な観光都市でもある

人数、建設費、試合数、ドーム施設の有無、開業年、当該地の地価について抽出した(表-3.2)。なお、開業年については、開業効果といわれる開業から1～2年に利用者層が伸び、その後、減少した後に漸増する現象、新しい施設ほど話題性に富み同一施設であっても**集客力**が高い点、関係者ヒアリングにおいても開業年の影響が大きいことから判断し、評価項目として採用する。

検討を行った各項目について相関を見ると、表-3.3のようになった。延床面積と収容人数、建設費と試合数、建設費と延床面積、延床面積とドーム設備の有無等が相関係数が0.7以上であるが、延床面積と収容人数以外は互いの相関関係を認めにくい。したがって、魅力係数を定めるうえで、互いに独立変数間同士の相関係数が押さえられ、説明変数として使用できると考える。

一般に**多変量解析**では、**説明変数**が独立していることが望まれるが、魅力係数についても、仮に評価項目の中で特定の2つの項目に明らかに強い相関がある場合は、片方のデータが他方のデータを内包する関係が成り立つ可能性があり、そのうちの1つに代表させる必要性がある。この問題は、**マルチコリアリティ**の問題といい、これが起こらないようにしなくてはならない。各データの独立性、大規模集客施設の魅力を多面的に評価する趣旨から各評価項目の相関を検討した。

3.3 魅力係数の検討

表-3.2 各施設の定量的データ

	B施設	E施設	D施設	C施設	A施設	F施設	G施設	H施設	A'施設	A″施設
グラウンド面積(m^2)	13,000	13,250	15,018	12,525	13,000	13,500	13,000	13,400	15,000	15,000
敷地面積(m^2)	111,372	53,020	1,493,838	34,764	30,156	169,159	34,617	69,256	162,000	162,000
延床面積(m^2)	116,463	55,000	44,782	18,904	45,234	178,988	156,408	118,831	140,000	140,000
駐車場(m^2)	555	0	450	0	0	2,000	450	1,250	1,000	800
収容人員(人)	56,000	37,008	30,000	48,000	30,000	52,000	55,000	45,000	60,000	60,000
スーパーボックス(室)	210	0	0	0	0	216	0	0	150	150
駅への時間距離(分)	1	5	19	10	4.4	10	7	15	6	15
事業費(億円)	600	400	300	150	60	760	682	400	800	800
建設費(億円)	350	90	90	50	246	760	682	400	670	670
地価(千円/m^2)	21,649	4,571	3,893	39,918	14,427	16,658	7,732	3,495	20,084	14,427
事業所数(件)	18,109	9,744	4,580	39,589	17,170	19,206	263,130	153,673	8,287	17,170
売場面積単位価販売(千円)	2,060	1,231	1,474	2,584	1,342	1,634	1,493	3,431	2,245	1,342
ドーム設備(有無)	1	1	0	0	0	1	1	1	1	1
開業年	1988	1989	1990	1926	1978	1994	1997	1997	2005	2005
チーム動員数(千人/年)	5,312	1,661	1,270	2,183	1,502	2,493	1,515	1,787	1,502	1,502
遊園地・テーマパーク(有無)	1	1	0	0	0	0	1	0	0	0
劇場・映画館その他(有無)	1	0	0	0	0	0	0	1	1	1
試合数(回)	131	65	65	65	65	65	60	65	65	65

表-3.3 評価項目の相関係数

	延床面積	グラウンド面積	収容人員	造工費	試合数	ドーム設備(有無)	開業年	地価(円/m^2)
延床面積	1.00000							
グラウンド面積	0.23524	1.00000						
収容人員	0.73456	0.14506	1.00000					
建設費	0.75974	−0.27340	0.33929	1.00000				
試合数	0.09472	−0.24502	0.26583	0.06678	1.00000			
ドーム設備(有無)	0.80788	0.11142	0.67820	0.47995	0.21822	1.00000		
開業年	0.69338	0.58531	0.25054	0.35754	0.01689	0.67046	1.00000	
地価(円/m^2)	0.04322	0.09055	0.26215	−0.18367	0.60389	0.25525	0.22476	1.00000

3.3.3 データの規準化

　この際、抽出したデータについて規準化することによって平均値が0、標準偏差が1のデータに変換される。

表-3.4 各球場の評価項目の規準化

	B施設	E施設	D施設	C施設	A施設	F施設	G施設	H施設	A′施設	A″施設
延床面積	0.270	−0.835	−1.018	−1.483	−1.010	1.393	0.987	0.312	0.692	0.692
グラウンド面積	−0.697	−0.437	1.405	−1.192	−0.697	−0.176	−0.697	−0.281	1.386	1.386
収容人員	0.757	−0.895	−1.505	0.061	−1.505	0.409	0.670	−0.200	1.104	1.104
建設費	0.190	−0.850	−0.850	−1.010	−0.226	1.830	1.518	0.390	−0.226	−0.766
試合数	2.846	−0.316	−0.316	−0.316	−0.316	−0.316	−0.316	−0.316	−0.316	−0.316
ドーム設備(有無)	0.621	0.621	−1.449	−1.449	−1.449	0.621	0.621	0.621	0.621	0.621
開業年	0.048	0.092	0.135	−2.661	−0.389	0.310	0.441	0.441	0.791	0.791
地価(円/m^2)	1.719	0.256	−0.652	−0.714	0.256	−1.157	−0.411	−0.542	1.719	−0.473

$$Z_i = \frac{(f_i - \mu)}{\sigma} \tag{3.6}$$

ここで、μ：平均、σ：標準偏差。

規準化を行うことにより変数は無名変数になり、ばらつきの差を統一した特性を見ることが可能となる。この規準化した各球場の評価項目のデータを表したものが**表-3.4**である。

3.3.4 魅力係数の設定

(1) 固有値と寄与率

魅力係数を定めるにあたって集客の観測要因を定める必要性から**主因子法**による**因子分析**を行った。さら因子軸を回転させ、各因子が特定の変数と高い相関を得ることができるようにバリマックス法という方法を用いた(詳しく後述する)。その結果、因子として4種類が抽出された。この時の寄与量は、固有値として計算され、**表-3.5**のような結果となった。

この推定因子数4のうち、**固有値**が1を超え、**寄与率**の累計が3つの因子で83.2％となるため、3つの**因子**を適用した。直交解を計算すると、**表-3.6**に示すような結果となった。なお、ここで因子1は、3.504個分の説明力を持つと解釈される。

たとえば、延床面積について見ると、因子1は、延床面積、収容人員、建設費、ドーム設備の有無等との関連性が高く、施設の総合的な収容力を代表する因子と考えることができる。一方、因子2は、試合数や地価との関連性が高く、施設の付加

3.3 魅力係数の検討

表-3.5 固有値と寄与率

	固有値	寄与率
因子1	3.504	0.438
因子2	1.672	0.209
因子3	1.501	0.188
因子4	0.669	0.084

表-3.6 直交解（各因子の負荷量）

	因子1	因子2	因子3
延床面積	0.968	−0.013	0.206
グラウンド面積	0.007	−0.055	0.956
収容人員	0.708	0.326	0.089
建設費	0.836	−0.230	−0.324
試合数	0.154	0.848	−0.274
ドーム設備（有無）	0.846	0.241	0.210
開業年	0.599	0.051	0.675
地価	0.019	0.903	0.198

価値としての因子、因子3は、グラウンド面積や開業年との関連が深く、設備に関する因子と判断した。バリマックス法により各因子の重み係数を計算したものが**表−3.7**である。規準化した数値に因子ごとの各重みを計算し魅力係数を考慮する。

（2） 因子分析とは何か

因子分析は、多くの観測データがある時、観測データの裏に潜み、それを支配し

表-3.7 重み係数

	因子1 (総合収容力)	因子2 (付加価値)	因子3 (設備)
延床面積	0.304	−0.079	0.028
グラウンド面積	−0.093	−0.037	0.600
収容人員	0.205	0.139	−0.020
建設費	0.331	−0.195	−0.290
試合数	0.018	0.487	−0.192
ドーム設備(有無)	0.245	0.078	0.042
開業年	0.127	−0.017	0.361
地価($円/m^2$)	−0.080	0.527	0.118

日本のシリコンアレー秋葉原　秋葉原は常に人が溢れている。電気という1つの業種の小売店が極端に集積することによる利用者の目的に相似性が見られ、歩行者層が渋谷のセンター街とは相当異なり、オタク風の若者とサラリーマンが混在する

ている少数の本質的な要因を探り出す手法である。多くの種類のデータがあったとしても、それだけでは対象の十分な理解には繋がらない場合、かえって特徴や問題点がぼけてしまう場合がある。こうした場合に多くの人が理解できるような少数のデータに単純化し、本質に迫ろうとすることが因子分析の特徴といってもいい。

たとえば、野球の打者には、打率、得点、単打、本塁打、打点、盗塁等のさまざまなデータがあるが、本質的なものとして得点力、好打力、走塁力といったデータを抽出するのが因子分析である。企業には、売上高、従業員数、経常利益、総資本、投資額、採用人数等のたくさんのデータがあるが、この中から収益性、企業規模、成長性等の本質的なデータを抽出するのも因子分析である。

因子分析を行う場合には、元となる変数 f と重み w から**総合特性値** M をつくるといった作業が必要になってくる。たとえば、得点力、好打力、走塁力といった観測データとして存在しないものをつくってしまおうという発想である。

集客力を考えるうえでの魅力係数にもこうしたとらえ方は有効であると考えられる。特に複合的な魅力を備えている施設は、いくつかの因子が組み合わさって魅力が形成されている。いくつかのデータの中からその施設の魅力を抽出する作業は、因子分析的要素を持っている。

(3) バリマックス法とは

バリマックス法とは、因子が特定の変数とのみ高い相関を示し、他の相関とは0に近い数字となるように単純化する方法である。これは、元の変数と因子の対応を強め、より単純に説明できる働きを持っている。

そこで、施設の総合的な収容力(因子1)、施設の付加価値(因子2)、設備に関する因子(因子3)としてとらえ、この重み係数を各変数の規準値に掛け合わせ、因子ごとの因子得点を計算した(**表**-3.8)。因子1、2、3の因子得点である。さらに、各因子得点に数値に対して**表**-3.5 で求めた寄与率を掛けたものが寄与率計算後の合計得点であり、各因子ごとの**重みづけ**と寄与率を考慮した累積得点であると判断される。

この寄与率を考慮して計算した累積得点は、平均0、標準偏差1の単位のない数値となっている状態にある。

(4) 魅力係数の計算

この値は、各因子ごとの得点を持って重みづけがなされた評価値であると判断さ

3.3 魅力係数の検討

表-3.8 各球場の因子得点と累積得点

	B施設	E施設	D施設	C施設	A施設	F施設	G施設	H施設	A'施設	A"施設
因子1得点	0.4582	−0.5549	−1.2373	−1.4659	−1.0948	1.3047	1.1482	0.3912	0.6147	0.4359
因子2得点	0.0258	0.0162	−0.0520	0.0441	0.0258	0.0065	0.0258	0.0104	−0.0513	−0.0513
因子3得点	−0.3436	0.0909	−0.0162	−0.0235	0.0909	−0.0759	0.0123	−0.0033	0.2635	0.0049
寄与率計算後合計得点	0.1415	−0.2226	−0.5559	−0.6373	−0.4571	0.5586	0.5106	0.1729	0.3081	0.1811
標準正規累積得点(魅力係数)	0.5563	0.4119	0.2892	0.2620	0.3238	0.7118	0.6952	0.5686	**0.6210**	0.5719

れ、確率密度関数に相当する。その場合、確率密度分布曲線の累積分を魅力係数としてとらえる。

規準化した各項目データについて正規曲線が描かれ、累積分は標準正規累積分数とすることにより個別の項目ごとに**標準正規累積分布**を求めると、式(3.7)により計算される。

$$F(f_i) = \frac{1}{\sqrt{2\pi}} e^{-\frac{f_i^2}{2}} \tag{3.7}$$

　f_i：各評価項目の**規準化**した数値。

項目別にこの数値を求め、魅力係数として $M = \sum F(f_i)$ を計算したものを想定する。

図-3.8 は、評価値に対して寄与率を加味して計算した後の**確率密度分布**と**累積**

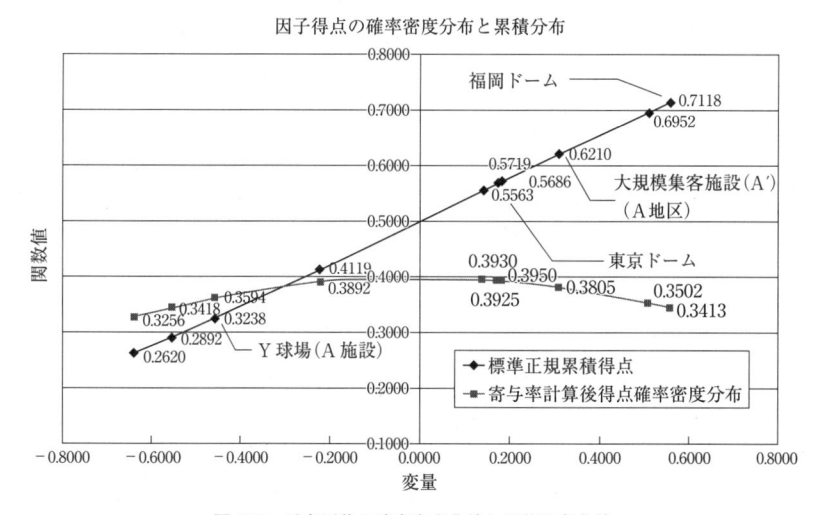

因子得点の確率密度分布と累積分布

図-3.8 延床面積の確率密度曲線と累積分布曲線

分布の状況を見たものである。

ここで、魅力係数を評価項目に関するデータを合計した総合特性値であると仮定した場合、標準化した評価項目の総合的な合計値がこれに相当し、**正規累積分布**の合計値を魅力係数として設定できる。この結果、各施設の魅力係数を**表-3.8**の**標準正規累積得点**に相当する数値、A′施設であれば0.621と計算される。**図-3.8**に示したものは、各大規模集客施設の評価項目ごとに規準化したデータにつきグラフ化したものである。

集客のメカニズムとして、検討した魅力係数が各地区に在住する人口を吸引すると考える。そこで、各施設と各地区と、さらに両者の時間距離が施設への入場者数を決める主要因であるとの仮定のもとにモデルを検討する。

3.4 需給モデルを使用した入場者数予測

3.4.1 モデルの仮定

各地区ごとの入場者数を予測するための需給モデルを検討する。この際、現在あるプロ野球球場の数がこれ以上増加せず、Y球場をリプレースし、地区Aもしくは地区Bにおいて展開するものとする。また、将来の交通体系は現況のままとし、現時点で想定施設が立地した際の入場者数予測とする。また、式(3.2)に前項で求められた魅力係数を使用することで補正後の時間距離Xが各地区および各施設ごとに定まる。

3.4.2 需給均衡の計算

需要曲線が、時間距離が120分(2時間)で打ち切られること、需要者の発生量が0以下はありえないこと、指数関数であること、を基に均衡値を求める。各区域ごとの利用者発生数を以下の式に基づき予測する。

時間距離をX、動員人口をYとした場合の地区ごとの需要曲線は、$(0, \beta)$を通るため需要曲線を式(3.8)のように予測する。ここで、α：時間距離の限度値、β：地区ごとの発生人口の限度値、κ：係数、γ：指数関数の指数。

$$Y = kX^{\gamma} + \beta \tag{3.8}$$

$$\beta = 地区人口 \times 参加比率\ \delta \tag{3.9}$$

式(3.8)が$(\alpha, 0)$を通るとすると、

$$O = k\alpha^\gamma + \beta \tag{3.10}$$

$$k = -\frac{\beta}{\alpha^\gamma} \tag{3.11}$$

すなわち、前述の仮定から Y 軸は、日帰り客の最終限界値である時間距離 β 以上では利用者は存在しないと考える。ゆえに式(3.8)より、

$$Y = \left(-\frac{\beta}{\alpha^\gamma}\right) X^\gamma + \beta \tag{3.12}$$

$$= \left(1 - \frac{1}{\alpha^\gamma} X^\gamma\right) \beta \tag{3.13}$$

$$= \left[1 - \left(\frac{X}{\alpha}\right)^\gamma\right] \beta \tag{3.14}$$

$$= \left\{1 - \exp\left[\gamma \ln\left(\frac{X}{\alpha}\right)\right]\right\} \beta \tag{3.15}$$

ln は自然対数を表す。ここで、$\alpha = 120$ とすると、

$$\text{各地区ごとの発生量 } Y = \beta \left[1 - \exp\left(\gamma \times \ln\left(X/120\right)\right)\right] \tag{3.16}$$

施設 j に対する地区 i における発生量を Y_{ij} とすると、式(3.2)より、

$$Y_{ij} = \beta M_j \left\{1 - \exp\left[\gamma \times \ln\left(\frac{\text{時間距離 } X_{ij}}{120}\right)\right]\right\} \tag{3.17}$$

と表される(M_j：j 施設の魅力係数)。

なお、このモデルを現行の施設状況にあてはめたシミュレーション結果の抜粋を**表-3.9**に示した。式(3.17)は、ここで検討した圏域(1 都 3 県内)の個別の行政区と各施設の間において成立すると考えられる。限られた投票回数(参加率)を持つ i 地区における住民が j 施設に投票した合計数がいわば Y_{ij} に相当し、その個別の計算結果が**表-3.9**の行のデータになる。たとえば、浦和市からの観客動員数は、現行の A 施設に対し 31.6 千人/年、B 施設に対し 67.6 千人/年、C 施設に対し 39.9 千人/年、E 施設に対し 42.4 千人/年が発生することになる。同様に対象エリア 1 都 3 県のすべての行政区においてこの計算を行い、合計値を求める。

また、時間距離、入場者数の需給モデルでは、指数関数を逐次近似法(後述)を用いて、指数 $\gamma = 2$ と置く。なお、指数 γ は、通常、ハフモデルの場合、市原の『商圏と売上高予測』[14]によれば、適用条件によって異なるが、1.0〜2.5 程度の範囲の数値をとる。実際の検証は、モデル式から得られる数値と実際の利用者の出発地分布データの分布値の比較等により求められるが、重力モデルを適用する施設の種類

第3章 人集めを予測する

表-3.9 需給モデルの結果(一部抜粋)

$$\beta(1-\exp(\gamma *LN(X/\alpha)))$$

区域		最寄り駅	A 0.32 A施設 S町	B 0.56 B施設 S橋	C 0.26 C施設 G前	D 0.29 D施設 C海浜	E 0.41 E施設 S球場前	推計合計 (千人)
埼玉県	川越市	本川越、川越	3.24	44.41	17.61	0.00	39.00	104.26
	熊谷市	熊谷	0.00	19.56	0.00	0.00	2.93	22.49
	川口市	川口	37.56	68.84	48.36	0.22	47.76	202.72
	浦和市	**浦和**	**31.56**	**67.57**	**39.85**	**0.00**	**42.39**	**181.38**
	大宮市	大宮	25.16	63.69	32.51	0.00	37.19	158.55
	行田市	行田市	0.00	10.09	0.00	0.00	1.43	11.52
	秩父市	西武秩父	0.00	2.64	0.00	0.00	1.43	4.07
	所沢市	航空公園	0.00	31.48	12.60	0.00	45.49	89.57
	飯能市	東飯能	0.00	9.53	0.00	0.00	10.44	19.97
	加須市	加須	0.00	7.68	0.00	0.00	0.49	8.17
	本庄市	本庄	0.00	5.45	0.00	0.00	0.00	5.45
	東松山市	東松山	0.00	10.97	0.00	0.00	6.14	17.10
	岩槻市	岩槻	0.47	15.01	1.33	0.00	5.55	22.36
	春日部市	春日部	0.86	27.53	0.00	0.00	6.87	35.26
	狭山市	狭山市	0.00	20.84	0.79	0.00	21.97	43.59
南埼玉郡	宮代町	白岡	0.77	4.74	0.93	0.00	2.19	8.63
南埼玉郡	白岡町	白岡	0.94	5.83	1.14	0.00	2.69	10.60
南埼玉郡	菖蒲町	白岡	0.00	3.12	0.61	0.00	1.44	5.67
小計(埼玉県)			0168.1	884.2	270.6	42.5	528.9	1894.3

によっても異なる。

　一般にパラメータγを求める手法には、**逐次近似法**と**最小二乗法**がある。いずれの手法も魅力係数(売場面積)と実際の個別の地域(各エリアごとの入場者数の構成比率、実態調査等からのデータ)からの来訪者数の実績データを必要とする。

　ここでは、逐次近似法によりγの数値を連続的に変化させ、総入場者数との比較を見ることでγ値を推計する。ちなみに、パラメータを逐次変化させる逐次法で$\gamma=1.5$、2.0、2.5における計算を行った場合、それぞれ5球場の総入場者数は9,802千人、11,482千人、12,393千人となり、$\gamma=2$のケースが実際のデータ11,577千人に近い数値となる。したがって、指数として$\gamma=2$の数値を採用している。

　なお、『大規模小売店舗法』による大型店の出店申請時に近隣の商店街に及ぼす影響力を算出する手法として、通産省通産局(現経済産業省)により距離抵抗値として

パラメータを 2 と固定した修正ハフモデルが導入されている。ここでは $\gamma = 2$ の仮定で検討を行ったが、本来はこの検討は別途詳細に行うべきであることを付記しておく。第 1 章の計算における動員数 y に対する時間距離 x の指数とパラメータが異なる数値となるのは、p82 に記したように周辺域人口分布を必ずしもきれいな同心円状にとっておらず、各地区からの時間距離を直接測定しているためである。

このシミュレーションの結果、各施設の入場者数の予測値は、A 施設は年間 235 万人、B 施設は年間 435 万人となった。入場者数予測値の結果によれば相関係数は 0.9914 となり、概ね予測モデルとして使用が可能であると考えられる。ただしこの結果は、B 施設が他の施設と比較して数字が大きいことが原因と考えられる。B 施設のデータを削除して考えると 0.6181 となり、相関係数が落ち、特に A 施設と B 施設等の入場者予測に使用する面で説明力が高いことを付記しておく。

また、入場者数の推計値に対する現実の入場者数のχ^2 乗検定(かい)を行うと、適合検定値は 4.2901×10^{-295} になる。これは「推計値は有効でない」という仮説について危険率 1 ％未満で棄却でき、概ね現況のデータに近い入場予測結果が得られるものと考えられる。χ^2 乗値は、C 施設が最も小さく 11.6 であり、次いで B 施設が 83.2、E 施設、A 施設、D 施設はそれぞれ 91.3、103.9、1078.7 という数値となり、この順で大きくなる傾向となる。

χ^2 乗検定とは、分析の対象としたデータが正規分布に従うと仮定した場合に用いられる検定方法である。**実績値**と**理論値**の乖離について調べる役目がある。

3.4.3　需給モデルによる想定施設の入場者数予測

ここで、前項で検証した需給モデルを利用し、想定する大規模集客施設が A 地区もしくは B 地区において立地した場合の入場者予測を行ってみる。なお**表−3.10** は、A 地区におい

プラダ（東京・表参道）　テートモダン（ロンドン）で一躍有名になったヘルツォーク&ド・ムーロン作。おしゃれな街並みで有名な表参道の中でも一際異彩を放つ。交差するフレームとレンズ状にカーブしたガラスの組合せのファサードが行き交う人たちの目を強力に惹きつける

第 3 章 人集めを予測する

表-3.10 入場者数予測値の検討

	A 施設	B 施設	C 施設	D 施設	E 施設	合計
埼玉県	168.12	884.19	270.57	42.55	528.89	1,883.63
千葉県	155.94	665.79	154.97	275.02	137.03	1,528.60
東京都	962.82	1,729.32	1,188.99	222.18	1,152.03	5,371.24
神奈川県	1,064.35	1,077.75	394.40	3.64	208.03	2,698.31
入場者予測値小計(千人)	2,351	4,357	2,009	543	2,026	11,482
現実動員数(千人)	1,857	4,959	1,856	1,309	1,596	11,577
χ^2	103.9	83.2	11.6	1078.7	91.3	1368.7
χ^2 適合性 =	$4.2901E-295$					
相関係数 =	0.9914					

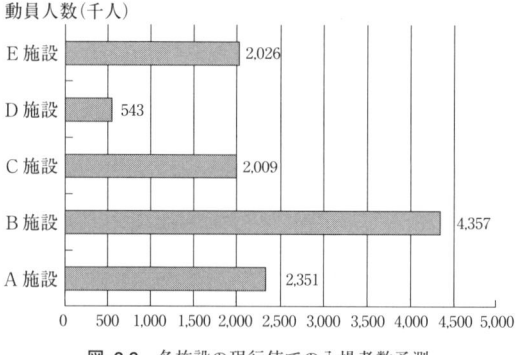

動員人数(千人)

- E 施設: 2,026
- D 施設: 543
- C 施設: 2,009
- B 施設: 4,357
- A 施設: 2,351

図-3.9 各施設の現行値での入場者数予測

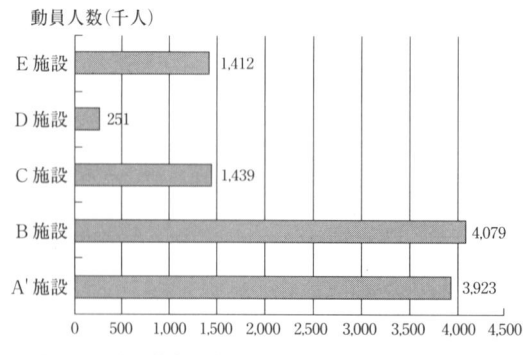

動員人数(千人)

- E 施設: 1,412
- D 施設: 251
- C 施設: 1,439
- B 施設: 4,079
- A' 施設: 3,923

図-3.10 大規模集客施設が立地した場合の入場者数予測

て施設が立地した際の入場者数の予測結果の一部である。この際、新規に A 地区に施設が立地する場合には現行の A 施設の機能を廃止し、その代替施設として A' 施設が整備されたと仮定する。B 地区において(A'' 施設が立地したとする)の立地も同様の考え方である。

この結果、各集客施設における入場予測値は、図-3.9、3.10 に示す数値となる。A 施設に想定規模および内容の**大規模集客施設**を立地させた場合、集客数は現行の年間約 235 万人から約 392 万人に増加する結果となった。すなわち、立地が良く、さらに施設の内容が高度化することにより集客力が高まったことがシミュレートされる。また、同様にして B 地区に立地した場合には約 378 万人の集

客力を持つと試算された。

なお、この入場数の推計は、実際にはかなり設定を単純化したものであり、現実に合いにくい面、モデルの改良の余地が残されているものと考えられる。

3.5 需給モデルの考え方

ここまで、魅力係数に関する新たな考え方と需給モデルの構築手法の提示を行ってきた。実際に新たな区域において類似の施設内容の大規模集客施設を検討する手法として、計画者が勘や経験、事例等に頼って計画規模や内容を定めていた時代から、定量的に把握を行ってゆくことが必要になっている時代に突入している。これまで検討した魅力係数の設定方策および入場者数予測手法等を活用し、特定の施設の入場者数を推測し、対応できるキャパシティの施設内容を検討することが考えられる。大規模集客施設の集客力を定量的にとらえ、予測や戦略を立てるうえでの活用が重要である。

一方、実際問題として、プロ野球チームのホームスタジアムとして使用されている施設は、ホームチームの成績によりシーズン中の大幅な変動があり、予測できない誤差も大きい。フランチャイズ制のプロ野球対応球場の場合、ファン層の地域的分布等は入場者数に影響があると考えられるが、今回のモデル検討においては単純化のために取り扱わなかった。また、ドーム型施設については、近年、コンサート会場としてのニーズが高くなっており（A 施設実績 4.1 %）、この入場者数も大きなものとなっているが、全体の**参加率**に関するデータが統一的に推定できるプロ野球観戦データを用い、モデルの単純化を目指したため、その他興業については取り扱っていない。今後、こうした要因についても検討することは、入場者数予測という観点から見た場合必要であると考えられる。

3.6 全国大規模集客施設整備の比較

3.6.1 大規模集客施設の整備と波及効果の考え方

全国で立地する 24 の大規模集客施設を例にとり、基礎的な指標や背後圏に関するデータを抽出して考察してみる。

大規模集客施設のような多額の建設費が必要となる施設は、施設単独での事業に

3.6.2　各施設の背後圏と入場者数

集客の**背後圏**は、施設の利用の可能性が見込まれる地域、利用者が発生する地域と考える。各施設へ利用者の居住地からのアクセスの方法は、大きく鉄道によるアクセスと車によるアクセスに分けて検討した。

大規模集客施設の周辺域についてアクセスに関する**時間距離**データ(単位：分)を抽出した。この際、施設について立地する県、およびその隣接県までの行政区域までを範囲とする鉄道および自動車によるアクセスにつき検討を行った。たとえば、東京都であれば、千葉、埼玉、神奈川、山梨県等が相当する。同時に各大規模集客施設の背後圏の人口データを抽出した。

鉄道によるアクセスは、行政区の庁舎所在地を人口の重心とし、そこから各ドーム型施設の最寄り駅までの鉄道の時間距離に歩行時間を加えたものを測定した。

表-3.11　年間入場者数と利用圏域(一部抜粋)

		東京ドーム	あきたスカイドーム	グリーンドーム前橋	福岡ドーム	出雲ドーム	やまびこドーム	サンドーム福井	なみはやドーム	大阪市中央体育館	大阪ドーム
	魅力係数	1,047	66	802	802	278	225	932	148	112	678
周辺域データ自区	最寄駅	後楽園駅	和田駅	前橋駅	唐人町駅	出雲市駅	松本駅	鯖江駅	門真南駅	朝潮橋駅	ドーム前駅
	所在地	東京都文京区	秋田県秋田市	群馬県前橋市	福岡市中央区	島根県出雲市	長野県松本市	福井県越前市	大阪府門真市	大阪市港区	大阪市西区
時間距離	行政区人口(人)	164,853	310,571	283,066	1,260,371	85,412	201,711	70,913	137,190	88,706	56,615
	30分圏	4,850	311	401	1,260	85	228	135	792	2,476	4,360
	60分圏	20,136	392	759	1,791	120	376	385	7,972	9,965	12,679
	90分圏	29,069	524	1,212	2,657	345	559	506	14,547	15,332	15,280
	120分圏	31,689	647	2,140	5,347	345	955	2,318	16,143	16,115	15,557
	延床面積(m²)	116,463	12,158	60,286	178,988	15,742	10,081	27,946	37,371	42,664	156,400
入場者数(人)	1988年	10,111,719									
	1989年	10,712,109									
	1990年	11,018,642		884,246							
	1991年	9,757,333	64,415	1,083,790							
	1992年	9,987,582	34,971	1,273,942		334,333					
	1993年	9,607,666	48,056	1,229,444	5,000,000	189,796					
	1994年	9,165,538	31,541	1,278,266	4,600,000	195,155	180,455				
	1995年	9,229,975	40,314	1,289,230	4,100,000	120,070	419,027	707,377			
	1996年	8,779,585	37,743	1,112,949	3,600,000	161,215	353,980	755,995	243,890	369,775	
	1997年	8,886,988	38,098	1,336,592	3,750,000	103,585	335,295	680,524	454,509	383,490	4,433,755
	1998年	8,767,958	41,616	1,230,207	2,493,000	110,255	231,663	699,451	460,000	380,000	3,170,300

3.6 全国大規模集客施設整備の比較

一方、道路アクセスは、大規模集客施設と行政区の庁舎位置との時間距離を道路整備促進期成同盟会全国協議会による『2000年度版道路時刻表』[17]を基にアクセス時間を計測した。時間距離の計算方法は、移動時間を優先し、道路時刻表に記載される区間はこの数値を用い、各大規模集客施設までの時間距離は市街地では平均時速を30km/hとして計算した。

抽出した各大規模集客施設への鉄道および車のアクセス時間は、①0～30分、②30～60分、③60分～90分、④90～120分の範囲をそれぞれ30分圏、60分圏、90分圏、120分圏と名づけ、それぞれを集計したものが**表-3.11**である。また、それぞの累計値についても計算した。この結果、120分圏について東京圏までの累計値を見た場合、背後圏として最も大きく、続いて大阪圏が大きく、立地する地域ごとに背後圏にかなり差があることがわかる（**図-3.12**）。

同時に、各大規模集客施設の背後圏の人口についての把握を行った。試算を行うに際して、隣接する各行政域の中心地である市町村庁舎の立地する駅から各ドーム型施設の最寄り駅までの鉄道の時間距離を測定し、30分以下のものを30分圏、60分以内のものを60分圏と規定した。以下、同様にして、90分圏域、120分圏域についても試算を行った。

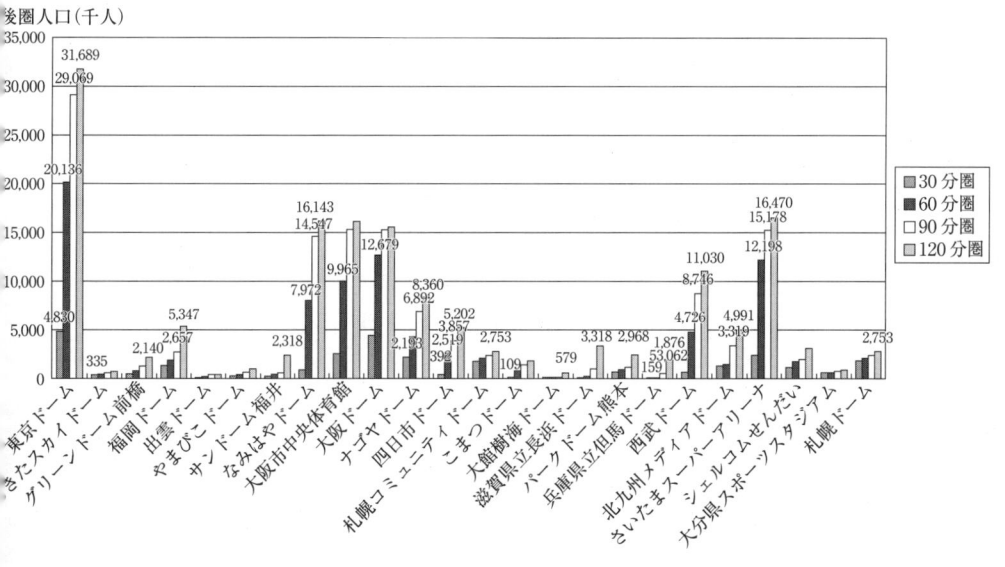

図-3.11 各施設の背後圏

第3章 人集めを予測する

競合の可能性のある他施設がある場合、当施設へ行く確率は、ライバルになるすべての施設間での取り合いになる。

3.6.3 建設規模と造工費

一方、**建設費**は、年度により物価の変動等があることから一概に数値を比較できない。そのため、建設省(現国土交通省)建設デフレータを活用し、建設費の調整を行った。建設規模と**造工費**について比較検討を行ったものが**表-3.12**である。

直接的な支出の増加額としては、**建設費**(施設自体に掛かるもの)と**基盤整備**(施設へのアクセスのための周辺道路整備や人工地盤、交通関連基盤)がある。建設業への直接支出によって誘発される波及効果は、製造業、運輸通信業、サービス業に対するものが大である。生産拡大によって生じた各産業の付加価値(消費者所得や利潤)による消費拡大で誘発される2次波及効果は、サービス産業、金融・保険・不動産業、

表-3.12 建設規模と造工費

施設名	面積(平米) 敷地	建築	延床	フィールド	収容人員(人)	地上(階)	地下(階)	駐車場(台)	造工費(億円)	総事業費(億円)	開業(年)	地域地区
東京ドーム	111,372	46,755	116,463	13,000	56,000	6	2	555	540	875	1988	商業400
あきたスカイドーム	45,000	12,124	12,158	8,720	36,500	2	0	86	25	25	1988	調整区域
グリーンドーム前橋	54,627	25,385	60,286	5,000	20,000	6	1	4,000	184	184	1990	無指定
福岡ドーム	169,159	69,130	178,988	13,500	52,000	7	2	2,000	480	760	1993	商業400
出雲ドーム	88,616	16,277	15,742	15,481	2,500	2	0	800	46	68	1992	市街化調整区域
やまびこドーム	240,000	9,881	10,081	7,386	400	2	0	439	30	30	1993	無指定400
サンドーム福井	49,967	12,684	27,946	5,100	9,000	4	1	2,000	164	164	1996	準工業200
なみはやドーム	42,861	24,933	37,371	30,000	10,000	3	1	304	298	298	1996	準工200
大阪市中央体育館	123,986	408	42,664	3,125	10,000	0	3	120	480	3125	1996	市街化調整400
大阪ドーム	34,617	33,800	156,400	15,000	55,000	9	1	1,250	450	630	1997	商業400
ナゴヤドーム	69,256	48,304	118,831	13,400	40,500	6	0	1,040	55	540	1994	準工200
四日市ドーム	411,000	21,072	23,143	9,375	10,000	3	1	3,500	95	95	1997	準工200
札幌コミュニティドーム	135,889	17,865	18,464	11,803	2,500	6	0	280	55	56	1997	市街化調整区域
こまつドーム	53,100	17,110	21,165	14,310	3,000	4	0	1,100	56	56	1997	市街化調整区域
大館樹海ドーム	110,000	21,000	23,703	13,500	5,000	2	0	894	72	72	1997	無指定400
滋賀県立長浜ドーム	75,000	16,255	15,123	8,614	7,000	2	0	400	52	80	1992	市街化調整区域
パークドーム熊本	68,840	26,325	26,965	6,750	10,000	2	1	512	82	82	1997	都市公園内
兵庫県立但馬ドーム	99,134	20,737	23,236	12,265	9,700	3	1	1,000	55	55	1998	自然公園普通区
西武ドーム	53,020	40,168	55,000	13,250	37,008	4	0		90	400	1989	市街化調整区域
北九州メディアドーム	96,084	35,740	91,686	62,400	20,000	8	1	1,500	270	270	1998	近隣商業・商業
さいたまスーパーアリーナ	96,084	43,730	91,686	62,400	36,500	7	1	650	650	650	2000	商業500
シェルコムせんだい	85,000	19,391	20,194	15,000	10,400	3	0		50	50	2000	市街化調整400
大分県スポーツスタジアム	195,000	53,199	92,882	50,000	43,000	3	2	250	250		2001	市街化調整400
札幌ドーム	309,417	53,620	93,880	90,000	43,000	6	0	280	340	360	2001	市街化調整区域

商業等に対するものが大きい。こうした波及効果については第 7 章で詳述する。

3.7 背後圏を探る

3.7.1 大規模集客施設への入込み客の傾向

今日、地域活性化方策、あるいは興業に対する安定的な入込み客数の増大等を狙って、**全天候型**でプロ・アマスポーツ、大型コンサート、イベントなど、複合的に対応できる大規模なドーム型集客施設が地方自治体や民間企業によって立地されてきている。屋根つきのドーム型集客施設が立地する背景には、天候に左右されないため興業的なリスクを減らせる、定常的にイベントニーズ等を喚起することができることがある。

また、地方公共団体単独による整備も増えてきており、プロジェクトの費用対効果を問われる事例も増加している。このような場合、施設単独での事業による採算性の確保は厳しく、周辺地域に対する**波及効果**をもって整備を考慮する例も見受けられる。

3.7.2 背後圏の分析

分析を進める際、以下のような手順で検討を行った。
① 全国において 1988 年以降に計画された 24 の各**大規模集客施設**に関する基礎データを既往参考文献、直接ヒアリングやアンケート調査などで収集した。
② 各大規模集客施設施設の背後圏を検討するために、鉄道、自動車によるアクセスおよび人口分布状況を調べ、比較検討、分析を行った。

(1) 背後圏(日帰り)の設定

ここで車、鉄道両方のアクセスについて、日帰り利用者の限界時間距離を考察しておく必要がある。

大規模ドーム型集客施設のような日帰り客を中心とした施設について見た場合、集客の限界は概ね 120 分〜 150 分程度の範囲にあるということが仮説として考えられる(宿泊施設を併設した施設も登場してきているが、ドーム施設利用者の全体に占める宿泊者の比率は現段階では低い)。

24 施設の集客の区域および範囲に関する調査データは存在しないが、鉄道アク

セス、車両アクセス両者を見ても、概ねの数値として 120 分は往復で 4 時間、150 分は往復で 5 時間となり、これ以上は宿泊となる傾向が予測される。ちなみに、Y スタジアム(収容人数 30,000 人)のデータ[18]によれば、圏域への訪問客の居住地別比率は、近郊の関東および東北、北関東からの訪問が 71.7％、残り中部、北陸、近畿からの訪問客は 16.5％であり、概ね 2 時間圏域内の訪問者で占められる。また、スタジアムへの来訪者の日帰り率は 97.1％、宿泊率は 2.9％である。

(2) 施設規模、集客範囲と入場者数の関係

データによれば、累積の 120 分背後圏の人口が大きく、施設の規模が大きいと、年間利用者が大である傾向が予測される。東京ドームの例では、120 分背後圏、施設規模ともに大であり、集客力が高いことが読みとれるが、ナゴヤドームやグリーンドーム前橋等は、背後圏人口の割には集客力が高い傾向が見られる。

また、福岡ドーム(ヤフードーム)の場合は、背後圏は小であるが、施設のグレード、ソフト面の充実により背後圏の割に集客力が高い。24 施設の収容人員の平均を見ると、22,042 人であるが、これらの収容人員は施設により性格は異なる。アリ

表-3.13 大規模ドーム型集客施設の集客人口

			1	2	3	4	5	6	7	8	9	10	11	12	13	14	15	16	17	18	19	20	21	22	23	24
			東京ドーム	あきたスカイドーム	グリーンドーム前橋	福岡ドーム	出雲ドーム	やまびこドーム	サンドーム福井	なみはやドーム	大阪市中央体育館	大阪ドーム	ナゴヤドーム	四日市ドーム	札幌コミュニティドーム	こまつドーム	大館樹海ドーム	滋賀県立長浜ドーム	パークドーム熊本	西武球場前駅	兵庫県立但馬ドーム	西武ドーム	北九州メディアドーム	さいたまスーパーアリーナ	シェルコムせんだい	大分県スポーツスタジアム	札幌ドーム
99年入込数(人/年)			9,148,486	26,129	1,230,207	4,000,000	129,800	231,663	593,139	630,000	407,000	3,319,014	4,428,789	347,000	822,380	202,055	248,968	192,464	139,533	243,623	1,788,000	750,000	0	0	0	0
周辺域データ	最寄駅		後楽園駅	和田駅	前橋駅	唐人町駅	出雲市駅	松本駅	鯖江駅	門真南駅	朝潮橋駅	大正駅	ナゴヤドーム前駅	矢田駅	栄町駅	粟津駅	大館駅	田村駅	三木市駅	江賀駅	西武球場前駅	香春口三萩野駅	さいたま新都心駅	泉中央駅	滝尾駅	福住駅
	所在地		東京都文京区	秋田県秋田市	群馬県前橋市	福岡市中央区	鳥取県出雲市	長野県松本市	福井県鯖江市	大阪府門真市	大阪市港区	大阪市西区	名古屋市東区	三重県四日市市	札幌市東区	石川県小松市	秋田県大館市	滋賀県長浜市	熊本県熊本市	豊岡市	埼玉県所沢市	北九州市小倉北区	埼玉県さいたま市	仙台市泉区	大分市大分市	札幌市豊平区
鉄道アクセス (千人)	30分圏		4,850	311	283	1,260	85	228	64	1	2,476	4,360	2,163	106	1,783	178	68	57	673	11	629	1,262	2,315	1,030	556	1,78
	60分圏		15,287	82	476	531	35	148	388	7,180	9,965	8,340	2,127	2,413	262	543	0	127	216	0	4,098	233	9,883	608	22	1,78
	90分圏		8,563	132	453	866	225	1,000	53	6,575	2,891	3,124	2,634	1,338	266	337	23	778	202	67	4,020	1,260	2,980	276	107	2,0
	120分圏		2,620	128	928	2,644	137	487	1,812	1,596	804	333	1,436	1,345	363	0	311	2,303	1,878	105	2,285	1,672	1,210	1,133	156	4,6
車アクセス (千人)	30分圏		6,902	311	1,260	85	289	64	4,404	4,405	122	2,634	611	1,783	178	68	162	641	48	774	0	2,189	994	430	1,78	
	60分圏		13,041	—	340	601	35	187	321	6,485	5,276	7,029	1,887	199	326	543	23	99	139	0	3,046	136	6,717	298	189	1,78
	90分圏		7,417	155	370	761	178	84	120	3,604	2,661	1,228	1,792	3,001	154	337	0	1,103	310	68	3,955	191	4,204	206	92	1,5
	120分圏		3,271	36	700	1,222	178	474	0	349	2,487	1,921	750	1,803	0	0	0	1,103	0	0	2,450	2,581	3,735	432	70	4
鉄道(累計) (千人)	30分圏		4,850	311	283	1,260	85	228	64	1	2,476	4,360	2,163	106	1,783	178	68	57	673	11	629	1,262	2,315	1,030	556	1,78
	60分圏		20,136	392	759	1,791	120	376	452	7,181	12,441	12,700	4,290	2,519	2,044	721	68	184	889	11	4,726	1,495	12,198	1,637	578	2,16
	90分圏		28,699	524	1,212	2,657	345	1,376	506	13,756	15,332	15,825	6,924	3,857	2,311	1,058	91	962	1,090	78	8,746	2,755	15,178	1,913	685	2,3
	120分圏		31,319	647	2,140	5,301	482	2,318	15,351	16,136	16,158	8,360	5,202	2,673	1,058	401	3,265	2,968	184	11,030	4,427	16,388	3,046	841	2,75	
車(累計) (千人)	30分圏		6,902	311	1,260	85	289	64	4,404	4,405	122	2,634	611	1,783	178	68	162	641	48	774	0	2,189	994	430	1,78	
	60分圏		19,943	311	623	1,861	120	475	385	10,889	9,681	7,151	4,522	810	2,109	721	91	261	780	48	3,820	136	8,906	1,291	618	2,16
	90分圏		27,360	465	993	2,622	298	559	505	14,493	12,342	8,379	6,314	3,810	2,263	1,058	91	1,364	1,090	116	7,775	327	13,110	1,498	711	2,3
	120分圏		30,632	501	1,693	3,844	476	1,034	506	14,842	14,829	10,300	7,064	5,613	2,263	1,058	91	2,466	1,090	116	10,224	2,908	16,845	1,929	780	2,3

ーナにおいて事業収入を見込むタイプのものと純粋にグラウンドで地元対応のスポーツ等の利用を行うものとに大きく分類される。球場等のプロスポーツ観戦が主要な使用目的のものは特に規模が大きくなる傾向が見られる。一方、地元スポーツやコミュニティ需要を念頭に置いたものは、収容人員が10,000人以下のものが多く見られる。

(3) 大規模集客施設の背後圏の状況

背後圏から見た集客の状況を見ると、東京ドームの場合、背後圏として60分圏域の人口が鉄道、車ともに最も多く、次いで90分圏域と、都心からドーナツ状に集客圏域が広がっている様子がわかる（図-3.12）。一方、大阪ドームの場合、30分圏域は車によるアクセスがむしろ難しく、鉄道の方が便利である。60分圏域が鉄道、車ともに最も大きく、90分圏域より外になると集積が少なくなる傾向がある。

また、サンドーム福井を見た場合、30分圏域には人口が少なく、60分圏域の集客圏が最も大きいが、鉄道の集客圏が120分圏域になると、背後圏の人口が跳ね上がる。これは120分まで範囲が広がると、関西圏がターゲットに入るからである。出雲ドームを例にとると、60分圏域までは小さいものの、90分圏域以上が大きなものとなる（図-3.13）。すなわち、出雲市内に在住する人には利用しやすい施設であるが、利用者のターゲットとしてはかなり地元中心となることが予測される。また、施設から遠くなるほど集客圏が大きくなる傾向があり、圏域が外側に対して広がっている傾向が顕著である。このようにサンドー

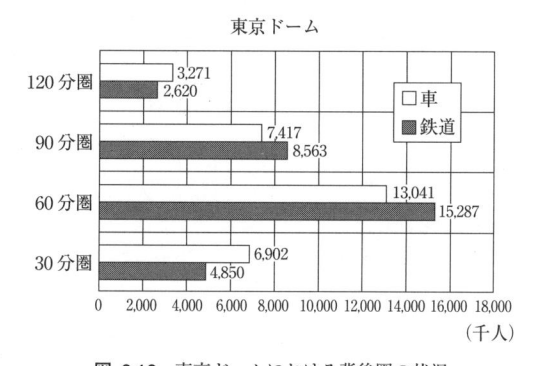

東京ドーム

圏域	車	鉄道
120分圏	3,271	2,620
90分圏	7,417	8,563
60分圏	13,041	15,287
30分圏	6,902	4,850

(千人)

図-3.12 東京ドームにおける背後圏の状況

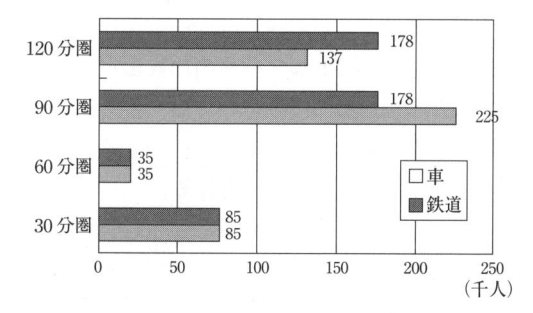

出雲ドーム

圏域	車	鉄道
120分圏	178	137
90分圏	178	225
60分圏	35	35
30分圏	85	85

(千人)

図-3.13 出雲ドームにおける背後圏の状況

ム福井や出雲ドームのような地方立地型の施設については、周辺地域の人口集積が低く、車によるアクセスが主体であることが特徴としてあげられる。
　このように集客の背後圏は、施設ごとの立地条件、アクセス条件によりその様相は違ってくるといえる。

(4)　大規模集客施設と背後圏の関係

　大規模集客施設の立地を考え、その入場者数等を予測していくためには、施設の持つポテンシャルと背後圏を明らかにしていくことが必要である。大都市近郊の背後圏の大きなものについては、施設規模が中小規模であっても集客上は有利であること、また郊外または地方に立地し、背後圏が小さなものについては、駐車場を充実するなど車によるアクセスに積極的に対応する必要があり、同時に鉄道による大都市からの流入客をとらえる必要があると考えられる。

まとめ
人を集めることを予測する
　シミュレーションモデルを構築して定量的に入場者数を予測する。実際の施設をつくる以前に集客施設の基礎的なデータである入場者数をシミュレーションによって予測する。
魅力係数の概念
　対象とする施設がどれだけの集客力を発揮するのかを考えるには、その魅力を数値としてどこまでとらえることができるかを検討する必要がある。
集客を科学的に捉える
　科学的に集客をとらえるためにコンピュータ等を使ったシミュレーションによる予測手法がある。
事例等を基に客観的なデータの比較をする
　既存の施設などで類似の施設を参考とし、予測結果と突き合わせてみたり多角的な検討を行う。
立地する集客施設の背後圏を探る
　既計画しようとしている集客施設の背後圏がどのようになっているか、客観的データを基に分析を行う。

参考文献

1) 狩野紀昭、瀬楽信彦、高橋文夫、辻信一：魅力的品質と当たり前品質、日本品質管理学会誌「品質」、Vol.14、No.2、pp.39-48、1984
2) 位寄和久、両角光男：ファジイ解析を用いた都市内空地の心理評価構造分析―副題・都市内空地の魅力度評価に関する研究、建築学会計画系論文集、No.467、p.105、1995.1
3) 宇治川正人、讃井純一郎：スキーリゾート施設に対する利用者の評価に関する研究その1、日本建築学会計画系論文集、No.472、1995.6
4) 市原実：商圏と売上高予測、同友社、1995
5) 林田和人、渡辺仁史：博覧会における日別入場者数変動に関する研究、日本建築学会計画系論文集、No.467、pp.81-88、1995.1
6) 宮尾尊弘：現代都市経済学、日本評論社、1985
7) 岩田規久男：土地と住宅の経済学、日本経済新聞社、1979
8) 八田達夫、八代尚宏：東京問題の経済学、東京大学出版会、1995
9) Y市経済局：Y市観光客動態調査、1993.3
10) パシフィックリーグ野球連盟：1998パシフィックリーググリーンブック、1999.4
11) セントラルリーグ野球連盟：1998セントラルリーググリーンブック、1999.4
12) 川口和英、Y市企画推進局プロジェクト推進室：大規模集客施設基本構想検討調査、1996.3
13) 川口和英、Y市企画推進局プロジェクト推進室：大規模集客施設基本構想検討調査、1995.3
14) 市原実：商圏と売上高予測、同友社、1995
15) 木多彩子、柏原士郎、吉村英祐、横田隆司、阪田弘一：ショッピングセンターの主要出入口と最寄駅の位置がその周辺の地域施設発生に及ぼす影響について―核型施設の周辺地域における地域施設の発生予測に関する研究―、日本建築学会計画系論文集、No.495、p.101、1997.5
16) 李明權、柏原士郎、吉村英祐、横田隆司、阪田弘一：鉄道駅周辺地域における地域施設発生の予測手法について―大規模都市施設の周辺における地域施設の発生予測に関する研究―、日本建築学会計画系論文集、No.477、p.71、1995.11
17) 道路整備促進期成同盟会全国協議会：2000年度道路時刻表、2000
18) Y市商工観光課：Y市観光客動態調査、1996.3
19) 川口和英：大規模集客施設の入場者数予測手法と広域的波及効果に関する基礎的研究、早稲田大学博士号論文、2001.3

第4章　人の施設内での行動・流れを予測する

次に集客施設内における人の行動というものを考えてみる。これまで施設にどれくらいの人が入るのかという基本的な数値を追うことに関心を集中させてきた。第4章では、集まった人が施設の中をどのように利用するのか、人の動線や流れはどのようになるのかということを考えてみる。まず、このことを科学的に分析する手法を検討してみる。また、施設のみならず、ある程度広域的なエリアにまで人が移動していった場合、施設の外での人の動線や行動がどのようなものか、ネットワークの概念についても考えてみる。

4.1　集客施設内の行動の分析

4.1.1　集客施設内の携帯端末を活用した行動解析

(1)　集客施設内における人間行動分析に関する研究

まず、集客施設そのもの、施設内外での人間行動の解析を考えてみる。

これまで施設内での行動の解析には、ビデオを用いた観測や施設利用者へのアンケートによる経路調査といったアナログ的な分析の方法が主流であった。しかし今日、情報化社会の進展に伴いインターネットや情報機器が手軽に利用できるようになり、こうしたデジタルの情報提供機能を活用したアミューズメント施設が登場する時代になっている。たとえば、リアルタイムで利用者の行動を解析でき、ニーズに対応したサービスを行うことができる時代である。

実際に集客施設と**情報端末**を組み合わせることにより、施設の教育効果を高めたり、より**インタラクティブ**に施設内の利用と情報を連携させていくことが可能となってきている。また、利用者の行動特性を収集し、**施設配置**の関連性を分析するなど、大型の集客施設計画を検討する際にさまざまな利用方策が今後考えられる。

(2) 葛西臨海水族園における実験

ここで、集客施設の利用者に対して、**インターネット携帯端末**によって**デジタル情報**を活用した総合的学習機能の実験について紹介する。

ケーススタディとして東京葛西臨海水族園を取り上げ、施設の利用実態やそのデータから読み取れる行動の予測手法について説明する。

情報処理振興事業協会と(株)三菱総合研究所の共同事業として実施された葛西臨海水族園で行われた**ハイブリッド水族館**の実験は、情報ネットワークと建築物の中での行動をリンクさせた教育施設の新しい試みである(以下、このような水族館の機能をハイブリッド水族館システム[*1]と呼ぶ)。

ここでは、葛西臨海水族園の中でインタラクティブな実験を行い、データを収集した先行調査研究として森田秀之らにより実施された参考文献[1]のデータを加工し分析に使用している。森田氏には、御協力を深く感謝申しあげておきたい。

実験では、情報端末機器からのデータ入力により、**被験者**の見た水槽位置、時刻、参照した情報等をとることができる。被験者の行動データは、早稲田大学大学院理工学研究科と共同で分析した。

ここで、行動データを基に水族館内における移動データとシミュレーションデータの比較分析を試み、その現実への適応性を分析する。特に、水族館を例に集客型施設における人間行動の解析を行う。**マルコフ連鎖**[2]との関連性を見つつ、シミュ

葛西臨海水族園 葛西臨海水族園は東京湾に面した水族館でマグロの回遊水槽をはじめ、ウォーターフロント型の魅力的な水族館として人気がある

[*1] ハイブリッド水族館システム:来園による見学・観察を主体とした利用と、インターネット経由でのホームページ上での図鑑資料的な利用とを融合した水族館システム。来園時は貸与する携帯端末を持ち歩くことで、各自でそれぞれ異なる解説を聞くことができる

レーションによる行動把握の可能性も併せて検討する。また、この中でマルコフ連鎖を考えるうえでの推移行列を各行動パターンごとに抽出することができる。

4.1.2　マルコフモデルとは

　発生過程を状態遷移ネットワークを利用して統計的に予測するモデルの名称である。**確率過程**を考える時、異なる時点における確率変数相互の関係としてある時点の確率がその直前のパラメータに依存すると仮定し、次の推移を予測する。たとえば、今日の在庫量は昨日の在庫量と関連性があるが、昨日より前の在庫量とは関連性を持たない時、マルコフ性を持つという。確率過程で理論的な応用性が高いといわれている。

　ちょうどカエルが1匹池の蓮の葉の上にいて、次にどこかの葉へ飛び移る状態で、その葉に飛び移っていく確率がマルコフ連鎖に相当する。最初Aという葉から次に行く葉がBの確率が60％、Cの確率が40％というようにそれぞれの移動の状態が確率分布で示される。

4.1.3　人の行動の分析方法

　分析を進めるにあたって、以下のような手順で実施した。
① 葛西臨海水族園における行動実験データを基に情報の取得に伴う人の行動解析を行う。
② 調査分析結果を基に**マルコフ連鎖**との関連性を分析し、**推移行列**を算出する。
③ 今後の行動解析の方策について検討を行う。

4.2　ハイブリッド水族館における人間の行動

4.2.1　追跡データからの解析

（1）利用者の行動の概要

　データの収集に先立って、葛西臨海水族園に関するホームページも設置し、利用者はホームページから事前学習を行った。対象とされたのは、小学校および中学校、高校であり、1999年11月～2000年2月にかけて実験が実施された。この結果、データとして228にのぼる行動データを収集している。

　実験は、インターネット接続環境が整備されている小学校5年生から高校3年生

までの児童・生徒178名を被験者としている。

まず、来園前に観察のポイントを示したホームページを児童・生徒に見てもらい、魚・水生物に対する学習意欲や疑問を持ってもらう。来園時は、**携帯端末**を通して観察するポイントや生物の生態等の解説を音声と画像で補足的に提供し、利用者の観察・知識の深まりやより深い学習を促進することを目的としている（図-4.1）。来園後は各々の巡回記録から個別に情報を解析し、理解できるようにする。

利用者は、あらかじめ以下のテーマから興味のあるテーマを選択し、携帯端末を活用して事前学習を行うことができる。そのテーマには、

① S（泳ぐコース）：水中を泳ぐ機能
② N（食べるコース）：餌等を摂る機能
③ D（身を守るコース）：魚・水生物が天敵等から身を防御し、個体を守る機能
④ B（子孫を残すコース）：子孫を増やし繁殖していくための機能

が設定され、利用者が携帯端末上でスタート時に選択する。選んだコースをベースに実際に園内において利用者が携帯端末を手に見学を行えるようにしてある。**表-4.1**に示すようにS、N、D、Bの記号が**HTML**の名前の中に記述してある。

このシステムは、水族館内のどの位置（水槽位置）に位置するかを検出でき、携帯端末により魚・水生物のさまざまな情報を音声と映像で得られる。また、事後に水族館内巡回記録を利用者個別のホームページで見ることができ、来訪時の個人の順路や観察の様子を復習できるように構成されている。

携帯端末は、1人1台（参加者の多い学校においては2～3人に1台）で貸与され、水族館内の観察時間は、1時間30分程度の観察であった。携帯利用者の参照コンテンツ内容や分量は、参加者により個人差があるものの、全般的に児童・生徒の集中度、関心度は高いものであった。

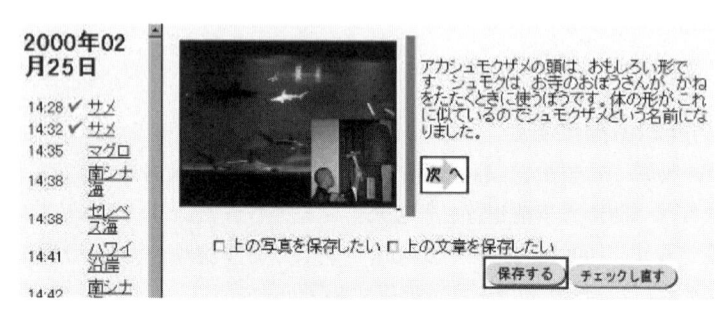

図-4.1　携帯端末の画面の様子

（2） 被験者の行動解析方法

利用者の行動に伴う参照した画像データファイルの変遷を泳ぐコースにおける利用者の履歴で見ると、そのほとんどが120分の観察間に順路どおりの行動履歴をとっているのに対し、一部は順序どおりではなく、途中から逆行したり、異なる順序で見学しているケースも見られる（図-4.3）。実験の際、参照水槽ごとに座標データをとることができ、各参照時刻と移動距離から参加者の速度を計算することが可能である。

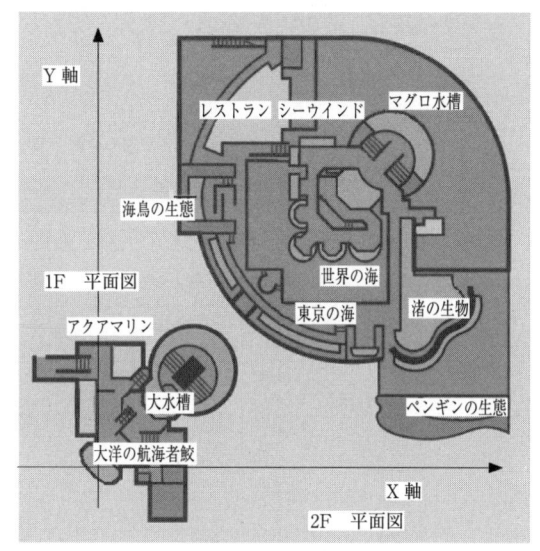

図-4.2　水槽位置図

また、時間により微分計算を行い、加速度も計算することも可能である。ちなみに、利用者01C17は、端末番号PC05を使用し、14時23分48秒から15時56分28秒までの約1時間40分を**表-4.2**に示される経路で移動したことがわかる。移動速度が落ちている間は、頻繁に情報端末を参照し、移動する水槽が決定すると移動速度が増すといった特徴も現れている（**図-4.4〜4.6**）。

携帯端末で提供される情報は、各水槽内の魚類の画像、紹介情報、音声による解説等である。これらの情報を基に利用者は学習を深めたり、必要情報をインプットしながら経路を変化させていると考えられる。携帯端末から、被験者がHTMLを参照した時点で、その時刻およびXY平面で表した座標がプロットされる。このデータを活用することで、利用者の時間経過に従う情報の認識、行動のデータを追跡することができる。この場合、利用者の行動パターンは**順路**を基本に水槽をめぐる確率が最も高くなると予想されるが、途中で参照する情報により、行動の経路等に変化が現れる。そこで、行動のパターンをいくつかのタイプに分類し、解析を行う。

4.2.2　行動の経路から見たパターン分析

この実験で分析した利用者のデータは178件で、利用者それぞれの時刻ごとの訪れた水槽および位置データが残っている。これらのデータの中から代表的な行動パ

第4章 人の施設内での行動・流れを予測する

ターンを抽出し、その特徴について整理してみる。

表-4.1 各水槽の位置と参照 HTML

ST No.	(エリア名)	場所名称	水槽番号	地図座標 x, y	(エリア ID)	DTMF	泳ぐコース HTMLファイル	食べるコース HTMLファイル	身を守るコース HTMLファイル	子孫を残すコース HTMLファイル
00		レクチャールーム/会議	—		—		00-S-1.html	00-N-1.html	00-D-1.html	00-B-1.html
01		サメ	A01	75,65	A	501	01-S-0.html	01-N-0.html	01-D-0.html	01-B-0.html
02		資料室	A51		B					
03		マグロ	A02	427,259	C	502	03-S-0.html	03-N-0.html	03-D-0.html	03-B-0.html
04	太平洋 I	カナダ	A03	351,305	D	123	04-S-1.html	04-N-1.html	04-D-1.html	04-B-1.html
05		フィリピン予定	A04	343,294	D	456	05-S-1.html	05-N-1.html	05-D-1.html	05-B-1.html
06		南シナ	A05	341,282	D	328	06-S-1.html	06-N-1.html	06-D-1.html	06-B-1.html
07		ハワイ	A06	345,269	D	617	07-S-1.html	07-N-1.html	07-D-1.html	07-B-1.html
08	太平洋 II	チリ	A07	342,231	E	134	08-S-1.html	08-N-1.html	08-D-1.html	08-B-1.html
09		オーストラリア北部	A08	331,228	E	256	09-S-1.html	09-N-1.html	09-D-1.html	09-B-1.html
10		グレートバリアリーフ	A09	326,218	E	347	10-S-1.html	10-N-1.html	10-D-1.html	10-B-1.html
11		オーストラリア南部	A10	330,207	E	658	11-S-1.html	11-N-1.html	11-D-1.html	11-B-1.html
12		バハ・カリフォルニア	A11	342,203	E	429	12-S-1.html	12-N-1.html	12-D-1.html	12-B-1.html
13	インド洋	インド洋	A12	324,168	F	145	13-S-1.html	13-N-1.html	13-D-1.html	14-B-1.html
14		紅海	A12	329,155	F	145	13-S-1.html	13-N-1.html	13-D-1.html	14-B-1.html
15		モーリシャス	A14	341,144	F	487	15-S-1.html	15-N-1.html	15-D-1.html	15-B-1.html
16		オーストラリア西岸	A15	352,138	F	632	16-S-1.html	16-N-1.html	16-D-1.html	16-B-1.html
17	大西洋	北米東岸	A16	389,154	G	156	17-S-1.html	17-N-1.html	17-D-1.html	17-B-1.html
18		地中海	A17	391,141	G	234	18-S-1.html	18-N-1.html	18-D-1.html	18-B-1.html
19		北海	A18	402,137	G	681	19-S-1.html	19-N-1.html	19-D-1.html	19-B-1.html
20		アルゼンチン	A19	413,142	G	349	20-S-1.html	20-N-1.html	20-D-1.html	20-B-1.html
21		南アフリカ	A20	415,154	G	251	21-S-1.html	21-N-1.html	21-D-1.html	21-B-1.html
22		カリブ海	A21	464,154	H	503	22-S-1.html	22-N-1.html	22-D-1.html	22-B-1.html
23	深海の生物	深海1	A22	497,154	I	167	23-S-1.html	23-N-1.html	23-D-1.html	23-B-1.html
24		深海2	A23	512,154	I	245	24-S-1.html	24-N-1.html	24-D-1.html	24-B-1.html
25		深海3	A24	511,169	I	316	25-S-1.html	25-N-1.html	25-D-1.html	25-B-1.html
26		深海4	A25	511,194	I	471	26-S-1.html	26-N-1.html	26-D-1.html	26-B-1.html
27		深海5	A26	511,212	I	635	27-S-1.html	27-N-1.html	27-D-1.html	27-B-1.html
28	北極・南極 の海	南極1	A27	500,221	J	178	28-S-1.html	28-N-1.html	28-D-1.html	28-B-1.html
29		南極2	A28	500,239	J	261	29-S-1.html	29-N-1.html	29-D-1.html	29-B-1.html
30		北極	A29	500,256	J	354	30-S-1.html	30-N-1.html	30-D-1.html	30-B-1.html
31		アクアシアター	A52	508,343	K	520	31-S-0.html	31-N-0.html	31-D-0.html	31-B-1.html
32		写真展	—							
33		渚	A30	262,333	L	504	33-S-1.html	33-N-1.html	33-D-1.html	33-B-1.html
34		しおだまり	—							
35		ペンギンの生態	A53	143,337	M	530	36-S-0.html	36-N-0.html	35-D-0.html	35-B-0.html
36		海藻	A31	227,272	N					
37		特設展示	—							
38	小笠原	小笠原1	A32	223,232	O	701	38-S-1.html	38-N-1.html	38-D-1.html	38-B-1.html
39		小笠原2	A33	223,215	O	723	39-S-1.html	39-N-1.html	39-D-1.html	39-B-1.html
40		小笠原3	A34	226,197	O	745	40-S-1.html	40-N-1.html	40-D-1.html	40-B-1.html
41	伊豆七島	伊豆1	A35	232,173	P	768	41-S-1.html	41-N-1.html	41-D-1.html	41-B-1.html
42		伊豆2	A36	239,153	P	713	42-S-1.html	42-N-1.html	42-D-1.html	42-B-1.html
43		伊豆3	A37	250,135	P	759	43-S-1.html	43-N-1.html	43-D-1.html	43-B-1.html
44		伊豆4	A38	266,113	P	728	44-S-1.html	44-N-1.html	44-D-1.html	44-B-1.html
45		実験展示	—							
46		マイクロアクアリウム	—							
47	東京湾	東京湾1	A39	300,82	Q	753	47-S-1.html	47-N-1.html	47-D-1.html	47-B-1.html
48		東京湾2	A40	322,70	Q	791	48-S-1.html	48-N-1.html	48-D-1.html	48-B-1.html
49		東京湾3	A41	344,60	Q	786	49-S-1.html	49-N-1.html	49-D-1.html	49-B-1.html
50		東京湾4	A42	365,55	Q	762	50-S-1.html	50-N-1.html	50-D-1.html	50-B-1.html
51		東京湾5	A42	386,53	Q	762	50-S-1.html	50-N-1.html	50-D-1.html	50-B-1.html
52		海鳥の生態	A54	437,51	R	540	52-S-1.html	52-N-1.html	52-D-1.html	52-B-1.html

凡例： コース上の水槽 / コース外の水槽

4.2 ハイブリッド水族館における人間の行動

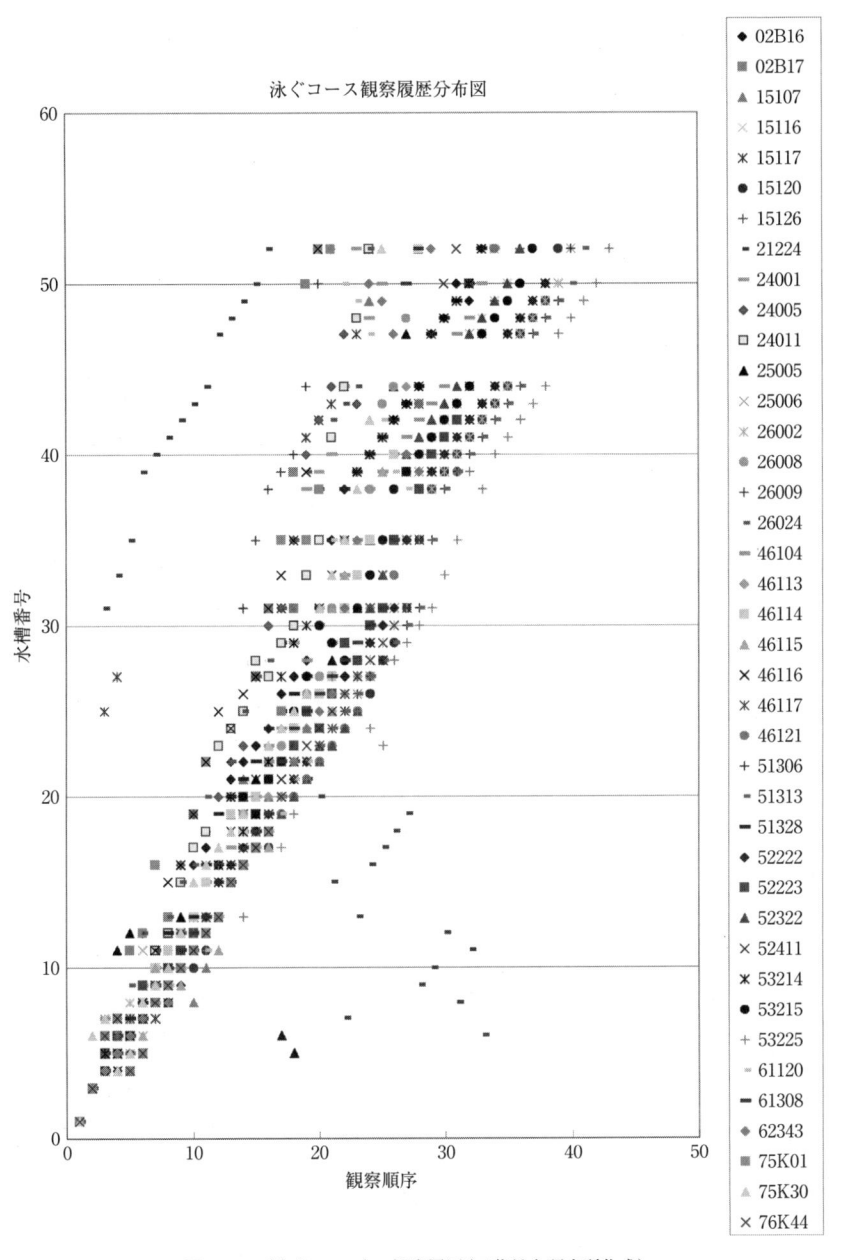

図-4.3 S(泳ぐコース)の観察履歴(三菱総合研究所作成)

第4章 人の施設内での行動・流れを予測する

表-4.2 ある被験者(01C17)の行動データ(一部抜粋)(身を守るコース)

水槽到達時刻 (html 参照時刻)	端末番号	ユーザ ID	1つ前の水槽 位置情報	現在の水槽 位置情報	1つ前の水槽 番号	現在の水槽 番号	移動方向(F： forward、B： bacckward、 R：roaming)	その場で参照した html
14:23:48	pc05.priv.tslp.i	01C17	0	0	0	0	S	0
14:24:07	pc05.priv.tslp.i	01C17	0	0	0	0	S	0
14:27:43	PC05	01C17	0	501	0	A01	F	01-D-0.html
14:35:59	PC05	01C17	501	502	A01	A02	F	03-D-0.html
14:39:47	PC05	01C17	502	123	A02	A03	F	04-D-1.html
14:40:12	PC05	01C17	123	456	A03	A04	F	05-D-1.html
14:41:17	PC05	01C17	456	328	A04	A05	F	06-D-1.html
14:41:26	PC05	01C17	328	456	A05	A04	B	05-D-1.html
14:42:08	PC05	01C17	456	328	A04	A05	F	06-D-1.html
14:46:34	PC05	01C17	328	617	A05	A06	F	07-D-1.html
14:51:53	PC05	01C17	617	429	A06	A11	R	12-D-1.html
14:52:05	PC05	01C17	429	658	A11	A10	B	11-D-1.html
14:52:18	PC05	01C17	658	429	A10	A11	F	12-D-1.html
14:52:47	PC05	01C17	429	658	A11	A10	B	11-D-1.html
14:53:32	PC05	01C17	658	429	A10	A11	F	12-D-1.html
14:53:50	PC05	01C17	429	658	A11	A10	B	11-D-1.html
14:54:09	PC05	01C17	658	429	A10	A11	F	12-D-1.html
14:56:11	PC05	01C17	429	145	A11	A12	F	13-D-1.html
14:56:31	PC05	01C17	145	256	A12	A08	R	09-D-1.html
14:57:12	PC05	01C17	256	134	A08	A07	B	08-D-1.html
14:59:33	PC05	01C17	134	256	A07	A08	F	09-D-1.html
14:59:49	PC05	01C17	256	134	A08	A07	B	08-D-1.html
15:01:36	PC05	01C17	134	256	A07	A08	F	09-D-1.html
15:01:48	PC05	01C17	256	429	A08	A11	R	12-D-1.html
15:02:23	PC05	01C17	429	256	A11	A08	R	09-D-1.html
15:03:57	PC05	01C17	256	134	A08	A07	B	08-D-1.html
15:04:07	PC05	01C17	134	256	A07	A08	F	09-D-1.html
15:04:26	PC05	01C17	256	134	A08	A07	B	08-D-1.html
15:05:28	PC05	01C17	134	256	A07	A08	F	09-D-1.html
15:07:26	PC05	01C17	256	134	A08	A07	B	08-D-1.html
15:08:04	PC05	01C17	134	256	A07	A08	F	09-D-1.html
15:08:13	PC05	01C17	256	134	A08	A07	B	08-D-1.html
15:08:37	PC05	01C17	134	256	A07	A08	F	09-D-1.html
15:08:46	PC05	01C17	256	429	A08	A11	R	12-D-1.html
15:10:02	PC05	01C17	429	145	A11	A12	F	13-D-1.html
15:10:12	PC05	01C17	145	145	A12	A12	F	14-B-7.html
15:21:09	PC05	01C17	145	145	A12	A12	F	14-B-7.html
15:21:13	PC05	01C17	145	145	A12	A12	F	14-B-7.html
15:21:19	PC05	01C17	145	487	A12	A14	F	15-D-1.html
15:25:54	PC05	01C17	487	145	A14	A12	B	13-D-1.html
15:27:19	PC05	01C17	145	487	A12	A14	F	15-D-1.html
15:29:10	PC05	01C17	487	632	A14	A15	F	16-D-1.html
15:29:58	PC05	01C17	632	471	A15	A25	R	26-D-1.html
15:32:55	PC05	01C17	471	316	A25	A24	B	25-D-1.html
15:33:38	PC05	01C17	316	520	A24	A52	R	31-D-0.html
15:34:38	PC05	01C17	520	504	A52	A30	F	33-D-1.html
15:37:38	PC05	01C17	504	530	A30	A53	F	35-D-0.html
15:39:56	PC05	01C17	530	745	A53	A34	R	40-D-1.html
15:44:18	PC05	01C17	745	768	A34	A35	F	41-D-1.html
15:45:21	PC05	01C17	768	713	A35	A36	F	42-D-1.html
15:46:42	PC05	01C17	713	759	A36	A37	F	43-D-1.html
15:48:34	PC05	01C17	759	728	A37	A38	F	44-D-1.html
15:49:22	PC05	01C17	728	753	A38	A39	F	47-D-1.html
15:51:22	PC05	01C17	752	701	A30	A40	F	48-D-1.html
15:54:41								
15:56:28								

4.2 ハイブリッド水族館における人間の行動

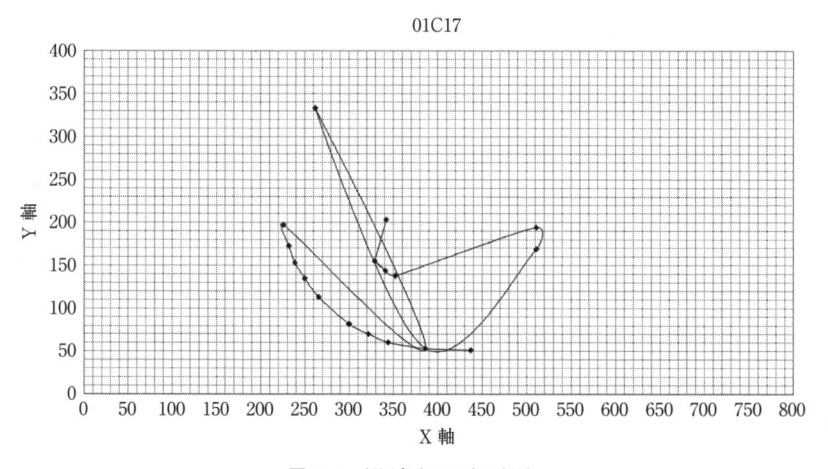

図-4.4 利用者(01C17)の経路

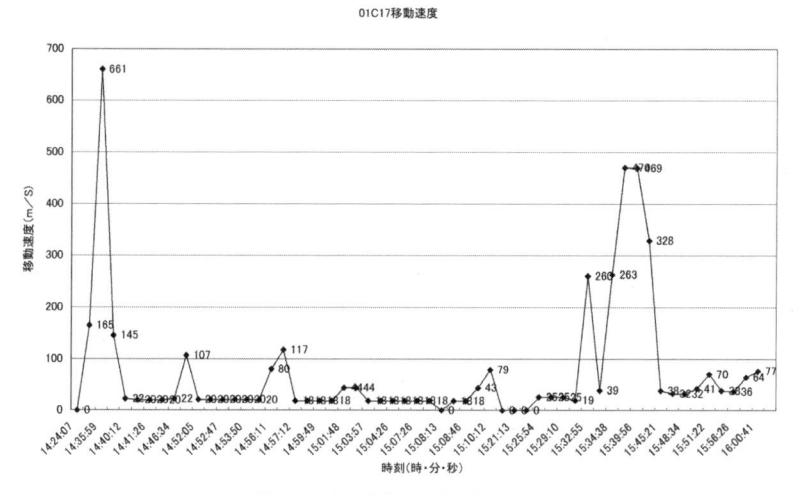

図-4.5 利用者(01C17)の移動速度

（1） 順路に近い経路で移動しているケース

利用者の多くは、ほぼ順路どおりの経路をとっている。入口のアプローチ部分から最初の世界の海のゾーンを観覧した後、マグロの大水槽を見、東京湾、小笠原、伊豆七島の水槽を見た後に出口より退場するという順路のパターンである。図-4.7、4.8 の利用者は、立寄り箇所および滞在時間に差異はあるものの、その移動

121

第4章 人の施設内での行動・流れを予測する

のプロットされた水槽位置は、概ね**順路**に沿っている。

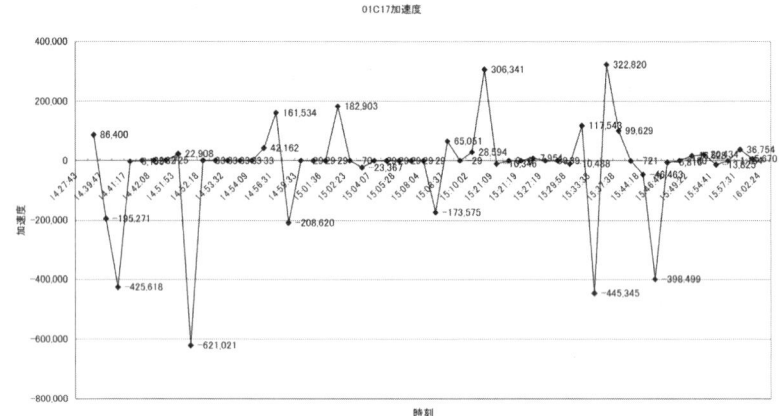

図-4.6 利用者(01C17)の加速度

コラム 11　既存の道路のリニューアルによる魅力の増加

　原宿の竹下通りといえば、1970年代以降、若者の集まる所として大変有名となっているが、若年層に利用者が偏り、大人がゆっくり散策できる通りではなくなってきている。こうした中、1980年代になり、地元の商店街や居住者の協力により、しっとりと落ち着いた魅力ある道をつくり出したのがブラームスの小径といわれる裏道である。竹下通りの喧噪から1本裏通りに入ることで、異空間にきたかのような体験ができるように計画されている。

　ブラームスの小径は、復員が4m未満のいわゆる42条2項道路の狭い道路で、建物を建て替える時にはセットバックを要する。4m道路の感覚に慣れている日本人には、狭い空間は、かえってコンパクトで親しみ深い気分を引き起こさせる。磁器ブロックで修景し、周囲の緑被を増加させることで、緑の多い景観を創出している。また、ブラームスの彫像等のアクセントとなるモニュメンタルなものを適宜配置することによりもともとはないストーリー性のようなものをつくり出すことに成功しているといえるだろう。

ブラームスの小径(原宿)

4.2 ハイブリッド水族館における人間の行動

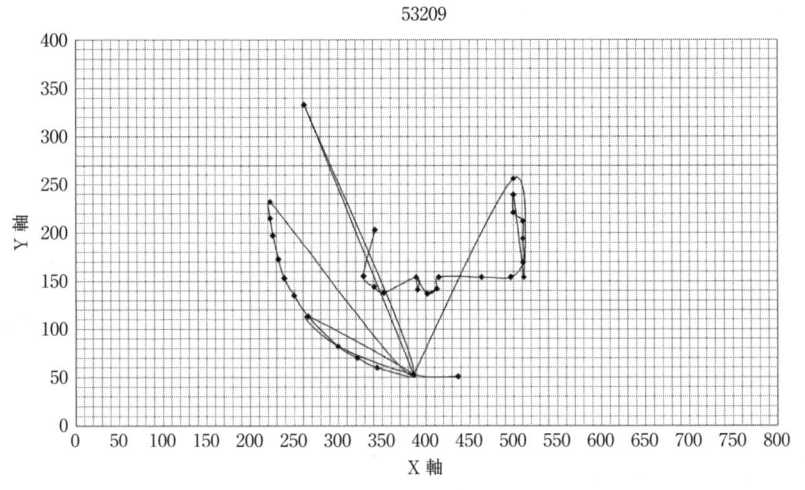

図-4.7 利用者(53209)の経路

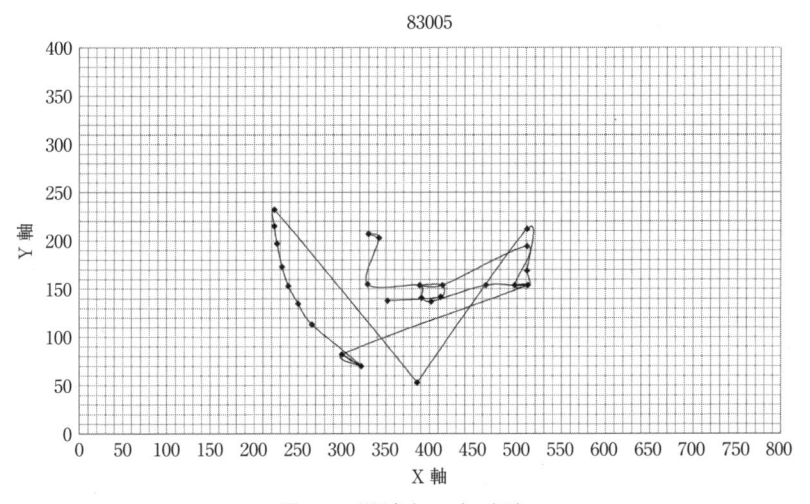

図-4.8 利用者(83005)の経路

(2) 必ずしも順路どおりではない移動経路を示しているケース

利用パターンがユニークな利用者群である。所々で逆行したり、独自の嗜好に合わせて興味ある水槽に移動している。順路どおりの利用者より、むしろ個人の興味により行動を定めていると考えられる。これは、途中で与えられた携帯端末から得

た情報や、自分自身の判断で順路にとらわれない動きをしていると考えられる。

水族館という施設の性格上、順路どおりに観覧する必然性はなく、こうしたユニークな利用者の動きも管理上考慮する必要性がある。

(3) 通常より移動経路が短いケース

通常の利用者と比較して**移動距離**が少ない利用者群である。滞在時間が短く、見ていない水槽が多い。こうした利用者は、展示内容の水槽に偏向性がある、あるいは滞在時間が全体的に短いことから、時間をかけずに観覧したい、もしくは全体的に展示内容に興味が薄いといった理由が考えられる。

移動時間が短い所は、水槽間の移動のスピードが速く、途中に展示物がない、もしくは興味を持たず、順路を飛ばしている可能性があると判断される。また、加速度を見た場合、マイナス値が大である所は、強い興味を持ち立ち止まる行動、プラス値が大である所は、その水槽が見終わり、次へと関心が移行しようとする場合であると予想される。

このように利用者の利用パターンに差があることが見てとれる。利用者パターンの傾向は、選択コースごとに異なる傾向を示す。

4.3 マルコフモデルを用いた分析

4.3.1 マルコフ連鎖による行動の解析

マルコフモデルは、状態の変化をその間の遷移確率で表したものである。隠れマルコフモデルでは、さらに各ノード(各水槽等に相当する基本的な地点)に記号の出現確率がつけられる。利用者の行動のマルコフ性を持った推移確率を推計するために推移行列を導き出すことがまず必要となる。ここで考えられるマルコフ連鎖では、**エルゴード型**のようにどこかの水槽部分から脱出できなくなってしまうことは想定しにくく、吸収型のマルコフ連鎖の適用ができる。

4.3.2 吸収型マルコフ連鎖に基づく行動の解析

実際にモデルを構築するために吸収型マルコフモデルに必要な推移行列を分析する。

図-4.9は、マルコフ連鎖のA01からA05の水槽までの**推移ネットワーク**を図式

4.3 マルコフモデルを用いた分析

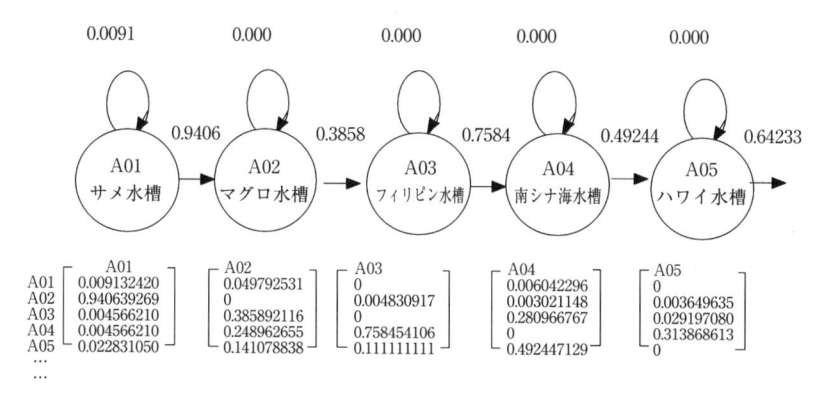

```
         0.0091        0.000         0.000         0.000         0.000
          ⟲            ⟲             ⟲             ⟲             ⟲
       ┌─────┐ 0.9406 ┌─────┐ 0.3858 ┌─────┐ 0.7584 ┌─────┐ 0.49244 ┌─────┐ 0.64233
       │ A01 │──────→ │ A02 │──────→ │ A03 │──────→ │ A04 │───────→ │ A05 │──────→
       │サメ水槽│      │マグロ水槽│    │フィリピン水槽│ │南シナ海水槽│   │ハワイ水槽│
       └─────┘        └─────┘        └─────┘        └─────┘         └─────┘
```

[A01 0.009132420] [A02 0.049792531] [A03 0]   [A04 0.006042296] [A05 0   ]
[A02 0.940639269] [0   ] [0.004830917] [0.003021148] [0.003649835]
[A03 0.004566210] [0.385892116] [0   ] [0.280966767] [0.029197080]
[A04 0.004566210] [0.248962655] [0.758454106] [0   ] [0.313868613]
[A05 0.022831050] [0.141078838] [0.111111111] [0.492447129] [0   ]
[...   ]
[...   ]

図-4.9 マルコフ変換の模式図（S＋N＋D＋Bの一部）

化したものである．各ノードの下には，各ノードへの移動の確率を計算したものを示している．図は推移ネットワークの一部であり，各ノードごとにその下に他の水槽のデータがある．

4.3.3 推移行列の計算

行動データ結果から各利用者の水槽ごとのマルコフ連鎖における**推移行列**を試算する．

この場合，行の水槽から列の水槽への移動の状況が要素の数字として表される．行と列の一致する対角要素より上の部分は，順路に沿った移動をしている確率，下の部分は順路に従わず逆行している確率を示している．**表-4.4** は，被験者全体の推移行列，**表-4.5** は，D（身を守る）の推移行列を示している．B，S，Nの推移行列については省略する．推移行列が個別のコースごとに推計されたことで，今後，新規の携帯端末を利用するケースでの利用者の行動が予測可能となる．

また，被験者が同じ水槽を何回訪れたかを試算し，利用率として1回以上訪れた場合を1以上の数値とした場合，水槽の利用率の上位10水槽と下位10水槽は，**表-4.3** のようになる．

この表をみると，エントランスに近い水槽ほど**立ち寄り比率**が高く，出口に近いものほど立寄り比率が低いという傾向が読み取れる．最初の水槽を丹念に見ているのに対し，一定時間が経過した際には退館への意志が働き，1水槽あたりの観覧比率が低下している傾向を示していると考えられる．このように携帯端末を利用することで利用頻度の高い水槽施設等をきわめて明確に把握できること等がわかった．

第4章 人の施設内での行動・流れを予測する

表-4.3 立寄りの上位10水槽(左)と下位10水槽(右)

水槽番号		立寄り比率	水槽番号		立寄り比率
A08	オーストラリア北部	1.514	A54	海鳥の生態	0.173
A04	フィリピン	1.505	A42	東京湾4	0.591
A09	グレートバリアリーフ	1.391	A41	東京湾3	0.655
A06	ハワイ	1.382	A40	東京湾2	0.659
A11	バハ・カリフォルニア	1.355	A32	小笠原1	0.523
A05	南シナ	1.245	A30	渚	0.423
A17	地中海	1.127	A29	北極	0.636
A02	マグロ	1.095	A28	南極2	0.655
A15	オーストラリア西岸	1.005	A27	南極1	0.573
A01	サメ	0.995	A20	南アフリカ	0.550

コラム12 実験国家シンガポールの都市計画と集客戦略

　シンガポールは、人口280万人、淡路島程度の大きさ面積(630万m²)の都市国家である。加工貿易型の産業立地と、外国資本との税制優遇措置、資本提携等の戦略によって建国わずか40年で急速な発展を遂げた国である。

　国土は小さいが、都市計画の面でさまざまな工夫がなされている。中心市街地は、超高層ビル街による摩天楼になっている。周辺域には、アラブ人街、インド人街、中国人街等があり、人種の坩堝が形成されている。観光の名所としてマーライオンというシンボリックな彫刻がウオーターフロントに立地しているが、世界でも3大がっかりといわれるほど小さく、中心市街地の集客機能としての受け皿としては小さい。そこで、セントーサ島という都市型リゾート地を新たに形成し、そこに集中的に観光客を集めることを念頭に置いた戦略的なプロジェクトを実施している。市街地から車やバス、ケーブルカーでもアクセスができ、滞在型リゾートホテルや水族館、遊園地等が整備され、都市に近いリゾートとして多くの人々を集めている。ここには、中心市街地とは異なる巨大なマーライオンが整備されている。

　セントーサ島は、歴史的には旧日本軍による殺戮等の暗い過去を持つエリアであるが、美しい海岸もあり、都会の憩いの地として市民にも愛されており、観光客も含め定常的に多くの人々が訪れる空間となっている。

　また、シンガポールには、ナイトサファリと呼ばれる動物園のアトラクションがあり、これも大変人気である。動物園の動物は昼間は寝ていたり、活動が鈍かったり、本来の生き生きとした姿となかなか見られない面がある。夜行性の動物や、夜に活動が活発になる動物は、夜の方が本来の生態を観察することができる。ナイトサファリは、世界で初めて夜に動物園をオープンし、こうした小型の動物の生態を見せる南国独自の方法によって成功し、観光の目玉として多くの人々を集客する要素となっている。

中心市街地内は、ビジネスだけではなく、人々が憩うことができるような空間の整備もなされている。たとえば、ボートキーと呼ばれるエリアは、摩天楼ビルの足元に位置し、シンガポール川沿いにショッピング施設や各種レストランバーやクラブが展開し、特に夜になると、多くの人々が憩いの場を兼ねて集積するスポットとなっている。シンガポールのウォーターフロントとして大変人気がある。小さな島に高密度で展開された都市計画の中にパワーが秘められた魅力ある集客都市である。

セントーサ島(シンガポール)

4.4 情報端末によるデータ収集

携帯端末を使って各々に情報提供するという試みは、国立民族学博物館の電子ガイドや鳥羽水族館の超水族館でも既に実施されているが、これらは主に施設内での利用を目的としている。また、今まで学校におけるパソコンやインターネットの使い方は、施設と学校あるいは学校同士をリアルタイムにつないだ、いわゆる遠隔授業や交流学習といった形が主流であった。今後さらに回線速度やパソコン環境が充実していけば、ハイブリッド水族館のように各々に携帯端末を通して異なった情報を提供する使い方等が増えてゆく可能性がある。

4.5 行動分析の展開の方法

葛西臨海水族園の携帯端末による実験において、各行動コースごとのマルコフ連鎖体系を抽出することができた。
これらからわかったことは、集客型施設で携帯端末等を用いたネットワーク形成システムを利用した場合、利用者への適宜情報伝達により行動に影響を与える可能

第 4 章 人の施設内での行動・流れを予測する

表-4.4　S＋N＋D＋B

	A01	A02	A03	A04	A05	A06	A07	A08	A09	A10	A11	A12	A14	A15	A16	A17	A18	A19	A20	A21	A22
A01	0.009	0.941	0.005	0.005	0.023	0.009	0	0	0	0	0	0	0	0	0.005	0	0	0	0	0	0
A02	0.05	0	0.386	0.249	0.141	0.079	0.004	0.008	0.004	0	0.004	0	0.004	0.004	0	0	0	0.004	0.008	0.017	0
A03	0.006	0.005	0	0.758	0.111	0.101	0.005	0	0.005	0	0.005	0	0	0	0	0	0	0	0	0	0
A04	0	0.003	0.281	0	0.492	0.19	0	0.003	0.006	0.003	0.003	0	0	0	0.003	0	0	0	0	0	0.003
A05	0.003	0.004	0.029	0.314	0	0.642	0.004	0	0.004	0	0	0	0	0	0	0	0	0	0	0	0.004
A06	0	0.026	0.016	0.066	0.145	0	0.355	0.158	0.089	0.043	0.056	0.01	0.003	0	0	0	0.007	0	0	0	0
A07	0	0	0	0.005	0	0.034	0	0.776	0.093	0.015	0.034	0.01	0	0.005	0.005	0	0	0.01	0	0.005	0
A08	0	0	0.003	0	0.012	0.222	0	0.553	0.084	0.078	0.015	0.009	0.006	0	0.006	0.003	0	0	0	0	0.006
A09	0	0.003	0	0	0.007	0.02	0.275	0	0.278	0.34	0.042	0.007	0.02	0.003	0	0	0	0	0	0	0
A10	0	0	0	0	0.005	0	0.01	0.098	0.206	0	0.613	0.034	0.015	0.015	0	0	0	0	0	0	0
A11	0	0	0.007	0	0	0.007	0.017	0.044	0.094	0.242	0	0.433	0.054	0.07	0.017	0.007	0	0.007	0	0	0.003
A12	0	0	0	0.005	0	0	0.005	0.01	0.005	0	0.048	0	0.586	0.19	0.062	0.043	0	0.01	0.005	0.019	0
A14	0	0	0	0	0	0.005	0	0	0	0.005	0.01	0.147	0	0.701	0.054	0.02	0	0.01	0.005	0.02	0.005
A15	0	0	0	0	0	0.005	0.009	0.005	0.005	0.005	0.05	0.235	0	0.317	0.163	0.027	0.036	0.009	0.045	0.023	
A16	0	0	0	0	0.005	0	0.005	0	0	0	0.005	0.005	0.005	0.005	0	0.678	0.085	0.06	0.02	0.05	0.03
A17	0	0	0	0	0	0	0.008	0	0	0	0.004	0.004	0	0	0.298	0	0.343	0.19	0.048	0.048	0.028
A18	0	0	0	0	0	0.006	0	0	0	0.006	0	0.006	0	0	0.052	0.234	0	0.545	0.071	0.065	0
A19	0.005	0	0	0	0	0.01	0	0	0	0.005	0	0.005	0.015	0.036	0.077	0.205	0	0.431	0.149	0.031	
A20	0.008	0	0.008	0	0	0.008	0	0	0	0	0	0.008	0	0.008	0.033	0.033	0.017	0.223	0	0.603	0.017
A21	0	0	0	0.012	0.012	0.006	0	0	0	0	0	0	0	0	0.006	0	0.012	0.006	0.018	0.006	0.563
A22	0	0	0	0	0	0	0	0	0	0	0	0.006	0	0	0	0	0	0	0.006	0.012	0
A23	0	0	0	0	0	0	0	0	0	0	0	0.007	0	0	0	0.007	0	0	0	0.013	0.18
A24	0	0	0	0	0	0	0	0.005	0	0	0	0	0	0	0	0	0	0	0	0.009	0.055
A25	0	0	0.014	0	0	0.007	0	0	0	0	0.014	0	0	0	0	0	0	0.014	0.007	0	0.014
A26	0	0.007	0	0	0.014	0.007	0	0	0	0	0.014	0	0.007	0	0	0	0	0	0	0	0.008
A27	0	0	0	0.008	0.008	0	0	0	0	0	0	0	0	0	0	0	0	0.008	0	0	0.008
A28	0	0	0	0	0	0	0	0	0	0	0	0	0	0	0	0	0	0	0	0.014	0
A29	0	0	0	0	0	0	0	0	0	0	0	0	0.007	0	0	0.007	0	0	0	0.014	0
A52	0.005	0	0	0.005	0	0.009	0	0.005	0.009	0	0	0	0	0	0	0	0	0	0.005	0	0
A30	0	0	0.011	0	0	0	0	0	0	0	0.011	0	0.011	0.011	0.022	0	0.011	0.011	0	0	0
A53	0	0	0	0	0	0	0	0	0	0	0	0	0	0	0	0	0	0	0	0	0
A32	0	0	0	0	0	0	0	0	0	0	0	0	0	0	0	0	0	0	0	0	0
A33	0	0	0	0	0	0	0	0	0	0	0	0	0	0	0	0	0	0	0	0	0
A34	0	0	0	0	0	0	0	0	0	0	0	0	0	0	0	0	0	0	0	0	0
A35	0	0.006	0	0	0	0	0	0	0	0	0	0	0	0	0	0	0	0	0	0	0
A36	0	0	0	0	0	0	0	0	0	0	0	0	0	0	0	0	0	0	0	0	0
A37	0	0	0	0	0	0	0	0	0	0	0	0	0	0	0	0	0	0	0	0	0
A38	0	0.006	0	0	0	0	0	0	0	0	0	0	0	0	0	0	0	0	0	0	0
A39	0	0	0	0	0	0	0	0	0	0	0	0	0	0	0	0	0	0	0	0	0
A40	0	0	0	0	0	0	0	0	0	0	0	0	0	0	0	0	0	0	0	0	0
A41	0	0	0	0	0	0	0	0	0	0	0	0	0	0	0	0	0	0	0	0	0
A42	0	0	0	0	0	0	0	0	0	0	0	0	0	0	0	0	0	0	0	0	0
A54	0.026	0.132	0	0	0	0	0	0	0	0	0	0	0	0	0	0	0	0	0	0.026	0

性があること、学習面においても事前、実施中、事後を通して音声画像を通して生徒の興味を引き出す特性があること等である。また、位置や時間時刻等のデータを収集することにより利用者頻度や有効な施設配置の検討ツールとしても使用が可能であること等がわかった。

　こうした情報機器を用いた集客施設とのデータ連携によってより魅力的で実用的な施設展開や生涯学習ツールとしての利用の可能性等が考えられる。また、利用者の行動分析結果は、今後の建築計画的な配置案や、展示パターンの検討等にフィードバックしていくことが想定される。また、携帯端末をより小型の携帯電話型に

(被験者全体)の推移行列

A23	A24	A25	A26	A27	A28	A29	A52	A30	A53	A32	A33	A34	A35	A36	A37	A38	A39	A40	A41	A42	A54
0	0	0	0	0	0	0	0	0	0	0	0	0	0	0.005	0	0	0	0	0	0	0
0.004	0.012	0	0	0	0.004	0.004	0.004	0.004	0	0	0	0	0	0	0	0.004	0	0	0	0	0
0.005	0	0	0.005	0	0	0	0	0	0	0	0	0	0	0	0	0	0	0	0	0	0
0	0	0	0	0	0	0	0	0.003	0.003	0	0	0	0	0	0	0	0	0	0	0	0
0	0	0	0	0	0	0	0	0	0	0	0	0	0	0	0	0	0	0	0	0	0
0	0.003	0	0	0.003	0.003	0	0	0.007	0	0.007	0	0	0	0	0	0	0	0	0	0	0
0	0	0	0	0	0	0	0	0.01	0	0	0	0	0	0	0	0	0	0	0	0	0
0	0	0	0	0	0	0	0	0	0.003	0	0	0	0	0	0	0	0	0	0	0	0
0.003	0.003	0	0	0	0	0	0	0	0	0	0	0	0	0	0	0	0	0	0	0	0
0	0	0	0	0	0	0	0	0	0	0	0	0	0	0	0.005	0	0	0	0	0	0
0.005	0	0	0	0	0.005	0	0.005	0	0	0	0	0	0	0	0	0	0	0	0	0	0
0	0.02	0	0	0	0	0	0	0	0	0	0	0	0	0	0	0	0	0	0	0	0
0	0.036	0.018	0.005	0	0	0	0.005	0	0	0	0	0	0	0	0	0.005	0	0	0	0	0
0.005	0.02	0	0	0.005	0.005	0	0.01	0	0	0	0	0	0	0	0	0	0	0	0	0	0
0	0.016	0	0.004	0	0	0.008	0	0	0	0	0	0	0	0	0	0	0	0	0	0	0
0	0.006	0	0	0.006	0	0	0	0	0	0	0	0	0	0	0	0	0	0	0	0	0
0.01	0.015	0	0	0	0	0	0.005	0	0	0	0	0	0	0	0	0	0	0	0	0	0
0.025	0	0	0	0	0	0	0	0	0	0	0	0	0	0	0	0	0	0.008	0	0	0
0.072	0.138	0.042	0.042	0	0.006	0.006	0.054	0	0	0	0	0	0	0	0	0	0	0	0	0	0
0.62	0.217	0.048	0.006	0.018	0	0.018	0.042	0	0.006	0	0	0	0	0	0	0	0	0	0	0	0
0	0.693	0.04	0.02	0.013	0.013	0.007	0.007	0	0	0	0	0	0	0	0	0	0	0	0	0	0
0.088	0	0.452	0.157	0.023	0.032	0.023	0.152	0	0.005	0	0	0	0	0	0	0	0	0	0	0	0
0.02	0.156	0	0.517	0.109	0.041	0.007	0.082	0	0.	0	0	0	0	0	0	0	0	0	0	0	0
0	0.014	0.082	0	0.388	0.143	0.095	0.218	0.007	0.007	0	0	0	0	0	0	0	0	0	0	0	0
0	0	0.04	0.135	0	0.524	0.175	0.095	0	0	0	0	0	0	0	0	0	0	0	0	0	0
0.007	0	0	0.014	0.222	0	0.576	0.132	0	0.021	0.007	0	0	0	0.007	0	0	0	0	0	0	0
0	0	0.036	0.014	0.043	0.25	0.007	0.536	0.029	0.029	0.007	0	0	0	0	0.014	0	0.007	0	0	0	0
0	0	0	0.005	0	0	0.019	0.005	0.29	0.607	0.014	0.005	0.005	0.005	0.005	0	0	0	0	0	0	0
0	0.011	0	0.011	0.011	0.011	0.032	0.011	0	0.645	0.086	0	0.011	0.032	0.011	0	0.022	0	0.011	0	0	0.011
0	0	0	0.01	0	0	0	0.005	0.069	0.005	0.353	0.157	0.059	0.044	0.127	0.059	0.025	0.044	0.005	0.015	0.02	0.005
0	0	0	0	0	0	0	0	0	0	0.765	0.113	0.026	0.026	0.026	0.009	0.009	0.035	0	0	0	0.017
0.007	0	0	0	0	0	0	0	0.02	0	0.164	0.007	0.632	0.059	0.026	0.013	0.013	0.02	0.007	0	0.013	0.02
0	0	0	0	0	0	0	0	0.013	0	0.026	0.157	0	0.641	0.085	0.013	0.026	0.026	0	0	0	0.013
0	0	0	0	0	0	0	0	0	0	0.019	0.124	0.056	0.702	0.068	0.012	0.006	0	0	0	0	0.006
0	0	0	0	0	0	0	0	0	0.021	0	0.016	0	0.133	0.005	0.686	0.09	0.016	0.005	0.011	0.005	0.011
0	0	0	0	0	0	0	0	0.011	0	0.006	0.011	0.033	0.028	0.111	0	0.689	0.072	0.017	0	0	0.022
0	0	0	0	0	0	0	0	0.024	0.006	0	0	0.012	0	0.012	0.083	0	0.716	0.071	0.018	0.024	0.03
0.006	0	0	0	0.006	0	0	0	0.011	0	0	0	0.006	0	0.011	0.011	0.039	0.006	0.644	0.078	0.1	0.083
0	0	0	0	0	0	0	0	0	0	0.014	0	0	0	0	0	0.014	0.103	0.007	0.669	0.145	0.048
0	0	0	0	0	0	0	0	0.028	0	0.007	0.007	0.007	0	0	0.007	0	0.035	0.076	0.014	0.75	0.069
0	0	0	0	0	0	0	0	0.008	0.008	0	0	0.008	0	0	0	0.038	0.023	0.038	0.231	0.008	0.638
0	0	0.053	0	0	0.026	0	0.026	0.026	0	0	0.026	0	0.053	0.079	0.158	0.026	0.053	0.026	0.158	0.105	

し、ターミナルセンサを簡略化しコストを下げる、あるいは他の集客施設への応用等の展開・検討等が考えられる。

4.6 広域的な人の流れについて

4.6.1 広域エリアにおける移動

一方、今度は、もう少し広域的な人の流れの変化についての把握もしてみよう。

第 4 章　人の施設内での行動・流れを予測する

表-4.5 D(身を守る

	A01	A02	A03	A04	A05	A06	A07	A08	A09	A10	A11	A12	A14	A15	A16	A17	A18	A19	A20	A21	A22
A01	0	0.978	0	0	0	0.011	0	0	0	0	0	0	0	0	0	0	0	0	0	0	0
A02	0.047	0	0.396	0.274	0.123	0.085	0.009	0	0	0	0.009	0	0.009	0.009	0	0	0	0	0.009	0.009	0
A03	0	0.011	0	0.772	0.109	0.098	0	0	0.011	0	0	0	0	0	0	0	0	0	0	0	0
A04	0.015	0	0.285	0	0.46	0.219	0	0	0	0.007	0	0	0	0	0	0	0	0	0	0	0
A05	0	0.009	0.037	0.243	0	0.701	0.009	0	0	0	0	0	0	0	0	0	0	0	0	0	0
A06	0	0.015	0.015	0.06	0.158	0	0.301	0.143	0.173	0.03	0.053	0.008	0.008	0	0	0	0	0	0	0	0
A07	0	0	0	0.013	0	0.013	0	0.827	0.08	0.013	0.053	0	0	0	0	0	0	0	0	0	0
A08	0	0	0	0.008	0	0.008	0.221	0	0.511	0.099	0.107	0.008	0.015	0.015	0	0	0	0	0	0	0
A09	0	0	0	0	0	0.016	0	0.24	0	0.31	0.333	0.023	0.016	0.047	0	0	0	0	0	0	0
A10	0	0	0	0	0	0	0.024	0.122	0.28	0	0.488	0.049	0.012	0.024	0	0	0	0	0	0	0
A11	0	0	0.009	0	0	0.017	0.009	0.052	0.086	0.19	0	0.388	0	0.129	0.026	0	0	0.017	0	0	0
A12	0	0	0	0	0	0	0	0.013	0.027	0	0.053	0	0.64	0.173	0.053	0.027	0	0.013	0	0	0
A14	0	0	0	0	0	0	0	0	0	0.01	0.02	0.14	0	0.7	0.05	0.04	0	0	0	0	0
A15	0	0	0	0	0	0	0.009	0	0.009	0	0.036	0.321	0	0.259	0.125	0.009	0.018	0.018	0.036	0	0.045
A16	0	0	0	0	0	0	0	0	0	0	0.015	0	0.015	0	0.677	0.077	0.077	0.031	0.046	0.015	0
A17	0	0	0	0	0	0	0	0	0	0	0.012	0	0	0.25	0	0.274	0.238	0.06	0.071	0.024	0
A18	0	0	0	0	0	0	0	0	0	0	0	0	0	0.022	0.304	0	0.5	0.065	0.087	0	0
A19	0.017	0	0	0	0	0	0	0	0	0	0.017	0	0	0.017	0.085	0.254	0	0.39	0.169	0.017	0
A20	0	0	0	0	0	0	0	0	0	0	0	0	0	0	0.028	0.028	0.139	0	0.722	0.028	0
A21	0	0	0	0	0	0.017	0	0	0	0	0	0	0	0.017	0	0.017	0.017	0	0	0	0.559
A22	0	0	0	0	0	0	0	0	0	0	0	0	0	0	0	0	0	0	0.034	0	0
A23	0	0	0	0	0	0	0	0	0	0	0	0	0	0	0	0	0	0	0	0.018	0.14
A24	0	0	0	0	0	0	0	0	0	0	0	0	0	0	0	0	0	0	0	0.009	0.065
A25	0	0	0.032	0	0	0	0	0	0	0	0	0	0	0	0	0	0	0	0	0	0.016
A26	0	0.02	0	0	0	0	0	0	0	0	0	0	0	0	0.02	0	0	0	0	0	0
A27	0	0	0	0	0	0	0	0	0	0	0	0	0	0	0	0	0	0	0	0	0
A28	0	0	0	0	0	0	0	0	0	0	0	0	0	0	0	0	0	0	0	0	0
A29	0	0	0	0	0	0	0	0	0	0.016	0	0	0	0	0	0	0	0	0	0	0
A52	0.011	0	0	0.011	0	0.022	0	0	0.022	0	0	0	0	0	0	0	0	0	0	0	0
A30	0	0	0.024	0	0	0	0	0	0	0	0	0	0	0.024	0	0	0	0	0	0	0
A53	0	0	0	0	0	0	0	0	0	0	0	0	0	0	0	0	0	0	0	0	0
A32	0	0	0	0	0	0	0	0	0	0	0	0	0	0	0	0	0	0	0	0	0
A33	0	0	0	0	0	0	0	0	0	0	0	0	0	0	0	0	0	0	0	0	0
A34	0	0	0	0	0	0	0	0	0	0	0	0	0	0	0	0	0	0	0	0	0
A35	0	0	0	0	0	0	0	0	0	0	0	0	0	0	0	0	0	0	0	0	0
A36	0	0	0	0	0	0	0	0	0	0	0	0	0	0	0	0	0	0	0	0	0
A37	0	0	0	0	0	0	0	0	0	0	0	0	0	0	0	0	0	0	0	0	0
A38	0	0.014	0	0	0	0	0	0	0	0	0	0	0	0	0	0	0	0	0	0	0
A39	0	0	0	0	0	0	0	0	0	0	0	0	0	0	0	0	0	0	0	0	0
A40	0	0	0	0	0	0	0	0	0	0	0	0	0	0	0	0	0	0	0	0	0
A41	0	0	0	0	0	0	0	0	0	0	0	0	0	0	0	0	0	0	0	0	0
A42	0	0	0	0	0	0	0	0	0	0	0	0	0	0	0	0	0	0	0	0	0
A54	0.053	0.158	0	0	0	0	0	0	0	0	0	0	0	0	0	0	0	0	0	0.053	0

関東 1 都 6 県を例に取り、人の流動がどうなっているかを示してみる。**旅客流動調査**という、全国の旅客の流動量を経年的に調査したデータを用い、時系列で人の動きが毎年どのように変化しているかを把握することができる。

4.6.2　マルコフ連鎖における推移行列の検討

前述の水族館での人の移動については、マルコフ連鎖という考え方を導入した。ここでも地域間の流動について考える。この場合の各地域の流動（たとえば、東京都から神奈川県への交易状況）は、交易係数ともいわれ、地域ごとの相互の関連を

コース）の推移行列

	A23	A24	A25	A26	A27	A28	A29	A52	A30	A53	A32	A33	A34	A35	A36	A37	A38	A39	A40	A41	A42	A54
	0	0	0	0	0	0	0	0	0	0	0	0	0	0	0.011	0	0	0	0	0	0	0
	0.009	0	0	0	0	0	0	0	0	0	0	0	0	0	0	0	0.009	0	0	0	0	0
	0	0	0	0	0	0	0	0	0	0	0	0	0	0	0	0	0	0	0	0	0	0
	0	0	0	0	0	0	0.007	0.007	0	0	0	0	0	0	0	0	0	0	0	0	0	0
	0	0	0	0	0	0	0	0	0	0	0	0	0	0	0	0	0	0	0	0	0	0
	0	0	0	0	0.008	0	0.015	0	0	0.015	0	0	0	0	0	0	0	0	0	0	0	0
	0	0	0	0	0	0	0	0	0.008	0	0	0	0	0	0	0	0	0	0	0	0	0
	0.008	0.008	0	0	0	0	0	0	0	0	0	0	0	0	0	0	0	0	0	0	0	0
	0	0	0	0	0	0	0	0	0	0	0	0	0	0	0	0	0	0	0	0	0	0
	0	0	0	0	0	0	0	0	0	0	0	0	0	0	0	0	0	0	0	0	0	0
	0	0.04	0	0	0	0	0	0	0	0	0	0	0	0	0	0	0	0	0	0	0	0
	0	0.071	0.027	0.009	0	0	0	0	0	0	0	0	0	0	0	0.009	0	0	0	0	0	0
	0	0.031	0	0	0	0	0.015	0	0	0	0	0	0	0	0	0	0	0	0	0	0	0
	0	0.036	0	0.012	0	0	0.024	0	0	0	0	0	0	0	0	0	0	0	0	0	0	0
	0	0.022	0	0	0	0	0	0	0	0	0	0	0	0	0	0	0	0	0	0	0	0
	0	0.034	0	0	0	0	0	0	0	0	0	0	0	0	0	0	0	0	0	0	0	0
	0.056	0	0	0	0	0	0	0	0	0	0	0	0	0	0	0	0	0	0	0	0	0
	0.051	0.254	0.051	0	0	0	0.017	0	0	0	0	0	0	0	0	0	0	0	0	0	0	0
	0.627	0.254	0.034	0	0	0.034	0.017	0	0	0	0	0	0	0	0	0	0	0	0	0	0	0
	0	0.737	0.07	0.035	0	0	0	0	0	0	0	0	0	0	0	0	0	0	0	0	0	0
	0.103	0	0.393	0.084	0.028	0.056	0.028	0.234	0	0	0	0	0	0	0	0	0	0	0	0	0	0
	0.032	0.206	0	0.476	0.127	0.032	0	0.079	0	0	0	0	0	0	0	0	0	0	0	0	0	0
	0	0.02	0.1	0	0.44	0.2	0.08	0.12	0	0	0	0	0	0	0	0	0	0	0	0	0	0
	0	0	0.042	0.125	0	0.521	0.188	0.125	0	0	0	0	0	0	0	0	0	0	0	0	0	0
	0	0	0.017	0.217	0	0.617	0	0.15	0	0	0	0	0	0	0	0	0	0	0	0	0	0
	0	0	0	0	0.032	0.258	0.016	0.565	0.032	0.032	0	0	0	0	0	0.032	0	0.016	0	0	0	0
	0	0	0	0	0	0	0.022	0	0.323	0.559	0	0.011	0.011	0.011	0	0	0	0	0	0	0	0
	0	0	0	0	0	0	0.049	0.024	0.683	0.122	0	0	0.024	0	0.024	0	0.024	0	0	0	0	0
	0	0	0.012	0	0	0	0.06	0	0.321	0.06	0.119	0.06	0.048	0.131	0.095	0.06	0.071	0.012	0	0.012	0	0
	0	0	0	0	0	0	0	0	0.813	0.104	0	0.021	0	0	0	0.063	0	0	0	0	0	0
	0	0	0	0	0	0	0.016	0	0.23	0	0.557	0.082	0.033	0.033	0	0.033	0	0	0	0	0	0.016
	0	0	0	0	0	0	0	0	0.019	0.13	0	0.648	0.093	0.019	0.037	0.037	0	0	0	0	0	0.019
	0	0	0	0	0	0	0	0	0	0	0.036	0.127	0	0.745	0.055	0.018	0.018	0	0	0	0	0
	0	0	0	0	0	0	0.015	0	0	0	0.015	0	0.104	0	0.642	0.149	0.045	0	0.015	0	0	0.015
	0	0	0	0	0	0	0	0	0	0	0.015	0.03	0.03	0	0.075	0	0.716	0.104	0	0	0	0.03
	0	0	0	0	0	0	0.014	0	0	0	0	0	0.014	0	0.014	0.086	0	0.829	0.029	0	0	0
	0	0	0	0	0	0	0.011	0	0	0	0	0	0	0	0	0	0.032	0	0.606	0.096	0.17	0.085
	0	0	0	0	0	0	0	0	0	0	0	0	0	0	0	0.015	0.118	0	0.662	0.176	0	0.029
	0	0	0	0	0	0	0.014	0	0.014	0.014	0	0	0	0	0.014	0	0.028	0.085	0	0.803	0	0.028
	0	0	0	0	0	0	0.015	0	0	0	0	0	0	0	0	0	0.029	0.029	0.294	0.015	0	0.618
	0	0	0.105	0	0	0	0.053	0	0	0	0.053	0	0	0	0	0.105	0	0.053	0.053	0.211	0.105	

表している。ここで**地域交易係数**とマルコフ連鎖との関連性について考察してみる。

マルコフモデルは、状態の変化を状態とその間の推移確率で表したものである。この場合、交易係数を比較することで、各エリアの結びつきの状況を把握することが可能である。

これによると、関東エリアでは、自エリアを含め他エリアからどれだけの比率で移入しているかを示すデータとなっており、合計値は1である確率値となっている。すなわち、マルコフ連鎖でいうところの推移行列となっている。

第4章 人の施設内での行動・流れを予測する

4.6.3　マルコフ連鎖モデルの作成

1985、1990、1995、2000年における実際の各県の旅客流動の実データを基にマルコフ連鎖の**推移行列**を求める。これらを M^{85}、M^{90}、M^{95}、M^{00} とする。ある特定量の変動が観測される場合、これによる他都道府県への移動量を計算により求めることが可能となる。仮に2000年(平成12年)に10万人の旅客が発生した場合、他県への派生は、

$$\Delta X = M^{00} \Delta T \tag{4.1}$$

とすると、流動量に変化が及ぼされると予想される。現段階では単純なモデルであるが、交易係数を予測するのにより実績値に基づくことによりリアルな数値が求められる。

マルコフ連鎖では、実態の物流の変動量を基に推移行列を得られる。これは一種の確率変数であり、ある地域からある地域への物流の実績値である。

4.6.4　地域の連携の変化

国内の人・財貨・サービスの移動は、鉄道、自動車、海運、航空機等によると考えられるが、この関東地域内での旅客流動総数を比較すると、自動車、鉄道による移動量が多い。したがって、ここでは、自動車輸送および鉄道輸送を中心に移出入のモデルを考察してみる。

実際に首都圏内の人流の発着地を決めるにあたっては、個別の居住地から目的地への離発着となる。しかし、そのデータ収集は困難であり、モデル化のために各離発着地の重心としては県庁所在地に集中するものと考える。

4.6.5　各エリアの時間距離および離発着量(首都1都6県)

平成12年における旅客流動数は**表-4.6**の通りである。この移動量は、首都圏内各都市間のものである(**図-**

世界一忙しい空港(シカゴ・オヘア空港)　シカゴはアメリカ第3の都市であり、東西交易の中間地にあることから、コンベンションシティの呼び名を持つ。オヘア空港はダウンタウンの北西部に位置し、世界で最も発着回数の多い空港としても知られている

表-4.6 平成12年自動車による首都圏の旅客流動数（旅客流動調査）（単位：千人）

H12 自動車 （人流）	茨城（着）	栃木（着）	群馬（着）	埼玉（着）	千葉（着）	東京（着）	神奈川（着）
茨城（発）	1,602,865	34,158	304	2,757	43,378	13,473	1,755
栃木（発）	22,817	1,062,873	23,619	2,040	7,170	6,987	493
群馬（発）	329	25,466	1,229,733	36,891	222	4,320	287
埼玉（発）	15,007	6,609	41,827	2,720,598	30,632	190,850	2,501
千葉（発）	40,466	5,344	185	24,530	2,186,820	87,323	17,641
東京（発）	13,167	2,915	6,254	174,796	85,115	3,378,385	148,345
神奈川（発）	1,022	2,981	396	3,922	8,783	148,135	3,233,491

表-4.7 平成12年自動車による首都圏の旅客流動のパーセンテージ（旅客流動調査）

H12 自動車 （人流）	茨城（着）	栃木（着）	群馬（着）	埼玉（着）	千葉（着）	東京（着）	神奈川（着）
茨城（発）	0.93704	0.01997	0.00018	0.00161	0.02536	0.00788	0.00103
栃木（発）	0.02010	0.93616	0.02080	0.00180	0.00632	0.00615	0.00043
群馬（発）	0.00025	0.01954	0.94359	0.02831	0.00017	0.00331	0.00022
埼玉（発）	0.00498	0.00219	0.01389	0.90338	0.01017	0.06337	0.00083
千葉（発）	0.01712	0.00226	0.00008	0.01037	0.92492	0.03693	0.00746
東京（発）	0.00340	0.00075	0.00161	0.04513	0.02198	0.87226	0.03830
神奈川（発）	0.00030	0.00087	0.00012	0.00114	0.00256	0.04309	0.94065

4.10・11）。

　一方，平成12年の旅客流動実績の割合は**表-4.7**の通りである。この比率が配分の実績値であり，マルコフ連鎖でいうところの推移行列であるともいえる。

　このように推移行列が計算できれば，発生量に対しての流動量を予測することができる。たとえば，東京都において10万人の自動車，鉄道による人の移動量が新たに発生すれば，2000年の推移行列を基に行列計算をすることで，それぞれによる各県への到着量が計算できる。

4.7　ネットワークの分析

　ここで示したネットワークは，首都圏というかなり広い地域を想定したものであるが，各ノードを部屋あるいは個別施設と考えると，容易にこの考え方を応用する

第 4 章　人の施設内での行動・流れを予測する

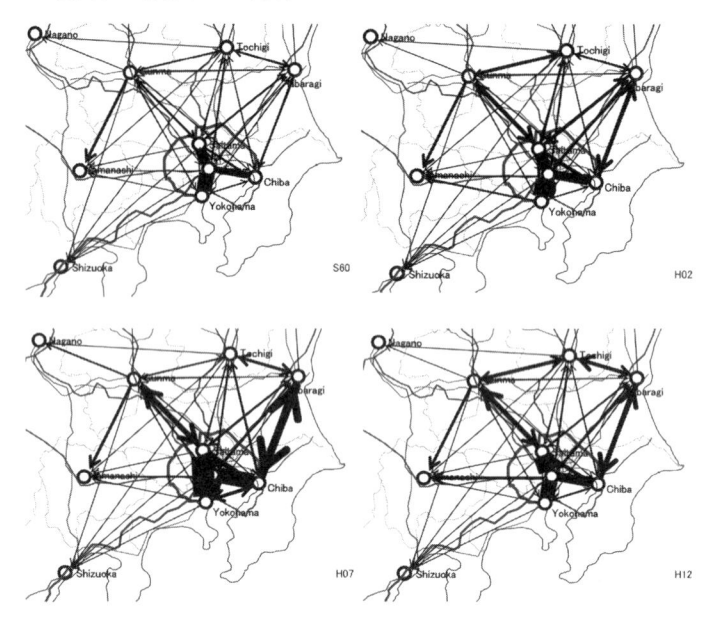

図-4.10　自動車による人の流れの変化の様子(昭和 60 年〜平成 12 年)

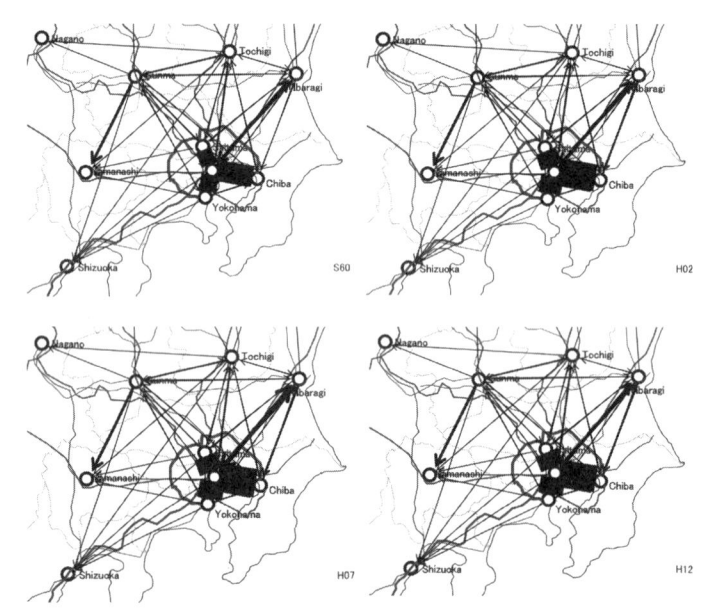

図-4.11　鉄道による人の流れの変化の様子(昭和 60 年〜平成 12 年)

ことができる。大きさが地図のレベルから平面図のレベルに変わるのみである。

今日、交通網の整備の進展によって1日交流圏も変化してきた。より緊密に国土のネットワークが構築され、今までより便利に、より物流・人流も活発に結びつけられるようになってきている。

日本の地域データ、都市データの整備は、外国と比べ非常に進んでいるが、それぞれが断片的であり、総合されていない状況にある。財移動に関しては、地域間産業連関表と国土交通省による貨物の地域間流動データがあるが、この両者は本質的には同じ事項を金銭的に見るか、物量的に見るかという違いであるが、突き合わせようとすると、必ずしも整合性がとれないという問題がある。これは、一方のOD表からもう一方のOD表に転換することができないということである。

コラム13　坂のある街の魅力

　坂は、人の移動にとって不便な空間である。上り坂にしても下り坂にしても、歩くたびにエネルギーを必要とする。平坦である方が移動が楽で、なおかつ、構造の計画を行ううえでも単純でわかりやすい。しかし、街並みの景観という点で見ると、圧倒的に坂のある風景の方が魅力ある空間となる。たとえば、横浜や神戸が町としてなぜ人気があるかといえば、港町で海があることも理由にあるが、その一方で坂が多く、変化に富んだ景観を持つ街であることも理由にあげられる。

　山手の丘や六甲など、横浜、神戸には港を見下ろす小高い丘があり、独特の景観空間を構成している。サンフランシスコのような丘の多い風景は、その地独特の魅力を引き出す。特にサンフランシスコの場合、街のシンボルともなっているケーブルカーと、沖合に浮かぶアルカトラズ島のコントラストが街の魅力を代表している。急坂も多く、人の動く空間としては不利であるが、一方で街の魅力を最大限に引き出すという意味では、坂の持っている役割には大きなものがある。

　サンフランシスコの坂の風景を活かしたハリウッド映画も多い。こうした坂の持つ一種の集客力は、人を集めるための空間としても一定程度の意味を持つ。坂と街の魅力を複合的に組み合わせることにより街の総合的な集客力を高めることができる。坂を有効に活用し、人を集めるシステムとして使うことも可能である。

　坂の持つイメージや空間の広がりは、計画のポイントとしてその地域の魅力を効果的に演出する場合がある。ヨーロッパの狭い路地や古びた街並みの中で何気ない坂の存在が生活の匂いを予感させたりする。坂の一角に洗濯物を干してあったり、子供が遊んでいたり、路地裏空間としての魅力も兼ね備えている。坂を登ることによって目的地に対する期待を呼び起こし、なおかつ人々の関心や興味を持たせる点で坂の存在は集客性の効果をもたらすのである。ギリシャのアクロポリスの場合には丘の上にあるパルテノン神殿によってよりいっそう街の中でのシンボル性を高められ、印象に残る景観が構成されている。

まとめ
人の行動を予測する
　　人の移動を予測するには、施設の中の使われ方の現況を分析する。マルコフ連鎖を計測することにより他の条件が変化した時に実際の流動量がどのようになるかを予測することができる。
人の流動の定量的な把握
　　人の流れや施設の利用実態を把握するには、時間経過に伴う人の位置を観測でき、どのような活動をしているかを把握することができれば、その速度や加速度、利用状況等を客観的に分析することもできる。
集客を科学的にとらえる
　　科学的に集客を捉えるためにコンピュータ等を使ったシミュレーションによる予測手法がある。
事例等を基に客観的なデータの比較をする
　　屋外での施設の利用の予測等も予測モデルを構築することによって分析をすることが可能である。また、既存の施設等で類似の施設を参考とし、予測結果と突き合わせてみたり多角的な検討を行う視点も重要である。

参考文献
1)　森田秀之、三菱総合研究所：インターネットと携帯端末を連携させた総合的な学習のための実験プロジェクト―ハイブリッド水族館の構築―、1999
2)　大崎純：マルコフ連鎖モデルと遺伝的アルゴリズムによる施設配置最適化、日本建築学会計画系論文集、No.510、p.251、1998.8
3)　川口和英、田口想、渡辺仁史、「ハイブリッド水族館内における人間行動分析に関する研究」、―集客施設内の携帯端末を活用した行動解析―、日本建築学会計画系論文集、第 550 号、pp123、2003.12
4)　川口和英、集客型施設内での利用者の行動経路分析に関する研究、―ハイブリッド水族館での情報携帯端末利用による行動解析―、日本都市計画学会、2003.11
5)　横浜市経済局、野村総合研究所：国際会議の効果に関する実態調査報告書、1994.3
6)　川口和英、Y 市企画推進局プロジェクト推進室：大規模集客施設基本構想検討調査（Ⅰ）、1995.3
7)　川口和英、Y 市企画推進局プロジェクト推進室：大規模集客施設基本構想検討調査（Ⅱ）、1996.3
8)　川口和英：需給モデルからみた大規模球場型集客の魅力係数に関する研究―集客施設の入場者数予測手法に関する基礎的研究、日本建築学会計画系論文集、No.534、p123、2000.8
9)　林田和人、山口有次、佐野友紀、中村良三、渡辺仁史：回遊空間における最短経路歩行について、日本建築学会大会学術講演梗概集、1997.9
10)　運輸省：運輸部門を中心とした地域間産業連関表の作成と解析―グラヴィティ・モデルによる地域流動分析、1968.3
11)　Leontief, W. and A.Strout : Multiregional Input−Output Analysis, Structural Interdependence and Economic Development, eds. T. Barna. London, St. Martin's Press, 1963

第5章　人集めの費用便益分析

　人を集める際には、何らかの仕掛けづくりが必要である。一般に大規模な集客施設をつくる際、大きなコストが発生する。事業単独としての事業収支は、通常の計画でもよく検討されるものである。そのための事業費は、純粋に民間による場合もあれば、公的な資金が導入される場合もあり、ケースはさまざまである。しかし、ある程度規模が大きく、地域的な広がりがある場合は、その事業的な効率性は、地域にとって重要なものである。また、施設に多額の資金が投入されている場合は、経営的なアカウンタビリティ(説明責任)の問題も発生してくる。多くの場合、限られたコストでどれだけの便益が得られるのかを明らかにすることが望まれる時代になっている。ここでは、集客機能を実現する際にどのように費用便益分析を行うのか、またどういった手法があるのか、その手法により何がわかるのか、などを解説する。

5.1　費用便益とは何か

5.1.1　集客施設の整備と便益

　集客施設を実際につくる場合、事業として行われる以上大きな**コスト**が発生する。施設が存続し続けるためには、効率性が問われてくる。この場合、その施設はどのようにすれば事業として成立するのか、この事業推進は果たして妥当なのかどうかを判断する方法に**費用便益分析**(Cost benefit analysis)という手法がある。
　前章までは、人集めのためのターゲットや資源がどれくらいの集客を可能にするのかを検討してきた。もし、入場者数予測を定量的にきちっととらえることができれば、総収益が予測できる。その一方、運営に掛かる経費がどれくらいかわかれば、事業の収支を把握することができる。
　費用便益分析の考え方は、**アカウンタビリティ**(説明責任)にも大いに関係があ

る。ここでいうアカウンタビリティは、企業であれば会社組織や株主に対してであり、行政であれば地域住民に対するものである。近年の集客施設は、公共的な資金が入っている場合も多く、アカウンタビリティはますます重要になってきている。では、この費用便益分析とはいったいどのようなものだろうか。

5.1.2　事業が効率的に行われているかを判断する

費用便益分析は、文字どおりプロジェクトの費用と、それによる便益の比較からプロジェクト推進の可否を判断するというものであり、事業がどれだけの成果を生んでいるかを判断するものである。

費用便益分析は、経済学的方法であり、個人が満足（効用）を最大化する消費を行い、企業が完全競争下で利潤を最大化する生産と投資を行う、つまり、満足（社会厚生）を増大し、社会を改善する事業投資は、純便益（便益―費用）がプラスの場合に限られる、という理論に基づく。

5.1.3　費用便益分析における潜在価格

費用便益の範囲を社会全体に拡大したものが費用便益分析である。評価の尺度として**潜在価格**(Shadow price)を想定し、市場価格を修正して行う手法である。具体的には、不特定多数の人が無料で利用する公園等の施設は、ある人にもたらせる効用を便益と考え、時間あたり賃金や**WTP**(Willingness to pay：払ってもいいと思われる価格)等を基準に金銭化し、積算し、建設費と比較するというものである。

歴史的遺産を集客資源に変える（みなとみらい 21）　港湾用地内の鉄道引き込み線の動線を活かしたアプローチ通路。また赤煉瓦倉庫群は、かつての倉庫機能を改築して、飲食施設や展示機能、商業機能を持った施設へ生まれ変わった。産業上の遺産をリニューアルして楽しい場所に変えていくのは一つの手法ともいえるだろう

費用便益分析をさらに進めれば、個人や企業の**効用関数**を推定して個人効用を測定し、便益を重みづけし、全体の効用最大化を図る方法等も考えられる。

5.1.4 潜在価格の妥当性

(1) 潜在価格の推定
まず、費用便益分析を実施する際に問題となるのが費用と便益の正確な価格評価である。そこで必要となるのが市場に現存しない理論的価格、すなわち、**潜在価格**の推定である。

たとえば、プロジェクト完成後に初めて顕在化する価格の推定には、主として機会費用・損失の考え方が採用される。こうした場合の実務にアンケートを使うケースもある。

(2) 外部不経済
たとえば空港等の大型ターミナル施設の騒音・振動による被害といった、市場が一般に存在しない**外部不経済**の潜在価格を推計する場合がある。この場合も機会費用・損失の考え方を基に、推計が行われる。ただ、これら評価方法は、市場価格がないだけに、いかに論理的で妥当性のある価格を提示するかが課題となる。

潜在価格については、計算の手法や範囲が不統一という問題もある。現行の費用便益分析は、施工主体、プロジェクトによって基準がまちまちなのが実態である。公害や環境悪化等のマイナス便益については、費用に入れる方法と、便益から差し引く方法が混用されている。

5.1.5 費用便益比率法

費用便益分析では、プロジェクトを実施した場合に掛かる費用(C)とそれにより得られる便益(B)を市場価格に換算し、その費用と便益との比較からプロジェクト実施の妥当性を客観的に判断する。

その判断基準とされるのが費用便益比率法(**CBR**；Cost benefit ratio)である。

便益を費用で割り、その解によって費用に対し便益がどれだけあるのかを判断する指標とする。主に1以上が判断基準となるが、実際のプロジェクトでは、リスクを加味して1.2、1.5といった数値が基準として使われることが多い。

第5章　人集めの費用便益分析

（1）　費用便益分析の例

便益とは、ある事業によってもたらせる利益である。たとえば、ある集客施設を建設するプロジェクトがあるとする。その施設をつくるための費用が10億円かかり、得られる便益が25億円だとすると、費用に対する便益の効果は、

　　　25億÷10億＝2.5

となる。これが費用便益比率（B/C）といわれるものである。
一方、**純現在価値**（$B-C$）といわれる数値は

　　　25億－10億＝15億

となり、このプロジェクトは15億円のメリットがあることになる。

（2）　空港における費用便益分析の実例

参考に国内のある国際空港での費用便益分析の実例（**表-5.1**）をあげる。ここで注意を払う必要があるのは、数値が本当に正しいかどうかということである。前提条件の入力次第では、どの程度効果をあげるのか不明の部分も多くなる。「利用者が過大に評価されていないか」、「過剰に設定された数値を基に間違った判断がなされていないか」、ということが重要なのである。

表-5.1　国際空港の例

便益（B）	44,400億円
費用（C）	8,500億円
費用便益比率（B/C）	5.3
純現在価値（$B-C$）	35,900億円

これを見る限り、この国際空港の建設は、費用便益比率、純現在価値、どちらから見てもかなりのメリットがあるという数値となる。

（3）　費用便益分析のメリット、デメリット

費用便益分析は、すべて金額換算し、**費用便益比率**、**純現在価値**を数字化して表すことで明快になる。費用便益比率が2.0のプロジェクトは、実施する価値があり、1以下、たとえば0.6や0.7のプロジェクトは、実施する価値はあまりないといえる。すなわち、実施の判断がしやすいというメリットである。また、費用便益比率が1.4のプロジェクトよりも2.3のプロジェクトの方が実施の価値があると判断でき、比較もできる。

一方、費用・便益の推定の妥当性という面では、初めに費用や便益をいかに正確に金額換算できるかが問題となる。

また、実施後に予測した分析結果よりも費用が多くなる可能性もあり、便益が少なくなる可能性もある。このように、費用と便益の推定は、完璧であるとはいいに

くく、いくつかの技術的限界を含んでいる。
① メリット
　・便益と費用を金額に換算するので、わかりやすく、判断しやすい。
　・費用便益分析を適用すれば、複数のプロジェクトそれぞれを比較できる。
② デメリット
　・費用や便益の推定(**潜在価格**の推定)が難しい。
　・費用を誰が支払い、便益を誰が受け取りとるのかという分配の公平の観点に欠けてしまう恐れがある。
　・使用するデータ、使用する予測モデル等が変われば、全く異なる結果を生みかねない。

(4) 分配の公平性

費用便益分析は、プロジェクト実施による全体の費用と便益を分析するもので、個別の主体に対しての便益の受取り、または費用の支払いは考慮に入れていない。

たとえば、国際空港を建設する場合、近くの住民は、騒音、大気汚染というマイナスの便益を受け取るが、一方、その地域に住み、海外出張の非常に多いビジネスマンがいれば、その人は移動時間の短縮というプラスの便益を受け取ることになる。同じ地域内で生活している人でも、立場によって受け取る便益が大きく異なり、公平性がどうであるかという問題となる。

(5) 使用するデータや予測モデルの違いによる結果の相違

費用便益分析に使用するデータ、予測モデル等は、分析主体によって異なるケースがある。そうした状況では、結果が異なる確率は非常に高い。これは、本来の効果測定の主旨からは大変おかしなことで、数値を発表する以上、どの機関が数値を計算したかを公表し、根拠となるデータが示されなければならない。むしろ、一致する確率は限りなくゼロに近いとみてよい。

ニューハウン(デンマーク・コペンハーゲン)　美しい景観を持つ港町。港で働く人の憩いの場でもある。色とりどりの建物が並び、絵画のような味わいを持つ。親水生のある象徴的な空間でもある

第5章　人集めの費用便益分析

アメリカ村（大阪）　大阪のアメリカ村は少し変わった若者の街。ビルの外壁いっぱいにアート調の落書きがあったり、街並みもアメリカのどこかの街のようなスタイル。大阪の船場に近く、呉服等の被服に関する歴史のあるエリアである

　前述の国際空港の空港建設の費用便益比率は、かなり高い数字であった。その数字だけ見れば、一見誰も反対しないようにみえるが、実際にはこのプロジェクトはマスコミ等からさまざまな形で批判された。これは、建設する立場と、批判する立場では使用するデータ等が違うからである。

　このように費用便益分析には多くの問題点があるが、公共性のあるプロジェクトの妥当性を判断するという点では、意義がある。ただし、万能というわけではなく、いくつかの問題点と技術的限界を含んでいる。

5.1.6　リスクの取扱い（プロジェクトの安全性）

　為替レートや金利の変動等のリスクは、予測不能の部分もあり、一般に計算には含まない。ただし、費用対便益の判断基準を1よりも大きくするなどして、リスク分を一括して考慮する場合もある。また、工期、建設費、需要等の不確実な要因にあらかじめ一定の幅のプラスマイナスを想定し、複数の推計結果を併記することも考えられる。それぞれの要因のプラスマイナスが事業評価に与える影響を分析することにより、プロジェクトの安定性を計測する感度分析も行われている。

5.2　プロジェクト分析の種類と特徴

5.2.1　分析の種類

　プロジェクトの費用と便益の比較を行う場合、範囲をどこまで考えるかによっていくつかの段階が考えられる。

　現在、費用便益分析に関する議論は若干混乱している。ここでは大きく次の視点で分けて整理する。時系列的な分析評価か、クロスセクションによる分析評価かということである。

(1) 時系列分析

時間的な継続の中での評価である。たとえば、施設の入場者数を1995年から2005年まで10年間追跡して調べること等は、時系列の分析に相当する。つまり、時系列型の場合は、評価対象を定め、その対象を時間的な継続の中で見た場合の評価である。評価対象が時間を経る中でどのような価値を示していくのかと考えればわかりやすい。

(2) クロスセクション

クロスセクションは、ある時点で、ちょうど写真のように時間を止めて、対象を評価する手法である。その止めた瞬間を切り取って評価対象と他の地点や施設とを比較および分析する手法である。

5.2.2 時系列分析

時系列分析の代表的なものに財務分析の**内部収益率**(IRR)、**純現在価値**(NPV)、**割引現在価値**(DCF)等がある。

(1) 財務分析

一般的なプロジェクト分析として行われるのが、プロジェクトとして採算がとれるかどうかを判断する財務分析である。**フィージビリティ・スタディ**(Feasibility study)ともいわれる。費用、便益とも実際の市場価格を基に計算し、事業主体の収支を求める。プロジェクトに関する企業の投資判断や銀行の融資判断等に利用される。民間プロジェクトの収益事業、公益事業等でも事業性について**財務分析**が実施される。

(2) 割引現在価値(DCF)法

時系列的な経済評価を行う際に重要なものに**割引現在価値**(Discounted cash flow)がある。割引現在価値は、将来にわたって得られる所得や利息等を現在の時点で評価したものと考えられる。

今後3年間にわたって毎年100億円の所得を見込む人、もしくは企業を仮定する。単純に、1年目の末に一挙に300億円を得て、後は所得のない場合と、毎年末に100億円ずつ入ってくる場合を比べ、どちらの方が価値が高いかということを考えてみよう。

第 5 章　人集めの費用便益分析

　この場合、1 年目の末に一挙に 300 億円もらえる方が得である。なぜなら、得た 300 億円を活用して利息を稼ぐことができるからである。金利が年 10％なら、2 年目末には 330 億円、3 年目末には 330 億円×(1 + 0.1) = 363 億円に増える。

　一方、毎年末に 100 億円ずつ入ってくる場合は、最初の 100 億円を運用して 3 年目末には 121 億円（金利が年 10％の場合、2 年目末には 110 億円、3 年目末には 110×(1 + 0.1) = 121 億円）、2 年目末に入ってくるお金については 3 年目の末の時点で 110 億円、3 年目の末に入ってくるお金については利息を稼ぐ時間がないので 100 億円のままということになる。結局、3 年目の末には 121 億円 + 110 億円 + 100 億円 = 331 億円となり、1 年目末に一挙に 300 億円もらって運用した場合に比べて 32 億円少ない。よって、1 年目の末に一気に 300 億円を手に入れる方が価値が高くなる。

　以上は、3 年先の価値で比較したものである。今度は逆に、現在（1 年目の初め）の価値に置き直してみる。1 年目の末にもらった 300 億円は、現在の価値に直すと、300÷(1 + 0.1) = 約 273 億円となる。

　なぜそうなるのだろう。いま手元に 273 億円あれば、年 10％の金利であると、年末には 273 億円×(1 + 0.1) = 300 億円となることから、「1 年先に手に入る 300 億円の割引現在価値は 273 億円である」ということがわかる。つまり、今の 273 億円と年末の 300 億円は、金利が年 10％の時は同じ価値であるということである。

　毎年末に 100 億円ずつ得た所得の割引現在価値を計算すると、1 年目末に手にした 100 億円の割引現在価値は、100 億円÷(1 + 0.1) = 約 91 億円である。2 年目末に手にする 100 億円の割引現在価値は、1 年目末に手にした 100 億円をさらにもう一度「割り引く」必要がある。すなわち、100 億円÷$(1 + 0.1)^2$ = 約 83 億円となる。同じように 3 年目末に手にする 100 億円の割引現在価値は、2 年目末に手にした 100 億円をさらにもう一度「割り引く」必要がある。すなわち、100÷$(1 + 0.1)^3$ = 約 75 億円になる。つまり、100÷(1 + 0.1) + 100÷$(1 + 0.1)^2$ + 100÷$(1 + 0.1)^3$ = 約 249 億円が毎年末に 100 億円ずつ所得を見込んでいる場合の所得の割引現在価値である。273 億円よりも少ないということは、1 年目末 300 億円を受け取る方が 3 年間にわたって毎年 100 億円受けとるよりも有利であることが確認できる。

　なお、金利は情勢により変化し、このように所得を割り引く時の金利を「割引率」と呼ぶ。結局、割引現在価値とは、将来所得の流れを割引率で割り引いて、現在時点に置き換えた値ということになる。今の 100 円と将来の 100 円では、金利分だけ値打ちが違うということである。

5.2 プロジェクト分析の種類と特徴

(3) 純現在価値(NPV)法

純現在価値(Net present value)とは、事業の収益性や投資価値の判断を事前に行う方法である。NPV は特定の期間のキャッシュフロー(お金の流れ)である DCF の総和から初期費用を引いたもので、プロジェクトを実施する場合にどれだけのメリットがあるかを判断する指標である。プラスになれば投資価値があり、マイナスとなれば投資価値がないと判断される。

(4) 内部収益率(IRR)法

投資の成果を測定する手法の一つに**内部収益率**(Internal rate of return)がある。初期投資額に対する成果を平均利回り(%)で求める手法である。投資等の成果測定にもよく使われている。NPV が 0 となる際の割引率が IRR である。

不動産の収益価格を求める手法に前述した割引現在価値(DCF)法がある。DCF 法は、将来の**キャッシュフロー**(金の流れ)の現在価値と将来の回収額の現在価値の合計額を収益価格としている。この時に用いた還元利回りが IRR である。別の言い方では、初期投資額と期間中のキャッシュフローおよび投資回収額が決定すれば、その投資の成果として IRR を求めることができる。

不動産投資における最も大きなリスクは、**価格変動リスク**である。運用期間中いかに大きな**インカムゲイン**を得ようとも、最終的な売却価格によってその投資の成果は大きく左右される。投資、運用、回収という一連の投資行動を通して利回りを見るのがこの IRR である。

割引キャッシュフロー法としては、純現在価値(NPV)法、内部収益率(IRR)法、割引回収期間(Discount payback period)法があげられる。投資が採算にのるかどうかの判定は、投資がもたらす将来の正味キャッシュフローを資本コスト(割引率)で割り引くことで行う。

(5) 社会的割引率、利子率の取扱い

IRR 法、NPV 法、DCF 法のいずれの分析方法であっても、基準とする利子率によってプロジェクトの評価は大きく変わってくる。少なくとも多数のプロジェクトを比較検討する場合は、利子率は同じものを使う必要がある。ただ、現実には明確な基準がなく、長期プライムレート、公定歩合等まちまちの利子率が採用されているのが現実である。

また、金銭化の難しい便益(マイナス便益)を評価する方法として、意識調査を基

に個別要素の評価値を決定するAHP(Analytic hierarchy prosess)手法等がある。たとえば、ある集客施設が建設された時に、利用者の効用増加、交通機関(鉄道、バス、タクシー等)の収益増加、騒音の発生、静穏性の破壊、道路渋滞の発生等の正負の便益の相対的重要度をアンケートにより計測し算出する。

5.2.3 クロスセクションによる費用便益

クロスセクション型の代表的な便益計測には、代替法、消費者余剰法、ヘドニック法、仮想市場法、トラベルコスト法等が事業評価手法としてあげられる。

それぞれ適用範囲や利点等に相違点はあるが、各手法とも経済学の分野で開発・研究がされてきたものである。特にヘドニック法と仮想市場法は、特定の施設整備がもたらす環境状態の変化を便益として金額換算できる適用性の高い手法として注目されている。

費用便益分析の各手法は、いずれも大量のデータ収集・処理や複雑な統計解析を要するため、便益の推計誤差は大きく、現況では必ずしも正確な結果をもたらすとはいえない段階にある。しかしながら、特に利用料の発生しない公園等の集客事業の効率性を計るには、現在のところ他に方法がなく、イギリス等の先進諸国では、公共的プロジェクトの実施に先立ち、下記手法による費用便益分析の実施を法制化している。

(1) 代替法(RCM)

相当する効果を提供しようとした場合に必要とされるコストを分析する手法である。同じ役割を果たす代替の財によった場合のコストを計算して比較する価格またはそれに相当するものがない場合に使用する。代替的な財がない場合には適用することができない。

(2) 消費者余剰計測法

消費者余剰を計算し、その分を費用便益として経済的な価値として算出する。

消費者余剰法は、需要曲線をベースに、消費者がどれだけ便益を受けるかを計測する手法である。利用料金の発生する施設等に一般的に使用されており、集客施設の費用便益の分析にも使用できる。

価格またはこれに相当するものがないもの(非市場財)には、通常、適用しにくい。評価手法として歴史もあり、他の手法と比べ精度が高いとされる。また、事後

5.2 プロジェクト分析の種類と特徴

的に需要予測が実績と違うかどうかを見ることにより、予測が正しかったかどうか検証することができるのが特徴である。将来の需要予測が過大になった場合には、便益も過大に推定され、誤った結果を導く可能性がある。消費者余剰という考え方は、ミクロ経済学と密接な関係がある。伝統的な手法として、マーシャルの消費者余剰と呼ばれる。

消費者余剰とは、消費者が、その財を無し(Without)ですませるよりは、やはりその財を購入した方(With)がいいと判断できる最高支払額の合計値から、実際に購入した費用の合計値を差し引いたものである。たとえば、1,000円までならば払ってもよいと考えている財が実際は800円であったら、財布と相談して、「よし買いだ」ということになる。この時の差額である200円は、消費者にとっては得をした気分、すなわち、消費者余剰ということになる。

たとえば、**図-5.1**の場合、右下がりの曲線(ここでは斜め直線)は需要曲線である。縦軸は価格、横軸は量とする。価格をある集客施設の入場料、量を入場者数とするとイメージしやすい。価格が上がると需要量は減り、価格が下がると需要量は増えるから、需要曲線は右下がりである。価格P_1の際、量V_0となり、価格Aの最高可能支払額以上の場合には、誰もこの集客施設を利用しようと思わない。しかし、Aに達した時に利用者が増えはじめ、BであるP_1円になるまで利用者は増えていく。この際、利用者全員が払ってもよいと思っていた額は、AOV_0Bという台形の面積の額に相当する。しかし、実際に皆が払った額の合計値は、長方形P_1OV_0Bの額である。そうすると、消費者余剰は、両者を引き算すればよいことになる。

これが消費者余剰を計算したものである。これに対してさらに追加投資が行われ、リニューアル事業が施されたと想定し、その事業の費用便益を測定してみる。

リニューアル事業が施される前の状態を**Without**の状態と考える。まだ事業のない状況である。これに対して、リニューアル事業が施された状況が**With**である。リニューアル事業の実施により社会的なコストがP_1から

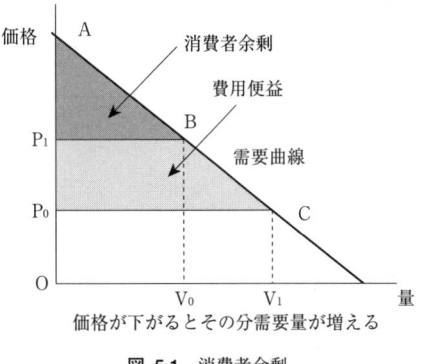

図-5.1 消費者余剰

P_0 に値段が下がる。この場合、数量は V_0 から V_1 に上昇する。値段が下がり、利用者が増えた状況である。この場合の消費者余剰は、前と同様に AP_0C という三角形で計算できる。この場合、事業による便益は三角形 AP_0C（事業後の消費者余剰）から三角形 AP_1B（事業前の消費者余剰）を引いた台形の P_1P_0CB の面積（斜線部）がこの事業を行ったことによる便益の増加分、すなわち**費用便益**に相当する（図-5.2）。

一方、供給側の曲線は、右上がりの曲線（図では直線）で描かれる。価格は、需要曲線と供給曲線の交わる均衡点で決まるので、B 点がそれに相当する（図-5.3）。

供給曲線は、例えば、P_0B を通る右上がりの直線で表される。価格が P_0 円の最低可能支払額以下の場合、誰もこの供給する施設側はサービスを提供する事業者がない。しかし、P_0 円に達した時に供給者が増え始め、B 点である P_1 円になるまで供給者は増えてゆく。この際、生産者側が提供してもよいと思っているサービスは、P_0OV_0B という台形の面積の額に相当する。しかし、実際に生産者が提供したサービスに対して受領した合計値は、長方形 P_1OV_0B の額である。つまり、両者を引き算した差が**生産者余剰**ということになる。したがって、P_1P_0B の三角形の面積が生産者余剰となる。事業後の社会的余剰は、上記の消費者余剰と生産者余剰を合計したものがカウントされる。

(3) ヘドニック法（HPM）

ヘドニック法（Hedonic pricing method）は、住宅価格や地価等の不動産価格のク

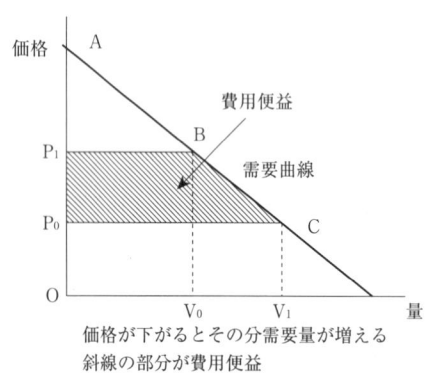

図-5.2 費用便益

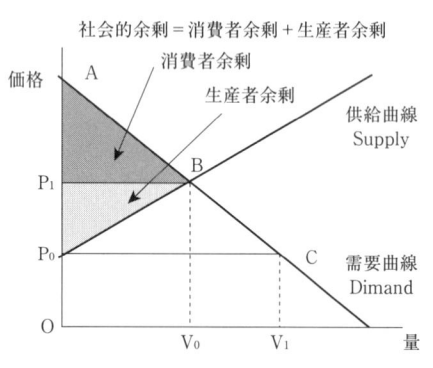

図-5.3 消費者余剰と生産者余剰

ロスセクション・データを用いて、その価値の差から特定の施設整備や環境の価値を計測する方法である。

たとえば、交通条件の良い所は価格が高く、悪い所は低くといったように、住宅価格や土地価格が施設の便益に反映されるような場合にこの差を用い、施設の便益を測定する。

かなり**非市場財**に適用できるが、推定結果にばらつきがあり、1つの推定だけによる結果への信頼性は低くなる可能性がある。

地価のクロスセクション・データを用いて環境の価値を推定しようとする場合、環境以外の要因による効果を分離し、環境だけの効果を抜き出す必要がある。そのための理論的枠組みとして用いられるのが**ヘドニック・モデル**である。

ヘドニック・モデルは、公共財を特性のベクトルで表現する。たとえば、1戸の住宅は、都心への通勤時間、敷地面積、周辺環境等を表す特性ベクトルで表現することができる。

集客施設の場合には、その施設が立地することにより人が集まるため、周辺域でビジネスチャンスが生まれ、通常、ヘドニック法による分析を行う場合、施設の立地がプラス効果の方に働く。

(4) CVM法（仮想市場法）

CVM法（Contingent valuation method）は、アンケートにより支払意志額を調査する手法である（以下CVMと略する）。他に計測手法がない場合に使用されること

ドックランド再開発（キャナリーウオーフ駅・ヘロンキーズ）（イギリス・ロンドン）　ドックランド開発は元々テムズ川沿いの海軍のドック群のあったゾーン。1970年代にサッチャー政権時代に本格的に再開発に手をつけはじめ、現在は最先端のビジネスや住宅エリアとして再生している。世界中のウオータフロント再開発の実質的な先進モデルとして参考とされている

も多い。本人の意識やアンケート表の設計の仕方で結果に誤差が出てくるため、精度は一般的には疑問もあるとされる。

こうした問題点を解消するものに**表明選好法**と呼ばれる手法がある。これは、実際の市場行動を観察するのではなく、人々に環境の価値を直接尋ねることでその価値を評価しようとする手法であり、その代表的なものがCVMである。

CVMは、提供されている環境サービスの量的減少または質的低下を避けるために受益者が最大限支払ってもよいと考える**支払意志額**（WTP；Willingness to pay）、あるいは、その変化を受認する代りに最低限補償して欲しいと考える**受入意志額**（WTA；Willingness to accept compensation）をアンケート調査やインタビュー調査等によって直接あるいは間接的に質問し、そのサービスの貨幣的評価を行う手法である。

たとえば、開発に伴う都市景観について価値を評価するケースを考える。この場合、CVMでは、仮想的に景観が悪化してしまった状況をアンケートやインタビューの被験者に提示する。そして、景観悪化を避けるために最大いくら支払ってもよいか質問し、回答してもらう。得られた評価額は、補償変分あるいは等価変分として明確な経済学的な意味を持つ評価額となる。

だが、CVMは、直接回答者に環境の価値を評価してもらう方法のため、説明の仕方、質問者、質問方法によって評価額が影響を受ける可能性がある。これによる影響による評価額のずれは、**バイアス**と呼ばれる。CVM研究の中心は、このバイアスを極力小さくするような質問形式を考案し、その形式に最も適当な統計モデルを開発することにあり、そこに有効性の鍵がある。

(5) トラベルコスト法

トラベルコスト法（Travel cost method）は、特にレクリエーション型の集客施設へのアクセスに要した旅行費用と旅行頻度に関するデータから消費者余剰を推計し、財の評価を行う手法である。旅行者は、目的地と同じような環境が近くにあれば、わざわざ高いコストを掛けて遠くまで旅行しない。そのため、トラベルコスト法では、人々がどのくらいの費用を掛けて訪問地を訪れ、そこではどんな環境アメニティを得ているのかの効用を調べ、旅行費用と訪問頻度の関係から、旅行地の環境財の価値を計算する。また、地価や労働賃金等は、周りの住環境や職場環境（労働条件）を反映して決定されるはずであるから、ヘドニック法では、地価や賃金と周りの環境状態の関係から間接的に環境の価値を推定する。

仮想市場法（CVM法）は、消費者の行動パターンを通して測ることのできない存在価値やオプション価値の推定に多く用いられ、「もし仮にある環境アメニティを手に入れることができるとしたら、それにいくら支払う意志があるか」といった架空の市場をアンケート上で想定し、その解答データから環境の価値を推定する手法である。

もちろん、このような非市場評価法からの結果は完璧なものではないが、欧米では環境に影響を及ぼす事業等の費用便益分析の一部に取り入れられている。

(6) コンジョイント分析法

コンジョイント分析(Conjoint analysis)は、ある財について数種類の異なる属性を記入したプロファイルを回答者に提示し、それを好ましい順番に並べ替えてもらい評価する手法である。コンジョイント分析は、マーケティング・リサーチの分野で開発され発展してきた手法である。

人が商品の購入をする場合、単に価格や性能といった単独の特性によって評価するケースは稀である。通常は、「価格」+「性能」+「スタイル」に、「メーカー」のイメージ等を総合して最終的に製品の評価として購入するか判断をする。すなわち、製品を取り巻くさまざまな特性を総合評価して購入の判断を行う。

コンジョイント分析は、これらの特性を分解し、各々相対的に評価してもらい、回答者個人の特性に対する評価の重みづけを行う。

多くの要因の組合せから構成される商品等の好き嫌いの程度が順序関係で与えられた時、個々の要因の効果およびその同時結合尺度(Conjoint scale)を同時に推定するのがコンジョイント分析である。アンケート調査等で商品の選好を尋ねる場合、その商品がどの程度好きなのかを尋ねるよりも、好きな順番を尋ねた方が被験者は答えやすい。こうして得られた順序データから、どの商品が好まれるのか、またどの要因が選好の判断に影響を及ぼしたのかを解析するのがコンジョイント分析であるともいえる。

マーケティング・リサーチ分野では、消費者が日常の購買の中で行っている判断の分析に関心があり、商品について異なる状況ごとに付随する要旨を導く手法として注目されている。

151

第 5 章 人集めの費用便益分析

表-5.2 クロスセクションの評価手法

手法	代替法 (RCM)	消費者予測計測法	ヘドニック (HPM)	仮想市場法 (CVM)	トラベルコスト法 (TCM)	コンジョイント分析法
内容	評価対象に相当する私的財に置き換えるための費用評価	消費者余剰を計算し、その分を費用便益として経済的な価値として算出	環境の質が地価や賃金等に影響を与えていることを利用し、地価や賃料への影響から価値を判断	アンケート等により、環境材等の非市場的な機能の評価に対する支払いの容認額を評価額とする	レクリエーション地等でサービスを受けるための旅行にわざわざ支払う価格	ある財について数種類の異なる属性を記入したプロファイルを回答者に提示し、好ましい順番に並べ替えて評価
適用	水質改善、土砂流出防止他	交通サービス他	地域アメニティ、水質汚 騒音	レクリエーション、景観、野生生物生態系	レクリエーション、景観等限定	環境、観光レクリエーション施設
計測対象	置換費用	需要曲線の推計	地価(賃金)関数他	支払い意志額、受け入れ補償額	需要曲線の推計	嗜好性解析、数値化
利点	理解しやすい	道路分野等で実績がある。実用性が高い	情報入手コストが比較的低い。地代、賃金等からデータ収集	適用範囲が広い。非利用価値等測定可	必要な情報が得られる。旅行費用、訪問回数等をベース	コンセプトの明確化等に有効
課題	評価対象に相当する代替財がないと評価不能	施設の利用便益のみ測定可能。包括的な評価が不得意	適用範囲は地域的なものに限定。都市部の環境等に適用	アンケートを実施する必要性あり、コスト高く、データ信頼性等	適用範囲が現在はレクリエーションに限定	適用範囲が環境や商品開発等限定される

5.3 費用便益に関する考察

5.3.1 各種法の特徴と比較

　評価手法の選択は、第三者が検証可能かどうかが重要である。ただし、計算の基になるデータが公開されていなければ検証することはできない。

　評価手法の選択は、**オーダーメイド型アプローチ**(個別プロジェクトについてある手法を使用して便益を計測)と原単位法(多くの評価結果を積み重ねて原単位を設定)があるが、CVM やヘドニック法は、オーダーメイド型の場合、結果にばらつきが生じる傾向もある。

　また、データの収集方法に問題がある場合、基のデータが異なることによる影響

ピア 17・フルトンマーケット（アメリカ・ニューヨーク） 17番目の桟橋という意味でハドソン川沿いの老朽化した港湾施設を再開発したもの。物流機能から集客機能に変化させることによって、都心にも近い波止場を心地よい市民の憩いの場へと変えた。フルトンマーケットはピア17に隣接したシーフードレストラン等を持つマーケットで人々に人気がある

が大きく、最初からやり直すことが必要である。なお、原単位法の方がチェックが容易である。手法の妥当性の評価は、専門家をどう組織化するかが重要となってくる。情報公開が重要であるが、その情報を見た人の意見をどのように整理するかというシステムづくりも課題である。事後チェックができる手法であるかどうかも重要な問題であり、施設によっては消費者余剰法は可能であるが、CVMやヘドニック法は困難となるといった可能性がある。

費用対効果分析において、効率性と公平性をどう取り扱うか、事業のコストとしての税金の扱いをどうするか、割引率をどう設定するか、地域開発効果をどう考えるか、といった大規模な集客事業の共通の問題が今後の検討課題でもある。

5.3.2 複数手法の組合せ

また最近では、コンジョイント分析とトラベルコスト法、あるいはCVMとトラベルコスト法を組み合わせた**コンビネーション・モデル**の適用も見られるようになってきている。ヘドニック法は、居住地のアメニティの差が地価や賃金に反映しているとするキャピタリゼーション仮説に基づき環境財の価値を評価する手法である。CVMは、他の手法と比較していくつかのメリットを有するため、近年ではポピュラーな手法として盛んに適用されてきている。ヘドニック法やトラベルコスト法等を適用して評価を行う際には、賃金や地価、旅行費用等に関する詳細な市場データが必要とされ、それらのデータが不備な場合には評価が困難になるが、CVMは既存のデータの有無とは関係なく、理論上ほぼあらゆる財の評価に適用できる。

5.3.3 帰着便益の問題

費用便益分析は、本来、プロジェクト実施による社会全体の費用と便益を分析するものであり、プロジェクトから直接、間接に正負の便益を受ける(あるいは費用を支払う)、個別の経済主体について費用便益の量がどの程度であるのかは考慮されていない。たとえば、大規模商業プロジェクトであれば、沿線の居住者は、買物サービスの充実等の便益を受ける一方、交通渋滞の発生、静穏性の破壊等のマイナスの便益を受けることになる。これら費用や便益がどの経済主体に帰着するのかを分析したのが**帰着便益分析**である。

具体的には、建設費、税金、時間短縮便益、公害等によるマイナス便益の費用便益の種類を縦軸に、運営主体、通行者、沿線住民等の経済主体を横軸にした「帰着便益連関表」を用いてそれぞれの費用便益の帰着先を考えていく。

本来、このようにして計算された便益の帰着先から、税金、施設利用料等の形で

コラム14　ヘドニック法、トラベルコスト法の環境評価への適用

ヘドニック法、トラベルコスト法等は、環境財の持つ現在の利用価値しか評価できないが、CVMは非利用価値の評価も可能である。

CVMによって得られる評価額は、受益者のWTPやWTAを集計したものであり、その意味は、環境財への財政支出に対する市民の政策合意点を示すことである。

CVMは、Davis(1963)がアメリカ・メイン州において狩猟者と自然愛好家の価値評価を得るために適用した事例が最初である。1970年代半ば以降、環境財の評価手法としてCVMの適用が徐々に盛んになるとともに、手法上の改良が逐次進められてきた。

なお、CVMを語るうえで**バルディーズ(Valdez)号事件**は、その適用事例として有名である。これは、1989年3月、アラスカ湾沖でエクソン(Exxon)社所有のオイルタンカーのバルディーズ号が座礁し、原油を流出した結果、多くの海洋生物や海鳥が犠牲になるなど、周辺海域は深刻な環境被害を受けた。この事件の補償問題を契機としてCVMの妥当性や有効性に関する論争が巻き起こった。

その後、油濁法(Oil Pollution Act)の基で環境アセスメントを行う際のCVMの適用基準を確立するために、米国商務省は、NOAA(National Oceanic and Atmospheric Administration)を通じて経済学者等を召集し、NOAAブルーリボン・パネルと呼ばれる検討委員会をつくり、被害額算定の根拠としてCVMを実施する際のガイドラインを作成している。

日本では、1980年代後半以降、農業の公益的機能評価を中心とする環境財の評価にCVMの適用が進められてきた。全国各地において政策的意志決定のための参考資料あるいは事業評価を意図してCVMが数多く実施されるようになってきている。

5.3 費用便益に関する考察

応分の負担を求め、マイナス便益については補償を行うこと等も考えられる。ただ、潜在価格の妥当性の問題のところでも述べたように、費用便益の大きさを正しく測定するには、依然として技術的困難が伴う。特にマイナス便益の範囲をどこまでとらえるかについては、議論が分かれるところである。そのため、帰着便益分析を利用することは、一定の判断材料にはなり得るものの、必ずしも、そのことでただちに社会的コンセンサスが得られるわけではないことに注意する必要がある。

バスターミナル(スウェーデン・ストックホルム) ラルフ・アースキン設計によるバスターミナル。北欧の国らしく、寒い時でもバスのアクセスを暖かく過ごせるように配慮されている広い室内空間。快適なアトリウム空間は、排気ガス等からも利用者を保護する機能を持っている。ターミナル内には商業機能、オフィス機能も充実している

エル・マリナシティ(アメリカ・シカゴ) 通称エルと呼ばれる高架式の環状鉄道はシカゴの名物である。鉄製の高架を列車が走るとレールのきしむ音や独特の音がシカゴ独特の雰囲気を醸し出す。川沿いにあるマリナシティは上層階がマンション、低層階が駐車場、最下部がマリーナとなっている。トウモロコシのような形状が目を引き、新しいシカゴの名物建築となっている

第5章　人集めの費用便益分析

まとめ
費用便益を行う意義
　費用便益分析は、事業の社会的費用と社会的便益を計測することで当該事業によって社会全体としてどの程度の純便益が見込まれるのかを検討できる。
事業の効果把握の方法
① 　代替法(RCM)：それに相当する効果を提供しようとした場合に必要とされるコストを分析する方法。
② 　消費者余剰計測法：消費者余剰を計算し、その分を費用便益として経済的な価値として算出する方法。
③ 　ヘドニック法(HPM)：環境の質が地価や賃金等に影響を与えていることを利用し、地価や賃の変動を調べ、その価値を計測する方法。
④ 　仮想状況評価法(CVM)：アンケート等により環境材等の非市場的な機能の評価に対する支払いの容認額を評価額とする方法。
⑤ 　トラベルコスト：レクリエーション地等でサービスを受けるための旅行にわざわざ支払う価格を計測することでその費用便益を測定する方法。
⑥ 　コンジョイント分析法：コンジョイント分析は、ある財について数種類の異なる属性を記入したプロファイルを回答者に提示し、それを好ましい順番に並べ替えてもらうことで評価を行う方法。

参考文献
1) 経済審議会社会資本研究会：社会資本研究委員会報告書、p.66、表1-2、1969
2) 栗田啓子：エンジニア・エコノミスト―フランス公共経済学の成立、東京大学出版会、1992
3) J.メイナード・ケインズ：The General theory of employment, Interest and Money(雇用・利子・および貨幣の一般理論)、1936
4) W.W.ロストウ：The Stages of Economic Growth, Cambridge U.P(経済成長の諸段階)、1960
5) P.A.サミュエルソン、W.ノードハウス著、都留重人訳：経済学、p.45、岩波書店、1992
6) J.M.ブキャナン著、山之内光躬、日向寺純雄訳：公共財の理論、文眞堂、1974
7) C.S.シャウプ著、塩崎潤監訳：財政学、pp.84-204、有斐閣、1973
8) 大来佐武郎、経済審議会社会資本研究会：社会資本研究委員会報告書、p.65、1969
9) 経済審議会社会資本研究委員会：社会資本研究委員会報告書、pp.7-8、1969
10) A.P.Lerner：Economics of Employment(雇用の経済学)、p.8、1951
11) L.J.コトリコフ：世代の経済学、日本経済新聞社、1993
12) L.J kotolikoff：Generational Accountingarround the world, NBER, 1999
13) 今後の経済財政運営及び経済社会の構造改革に関する基本方針、閣議決定、2001.6

第6章　人集めの空間デザイン

> 　本章では、人集めのパターンや類型について事例を中心に見る。人をたくさん集める、人を集めてうまく流す、再び人を集める施設といった観点でさまざまな空間デザインに触れてみよう。人を惹きつけてやまない施設や空間の事例を見ながら、どのような施設が集客機能を持ち、地域を元気にしてゆくことができるのかを考えてみる。
> 　今日、地方都市の再生等に対するニーズは大変高い。こうした地域の再生のうえで、集客施設が果たす役割や可能性等についても併せて考える。第2章でも人を惹きつける施設の類型に触れたが、集客力を持つ施設は、どのような空間なのかを注目される事例を中心に再整理する。人の集まる空間として、建築や都市計画の観点も含め、美術館・博物館、子どもの遊び場、テーマパーク、歴史的遺産などについても紹介していく。

6.1　ミュージアム（美術館、博物館）

6.1.1　ミュージアムのハードウエアとソフトウエア

(1)　博物館の多角化経営

　公的機関である博物館や美術館は、人集めの空間として、これまで経営的な観点ではあまり重視されてこなかった。しかし今後は、公的資金が投入されている集客施設については経営的な自立が強く求められてくる。

　公設の施設でも、経営部分については、**指定管理者制度**等の民間委託による効率的な経営を選択するシステムが既に導入され始めている。これまで公設の博物館系の施設では、学芸員は、研究者として展示物の分類や学術的な研究ニーズに対応し、論文を書くことに関心が高く、展示のための施設づくりという意識が欠けがちであったことは否めない。施設展示を専門の展示会社やコンサルタント任せにし、

第6章　人集めの空間デザイン

神奈川県立歴史博物館　横浜馬車道は、明治時代以降、馬車のための通りとして栄え、アイスクリーム発祥の地でもある。1880年に外国為替専門銀行として設立され、関東大震災にも焼け残った横浜正金銀行本店を改築した

全国どこでも代わり映えのしない、魅力に欠けた展示がまかり通ってきた。

　一方、欧米のミュージアムの場合、より魅力のある展示のために学芸員自ら展示のための方策を検討し、魅力ある空間をつくることに工夫をこらしてきたという違いがある。一例としてハンズ・オンという考え方もある。

(2)　ミュージアムと建築

　利用しやすい博物館や空間としてのアメニティ、魅力等について少し分析を進めてみる。現在、日本の建築家は、プリッカー賞を受賞した安藤忠雄(ダラスフォートワース美術館)や谷口吉生(ニューヨーク近代美術館 MOMA)等のように多くの美術館、博物館の建設に携わり世界中で前衛的な活躍をしている。

　このような注目を集める建築群であるミュージアムは、ほとんどの場合が建築物において展開される。彫刻の森美術館のように野外を有効利用している事例もあるが、こうした野外タイプのものでも建築との併用形態が見られる。

(3)　ミュージアムにおける見せる建築の役割

　ミュージアムにとって建築は容器であり、ソフトウエアを演出するための大きな役割を持っている。こうした中、近年さまざまな形をしたミュージアムが増えてきている。

　1997年フランク・O・ゲーリー設計によるスペインで計画された**ビルバオ・グッゲンハイム**は、フランク・ロイド・ライトによるニューヨーク、グッゲンハイムミュージアム以来の「見せるミュージアム建築」であることは誰も異存がないだろう。

　チタンで葺かれたあたかも彫刻の習作のようなビルバオ・グッゲンハイムは、見る者を圧倒し、誘い、建築自体の外観自体が既に大いなるモニュメントである。

　また、ルイス・カーンによる秀作の1つであるアメリカ・ダラスにある**キンベル美術館**は、今世紀を代表する優れた美術館で、見る者に建築としての魅力、印象、インスピレーションを与える。こうした建築的な価値があり、都市や街づくりで地域

6.1 ミュージアム(美術館、博物館)

を代表し、文化を醸成するミュージアム建築というものは確かに存在する。しかし、世の中のミュージアムすべてがこのような容器としての建築自体が魅力を持っているとは限らない。

(4) ミュージアムと建築の関係

　日本でも、欧米の事例で多く見られるような質と量を誇る公共的整備によるミュージアムがしばしば地域の歴史的な価値の高い重厚な建築物を改修する形で展開されている。

　ルーブル博物館も、妻木頼黄設計による横浜正金銀行本店の西洋建築を転用した**神奈川県立歴史博物館**もまたしかりである。こうした歴史的建築物転用型の美術館の特徴は、そもそもミュージアム専用の建築として建設されていないため、展示の動線に無理が生じ、時折利用者がその動線を見失うケースが見られることである。こうした状況を使いにくいミュージアムと判断するかどうかは議論が分かれるところであるが、これもまた、そのミュージアム自体の特徴として面白いととらえる利用者もあるだろう。ただ、こうしたミュージアム専用でない施設形態の場合には、展示物の搬入、展示スペース、保管場所、研究棟等の連携が必ずしも良好でなく、施設側にとっては問題点も多い。

　また、歴史的建築物を流用したミュージアムの場合回廊が多数あったり、居室が入り組んでいたり、改装するのか、その部屋割りを生かした形で展示スペースを構築するのか、といった問題点も発生する。こうした歴史的建築物の持つ味わいや雰囲気を生かした形で中身の設備を近代化する試みも考えられる。

テートモダン美術館(イギリス・ロンドン)　ミレニアムプロジェクトの一環として、テムズ川沿いに出現した大規模美術館。ヘルツォーク＆ド・ムーロン設計による。旧発電所をリニューアルした大型美術館で、国際コンペとなり話題となった。ロンドンを代表する近代美術館

その建築的な資源を有効な空間スペースとして着目するという点では、自立を余儀なくされている欧米のミュージアムはより貪欲であるといえる。

現在、日本のミュージアムでも、ミュージアムショップやレストラン等を一般客に開放するケースがちらほらあるが、ミュージアム建築の価値を再認識し、魅力が足りなければ、魅力を付加する経営的努力が望まれる時代となっている。

6.1.2　圧倒的な展示物と質で迫る欧米のミュージアム

(1)　航空宇宙博物館(アメリカ・ワシントン)

政治の中心地でありながら、博物館の街でもあるワシントンは、特徴あるミュージアム都市でもある。

アメリカ・ワシントンのモール地区に展開するスミソニアン協会が整備したミュージアム群は、人類の技術の歴史や、自然文物のコレクションといった意味でも圧倒的な物量を誇る。ワシントンDCは、アメリカの首都で、アメリカ内のどの州にも属さない特別区である。町の中心に位置する国会議事堂からリンカーン記念館の間(約2.5マイル)の長方形のスペースは、モールと呼ばれ、巨大な公園の役目を果たしている。このモール周辺に**スミソニアン協会**の運営する博物館や政治機構が集中している。

中でも最も人気のある**航空宇宙博物館**は、世界的にも有名なスミソニアン博物館群を代表する博物館であり、年間約900万人が訪れている。館内には航空機の実物やフライトシミュレーターはもとより、鳥類と人類の飛行の歴史、スペースシャト

スミソニアン航空宇宙博物館(アメリカ・ワシントン)　ワシントンを訪れた外国観光客の多くがここを訪れる。アメリカの航空宇宙分野における輝かしい足跡を感じる場ともいえ、アメリカの国威高揚にも貢献しているのではと感じられるほどの展示物である

ル計画の訓練と実験の様子を映像で紹介するIMAXシアターや空と宇宙に関するギャラリー等、多様な展示内容となっている。

また、スペースシャトルの乗組員の機内食など、珍しいミュージアムグッズも人を惹きつける要因となっている。

エントランス部分は、ライト兄弟が人類で初めて空を飛ぶことに成功したフライヤー号、リンドバークによって初めて大西洋横断が成し遂げられたスピリットオブセントルイス号、初めて宇宙遊泳に成功したジェミニ4号、月着陸に初めて成功したアポロ11号の指令船、マッハ6を初めて出したジェット機などの実機が展示され、アメリカの航空・宇宙史が一目でわかる豪華な展示で、建築空間的も自然光を取り入れた明るく開放的で、人を誘う機能を遺憾なく発揮している。

ワシントンを訪れた観光客の多くが訪れ、アメリカの航空宇宙分野における輝かしい足跡を感じられる展示物を集めた航空宇宙博物館は、アメリカの国威高揚にも貢献している部分がある。

(2) アメリカ自然史博物館（アメリカ・ニューヨーク）

設立から約100年の歴史を持ち、さまざまな調査や展示室の増築が繰り返され、現在の巨大な博物館の姿となっている。年間280万人の来訪者があり、敷地内には4階建ての本館の他にハイデン・プラネタリウム等がある。

最大の呼び物でもある恐竜コーナーは、1996年に新装オープンし、**ハンズ・オン**の手法が取り入れられるなど来訪者の興味を高めるようなきめ細かい展示上の工夫が見られる。特に恐竜の化石の展示は、世界トップクラスの迫力を誇り、世界中から来館者が訪れるが、常に新しいターゲットやニーズを模索していることに注目すべきである。

アメリカ自然史博物館は、学校教育との連携の中で博物館のビジョンを明確にしようとする姿勢が見られる。**ミュージアムスクール**は、教育機関との連携で行い、こどもが自然科学に興味を持つことができるような仕組みづくりを行う。

たとえば、ベラキオラプトラルという恐竜の前足の爪のレプリカについてハンズ・オンを行った展示等もある。映画ジュラシックパークの中に出てきた凶暴な小型恐竜の本物の爪を観察するのと同時に直にレプリカを触って、どれくらい爪が鋭いのかを実感することができる。

こうした基礎的な興味から入るための展示手法とともに、やや上級向けのさらに詳しい情報を知りたい人向けのブースや、やや子どもの視線より高い位置に置いた

第6章 人集めの空間デザイン

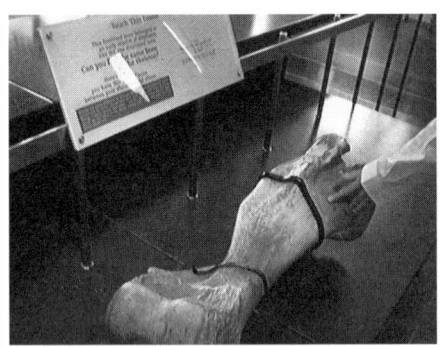

アメリカ自然史博物館(アメリカ・ニューヨーク) 自然史系の博物館としては世界最大規模。「自然と人間との対話」をテーマに1869年に設立された。レプリカではなく本物の恐竜の化石に一部触れることができる。ハンズ・オンの手法の中でも基本的でシンプルでありながら、魅力のある展示である

学術的な解説内容等は、博物館のスタッフや学芸員とデザイナーとの間に綿密な打合せとコンセプトづくりが行われていることを伺わせる。

6.1.3 非オブジェクト型ミュージアム

(1) ブルックリンこども博物館

1899年に世界で初めてできたこども博物館で、もともとはブルックリン美術館からコレクションの寄贈を受け、学校ではできない学習のできる場所として開設された。館内の展示はもちろん、館外貸出しキットの開発等にさまざまな工夫が加えられている。ハンズ・オン・ミュージアムの草分け的な存在である。

「こども博物館」の原点であり、限られた予算の中で子どもが遊びながら学習することをいかに演出するかを良く考察した例でもある。ブルックリンの中低所得者層の住居区域に位置し、もともとはシングルマザーや文盲の人等のこどもたちがいかに区域の中で教育を受け入れることができるかという実験的な試みからスタートしている。現在でもさまざまなプログラムを改良することが行われている。

身近な素材を使用しながら、ものの不思議、寝る、昆虫、骨等のテーマごとに、スタッフが知恵をしぼりながら効果的な展示を行っている。

各ブースにおいてスタッフおよび大学・自治体関係者等が協力体制をとりながら、より楽しく教育的に価値のある展示物を提供してゆこうとする姿勢が読みとれる。

2,700点ほどの展示物を使いながら、ボランティアとスタッフが協力し、アイデ

コラム 15　ミュージアムのソフトウエア戦略（フィールド自然史博物館：世界最大のティラノサウルス、スー）

　2005 年 3 月、東京の国立科学博物館に世界最大級のティラノサウルスの骨格、愛称スーがやってきた。筆者は、1998 年にシカゴのフィールド自然史博物館で初めてスーに出会った。当時、自然史博物館の恐竜の専門家やスタッフが特別な道具を使って恐竜の骨を注意深く岩石の中から掘削している最中で、スーの骨の周りにはまだ岩石のかけらがたくさんついていてた。

　その作業過程そのものをガラスごしに見ることができる展示となっていた。博物館の担当者の話によると、この発掘作業のバックには、自然史博物館はもとより、民間事業者としてマクドナルドとディズニーが参画しているということであった。マクドナルドは意外であったが、この会社がシカゴ発祥であるということで納得した。そういえば、フィールド自然史博物館の中にたくさんファーストフードが入っているが、いずれもマクドナルドである。また一方、ディズニーは、エンタテインメントとして見せるマーケティングはプロである。

　こうした発掘組立て作業自体をイベント化し、これでお金を獲得するというのも博物館の戦略でもある。また、この発掘の際、レプリカ（複製）を三体つくることに合意しているという。レプリカとはいえ、大変精巧で、恐竜の骨について学習するの十分であるし、かなりの迫力もある。三体は、1 つは自然史博物館が、1 つはディズニーが、もう 1 つはマクドナルドがそれぞれ持つということであった。

　そして、実際につくり上げたスーの標本本体は、フィールド自然史博物館から世界中の博物館に対して貸し出されるという。こうした企業や博物館のお互いの連携によって科学的な文化事業としての機能を保ちながら、独自の予算をつくり出していくという考え方が最近のアメリカの博物館の文化事業の一環であるといえる。ビジネスをしながらも自前で資金調達をうまく行うというのが近年の文化事業の流れでもある。

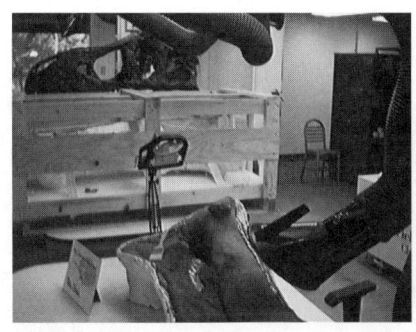

世界最大の完全なティラノサウルス「スー」の標本　左はフィールド自然史博物館のオリジナルの発掘途中の写真（1998）。右はレプリカ。

第6章　人集めの空間デザイン

ハンズ・オンサイエンス　実験を体験できるコーナー。専門のインストラクターがやり方を教えてくれながら、子どもたちが実際に実験を行うことができる。たとえば、卵からDNAを取り出してみることなどを体験できる

イアを時間をかけながら検討をするなど細かな工夫がなされている。

4才以上が対象となっているが、何度もこのミュージアムに足を運ぶうちに他の子どもを指導できるようになった子をKids Crew（キッズクルー）と呼び、スタッフに取り込むことができる試みを行っている。現在登録されているキッズクルーは1,500人程度で、毎日50人程度が来訪する。週に1度のボランティアは300人程度いる。

なお、ブルックリンこども博物館で実験的に行われ好評な展示は、さらに改良を加え、他地域での博物館で応用されている。

(2) ボストンこども博物館

1914年に大学の科学の教授グループによって始められ、1979年に港湾区域の再開発を機にボストン湾を望む地域に移転している。6階建ての煉瓦づくりの倉庫を改装し、展示スペースだけで約630坪の面積がある。正職員は約100人、またパートタイム職員、研修生、ボランティア等がいる。

ブルックリンこども博物館　地上部は都市公園で、その地下空間有効活用した、いわばジオフロント。公園部分を人工地盤のデッキ上で展開し、その下の空間を利用している。さまざまなプログラムが用意され、大学等とも連携しながら他地域のチルドレンズミュージアムともプログラムの共有等を行っている

6.1 ミュージアム（美術館、博物館）

　この地域一帯は、こども博物館、コンピュータ博物館、茶会事件船等が立地するミュージアムワーフでもある。ボストンこども博物館は、ブルックリンこども博物館に次いで古く、こどもが体験を通じて物事を学ぶという姿勢に基づくものである。1962年にマイケル・スポック氏が館長となり、「ホワッツインサンド」をはじめとするハンズ・オン展示によるオープンエンドの教育方法を定着させた。サンフランシスコのエクスプラトリアムと並び世界中のこども博物館のモデルとして注目され続けている。

　クライミングアップ・スカルプチャは、階段の横スペースの部分をジャングルジム状にすることによって子ども専用の抜け道通路をつくったような状態であり、多くのこどもがこれを楽しみながら利用する一方、階段側から親がこれを眺めて楽しむといった相互の楽しい空間の演出として当館を象徴する施設となっている。

　また、ティチャーセンター、資料コーナーもあり、展示物の詳しい資料や、教師が使用するための資料等の総合教育相談機能も持っている。

　ボストンのウオーターフロントを眺望する側のスペースに水をテーマとした展示物があり、子どもたちがポンプの原理を遊びながら体感したり、水の流れと船の動きの関係を学べるようなさまざまな工夫が凝らされている。

(3) シカゴこども博物館

　シカゴこども博物館は、ミシガン湖に面したネイビーヤードの入口という大変良好な立地にあることもあり、多くのシカゴ市民に親しまれている施設である。もと

ボストンこども博物館　煉瓦造りの倉庫を改装。子どものための展示が特色。オリジナルの教育機能等を持っている。京都と姉妹都市で、京都の町家を移築した展示もある。右は階段の横スペースを活用したジャングルジム状の遊び場スペースで、大変人気のある施設

第6章 人集めの空間デザイン

もとはシカゴ各地の商業施設を移転しながら、1995年、現在のネイビーピアにつくられた。アメリカのこども博物館としては4番目の規模であるが、立地条件の良さから集客は年間53万人と2番目に多い。

館内にはさまざまな機能がある。たとえばミシガン湖の生き物では、シカゴ市内にあるジェッド水族館の協力によりミシガン湖の淡水生物が水槽で飼育されている。

また、アメリカらしい人種や差別問題を取り扱った「偏見と差別展」というコーナーがあるのは特徴的である。ネームコーリングというスクールバスの中でこどもが差別用語を聞いて、どう思うか疑似体験できるコーナーであり、微妙な問題を扱っていることもあり、企画に2年半の時間を掛けている。オープン当初、マスコミは批判的であったが、子どもの成長にとって重要である難しい問題に正面から取り組んでいることから利用客の反応は概ね好評である。この展示は、テキサスのいくつかの博物館に巡回する予定がある。

また、シカゴは、摩天楼等の近代建築の博物館的要素を持つ建築の都市でもある。ブロックや木材等を組み合わせてさまざまな形をつくってみるコーナーなどシカゴならではの展示も見られる。

6.1.4 利用しやすいミュージアム考

利用しやすいミュージアム建築という観点でいえば、気軽に訪れることができ、内容がシンプルで明快、わかりやすいということが1つの回答であるといえる。しかし、わかりやすい建築が魅力のある建築であるかという点では疑問が残る。

シカゴこども博物館 館内はカラフルなデザインで溢れ、子どもが楽しく遊べる大変質の高い展示物が多くある。ブロックや木材等でさまざまな形をつくってみるコーナーや、安全をテーマに救急車のシステムを学べるような展示もある

6.1 ミュージアム（美術館，博物館）

　今日、ミュージアムのあり方がさまざまな面で多様化しており、物量が大量にあり、展示物が豊富にあるものがミュージアムであるとは必ずしも限らない状況となっている。少ないオブジェクトであっても、**キュレーター**やボランティアが子どもを指導するのに生き生きと対応ができ、子どもが自ら遊びを発見できるようなこども博物館のようなものであれば、それは必ずしも名建築の容器に収まる必要はないからである。

　ボストンこども博物館は、煉瓦造りの倉庫を改装したものであるし、ブルックリンこども博物館に至っては都市公園の地下を活用した、いわばジオフロントであり、建築物といっても立派なものではない。しかし、都市の中で遊休化したスペースや土地の確保しやすい地下利用等を図ることにより施設の建設コストを下げ、ソフトにその整備費用を回すことも可能となる。

　実際問題として、地域密着型の博物館では、こうした建築に対するコスト的要請は大変シビアなものがあり、その解決策には知恵と工夫が文字どおり必要となってくる。日本では、博物館のような居室空間は、原則的に建築基準法によってドライエリア等を一定の規模整備で設けない限り許可されず、**ジオフロント**の活用も有効に進んでいるとは言い難い。いくつかの事例はあるものの、消防関係の縛りが厳しく、採算ベースに乗りにくい点は、制度的側面において日本もアメリカに大いに学ぶべきであるといえる。

6.1.5　景観の一部としてのミュージアム

　建築そのものが魅力を持つミュージアムとして横浜の山下公園に立地する大佛次郎記念館等もその1つとしてあげることができる。山下公園の公園緑地とともに建築そのものが公園の風景となっている。こうした公園の背景の一部としの機能を受け持つミュージアムの姿もあるといえる。また、横浜人形の家のように観光ルートの中に組み込まれた一連の都市計画の中で位置づけられる集客施設としての展開もあり得る。

6.1.6　ストーリー性の必要性

　こうして見てくると、今後のミュージアム建築にとって必要なことの1つに**ストーリー性**という点があげられる。利用者が展示内容をシーケンシャルに時間の流れに沿って見ていく以上、その流れにはストーリーが必要となる。これは建築のみならず、展示空間との関係が深いが、建築においてもその演出を促すもの、また魅力

第6章 人集めの空間デザイン

人形の家、大佛次郎記念館（横浜） 横浜市山手地区にある人形の家（左）は、昔、欧米との交流に一役買ったセルロイド人形等を展示している。山下公園内にある大佛次郎記念館（右）は、作家大佛次郎の書斎を再現し、横浜の持つ元々のエキゾチックなイメージを増幅する博物館となっている

をかき立てるものであることが必要であるといえる。

　ミュージアムは本来、展示する物を絵とするならば巨大な額縁であり、絵以上にでしゃばる必要はない。しかし、知的インスピレーションや文化を求めてくる人にとってそれを妨げるような快適性の低い空間では魅力が半減する。

6.1.7　今後のミュージアムの見せ方

　しかし、確実にいえることは、従来の多くの日本のミュージアムに見られるように、展示物がガラスの奥にあり、その横に小さな文字で細々と記した説明版を順番に見て行くタイプがますます魅力を失ってゆくことは間違いない。

　従来の日本のミュージアムのように研究材料の一部、歴史的、教科書的な価値のあるものが陳列ケースにただ並んでいるという見せ方は、時代遅れであり、好ましくないということである。こうした教育的要素を持つものは、子どものミュージアム教育に積極的活用するなど、素材の魅力や意味を生かしたミュージアムのあり方も問題となってくる。

6.1.8　集客空間と建築の方向性

　美しい都市景観を形成してゆく場合、地域を先導してゆくようなデザインコードを持ったシンボル的な建築、また地域の環境を取り込んで街並みに溶け込んだデザイン、地域と対峙し異彩を放つデザイン等いくつかの種類が考えられる。これは、集客施設が立地する地域の特性に応じて選択するべきものであり、地域にとってあ

6.1 ミュージアム（美術館、博物館）

バーサ号博物館（スウェーデン・ストックホルム）　ストックホルム湾に沈んだ16世紀の軍艦バーサ号の展示。帆船をイメージしたマストのある景観が大航海時代の船の雰囲気をよく出している。右の写真はストックホルムの市庁舎。同じくストックホルム湾に面した所に位置する。毎年ノーベル賞の授賞式がこの庁舎のホールで開催される。

ってほしいデザインを実現できる建築がおそらく望ましい市街地を誘導するミュージアム建築である。

6.1.9　今後の利用しやすい集客空間の行方

　利用しやすい集客空間とは、おそらく再び訪れたくなるような魅力を兼ね備えた施設である。気軽に訪られる、文化を満喫できる、調べたいものがある時に親切に相談にのってくれる係りの人がいる、雰囲気が良く落ち着いているなどのさまざまな要求を満たしてくれる施設が望まれているといえる。

　建築単体のみではなく、都市計画のレベルから人々の交流の場を構築するという点では、街づくりであるととらえることができる。倉敷の美観地区において大原美術館等をうまく街づくりに取り込んだ景観形成も、街づくりのシナリオの選択肢として考えることができる。

　日本でも街づくりの中でミュージアムを効果的に取り込む観光都市も登場してきている。ミュージアムの持つ文化的なバックグラウンドや落ち着いた趣き等を有効活用することで街にアクセントを与え、地域の賑わいや魅力を増幅させるといった効果を創出するなど、エレメントをネットワークする創意工夫が必要となってくると考えられる。今後さまざまな時代の要請に応じた新しいミュージアム建築が登場してくることは大変楽しみなことである。

コラム16　人を集めるパワー

　人を集めるうえで非常に大きな力を発揮するのが信仰心や宗教である。祈りや信仰の場は、多くの人を惹きつけ、歴史的にも長く信徒の心の中に生き続ける。イスラム教の聖地メッカは、イスラム教徒にとっては絶対的な信仰対象であり、メッカへの巡礼は信者にとっては一生の願いでもある。メッカは、カーバ神殿を中心として磁石のように強力に人を惹きつける力を持っている。

　世界中のイスラム信徒は、礼拝堂（モスク）の中のみならず、どこにいてもメッカの方角に向かって1日に5回礼拝することを習慣にしている。したがって、メッカの持つ磁力は、普通の集客装置ではとても太刀打ちできないほど強力なものである。カーバ神殿は、信仰という宗教的な力で人を魅了する力を持つ施設といえる。実際にメッカにおける宗教行事の状況を見る時、カーバ神殿を中心とした人の渦に圧倒される。カーバ神殿周辺の人の流れは、人がまるで大きな渦の中の米粒1つになったかのように大きく、恐ろしいほどの磁力を持ってイスラム教徒を惹きつけているということがよくわかる。

　こうした宗教装置が集客力の点で大きな力を持つということは、メッカに限らない。およそ聖地と呼ばれる宗教の中心地は、規模こそ違え圧倒的な磁力を持っている。キリスト教の聖地であるローマや、サンチャゴ・コンポステーラ、ルルド等もたくさんの信徒が集まる場所である。日本でも同様に宗教施設は、多くの人を集める力を持っている。出雲大社は、人のみならず日本中の神様をも集めるということになっている。旧暦の11月を神無月と呼ぶのは、日本国中の神様が出雲に行っている（出雲地方では、逆にこの時期は神有月）からというのは、日本の歴史的、伝統的な考え方である。

　また、社寺も同様に宗教的な求心力を持っている。長野の善光寺は、信州地域の仏教中心地でもあるが、長野市自体が善光寺を中心とした門前町をルーツとした発展の歴史がある。宗教の持つパワーが歴史的にも大きな吸引力を発揮している事例といっていい。

　宗教は、人を集めることではその種類を問わず大きな機能を果たしている。集客施設でもとりわけ磁力の大きなものは、宗教的要素すら帯びてくるものである。たとえば、ディズニーランドや高校野球における甲子園等も多分に宗教的要素がある。

　また、門前町の以外に、日本には城下町という言葉がある。城下町は、お城に面して多くの人々が生活し、都市としての機能をなしてきた歴史的な市街地である。これも殿様が住んでいる城という中枢的なパワーが人を集めるうえで大きなエレメントとなっている事例である。

　日本の地方都市の多くは、城下町を下地としている事例が多いのは事実である。こうして見てくると、客観的な事実として宗教や城等の中枢権力を持つものは、強力な集客力を持っているということがわかる。

　まるで磁石に鉄が吸い付けられるように、人はこうした集客力を持つものに吸い寄せられる傾向がある。

6.2 テーマパーク

東京都現代美術館(江東区) 現代美術がテーマ。芸術のための展示空間のみならず、アートに関する図書館機能、会議機能等が充実している

横浜美術館(横浜みなとみらい 21 地区) 2005 年から導入された指定管理者制度(民間でも公共施設が管理できる制度)の導入により、いかにして魅力の高い、地域に貢献できるサービスが行えるかということに強く関心が持たれるようになっている

6.2 テーマパーク

6.2.1 オーランド(アメリカ・フロリダ)の集客施設群

次にテーマパークというもっとエンターテインメント性の高い施設を見てみる。海外の代表的なテーマパークのいくつかについて触れておく。

ディズニーワールドは、アメリカ・フロリダ州に立地している総合アミューズメントリゾート地である。レジャーの盛んなフロリダ州の中央部にある世界最大級の総合レクリエーション地といってもいい。

総面積は約 110ha で、東京の山手線の内側がすっぽり入ってしまうほどの広い敷地を誇る。創始者ウォルト・ディズニーがその生涯の夢を実現する空間としてフロリダ州オーランドに買い求めた広大な土地は、今や世界中の人を呼び込む巨大なアミューズメント都市に成長している。地域内の多くの施設は、雇用の場を創出し、地域経済の成長に多大の貢献をなしている。犯罪確率もフロリダ州の中では驚異的に低い。周辺区域はディズニー関連の施設のみではなく、**ユニバーサルスタジオ**等の他の系列テーマパークも併存し、より相乗効果を高めている。

最も人気の高いものとして、**エプコットセンター**、マジックキングダム、MGMスタジオ、そして 1998 年 4 月にオープンしたアニマルキングダム、またディズニー以外の資本としてはユニバーサルスタジオ等がある。

これらのテーマパークは、相互に連携し合って魅力を持たせてあり、家族が長期にわたって休暇を過ごすためのありとあらゆるテーマが盛り込まれている。

ディズニーアニマルキングダムのオープン、ユニバーサルスタジオの拡張等が相次いでおり、それに伴い過去10年間で人口は倍増している。また、ホテルの客室数は65,000室で、ニューヨークに次ぎアメリカ第2位である。

6.2.2 ディズニー・インスティチュート

ディズニー・インスティチュートは、一般の企業におけるマネージャークラスや企業の第一線にいる人々へのセミナーやレクチャーを提供している。企業から派遣されてくる人々を対象にするプロフェッショナル・ディベロップメント、団体を対象にするグループ・エンリッチメント、個人を対象にするコースを用意している。

こうしたプログラムの中では、ディズニーの**バックステージ**を見せるツアーやクリエイティブカメラやクレイアニメーションといったものがあり、人の個性を改めて伸ばすもの、通常の自分にはないものをつくっていけるスケジュール等が考えられている。エンターテイメントやアートといった約80のプログラムがある。

ビジネス・エグゼクティブを対象としたプログラムでは、リーダーシップを高揚するための特別なプログラムや、クオリティーサービスを心掛けている。

参加する人が自分をもっと伸ばすことを目標にし、プログラムに初めて参加する人でもさまざまな発見があるように工夫を凝らしている。

プログラムは、普段、頭脳労働等で神経をすり減らしているような現代人にリラックスした安らぎや、創造の喜びを感じさせてくれるような構成がなされている。

6.2.3 ディズニーアニマルキングダム

ディズニーアニマルキングダム*は1998年4月に開園した比較的新しいテーマパークである。動物をテーマに、あたかもオーランドにアフリカのジャングルが登場したかのようなエリアをつくり出している。

パーク内の中心にはシンボルである生命の木(動物の種の多様性とアニマルキングダムの象徴でもあり、木の幹にはさまざまな動物の彫刻が浮かび上がっている)

---

* **ディズニーアニマルキングダム** 動物をテーマにあたかもオーランドにアフリカのジャングルが登場したかのようなエリアをつくり出している。特に植栽等の細かなつくり込みは、エリアごとに大変凝っている。キリマンジェロのサファリやアフリカンエンターテイメントといったアトラクションがある。ディノランドは、恐竜をテーマにしたエリアで、レプリカや本物の化石等の展示内容としている

6.2 テーマパーク

> **コラム17　日本のアニメーションキャラクター**
>
> 　日本は、映像ソフト産業の中で世界のトップクラスにあるのは、これまでアニメーションやゲーム等のサブカルチャーとしての扱いをきて受けてきた分野である。
> 　アニメーションやゲーム等は、サブからメインへと変化しようとしている。たとえば、ポケットモンスター（ポケモン）は、日本のこどもだけでなく、世界の子どもにも大人気である。子どもの心を掴んで離さない威力を持つものは大きくなっても続く。
> 　1960年代、70年代の石原裕次郎をはじめとする芸能人や、ウルトラマン、仮面ライダー、ガンダム等のキャラクターに夢中になった記憶は長く続く。こうした中、強いキャラクターを持っている映画やプロダクション組織は強い。1回売れたら息の長い演歌歌手のように地方を回ったり、定期的なディナーショーを行い、うまくリバイバルすることができればさらに息は長くなる。特に近年では、宮崎駿監督の映画作品『もののけ姫』、『千と千尋の神隠し』、『崖の上のポニョ』等は続けざまに世界の注目を受け、日本を既に飛び出して世界のキャラクターへと成長を遂げつつある。人の心を惹きつけて離さない何かを持つことは、集客力の成功の鍵でもある。外国の映画コンテンツも強いが、日本のアニメーション技術や著作権を活かしたビジネスがもっとあってもいい。

があり、その周辺部がサファリ・ビレッジと呼ばれる中心のエリアである。

　サファリ・ビレッジを取り囲むように人工の湖があり、その周囲にディノランドUSA（恐竜ランド）、アフリカ、キャンプ・ミニーマウス、オアシス等がある。

　また、ディノランドは、恐竜をテーマにしたエリアであり、レプリカや本物の化石をうまく見せながら飽きさせない展示内容となっている。

　来訪者をいかにしてワクワクした気分にさせるかのノウハウに長けるディズニーの戦略は、ここでも健在という印象を受ける。また、シカゴのフィールド自然史博物館と提携した世界最大のチラノサウルス「スー」の研究組立作業等の話題づくりにも余念がない。

6.2.4　ディズニー・MGMスタジオ

　ハリウッド黄金時代を再現した園内で映画づくりが楽しめるスタジオである。1989年にオープンした。正面にはチャイニーズシアターが建つ。映画製作の舞台裏を見せるツアーは、ユニバーサルスタジオを意識したものと考えられる。

　観客を飽きさせないアイディア、演出が盛り込まれており、扱っている映画の種類は大変豊富で、コンテンツそのものの収集力に圧倒的なものがある。チャイニーズシアターからグレート・ムービー・ライドと呼ばれるトラムに乗り出発する。名画

の世界への旅ができるようになっている。

バックステージ・スタジオツアーでは、トラムに乗って走るオープンセットや仕掛けのある峡谷等に行く仕掛けとなっている。後半は徒歩で、ツアーで特殊撮影や音響効果等の映画製作の過程をジョージ・ルーカス等の案内で知ることができる。また、水を使用した特写等、実際に実演するコーナーがある。

6.2.5 ユニバーサルスタジオ

ロサンゼルスにあるユニバーサルスタジオのフロリダ版として1990年5月にオーランド南西約16kmの位置にオープンした映画を主体としたテーマパークである。

後発である分だけロサンゼルスのものより大規模で、ET、バックトゥザフューチャー、ジョーズ等のユニバーサル映画の人気キャラクターや話の内容を基にしたさまざまなアトラクションがある。3Dを使用したアイマックスや音と映像を駆使したアトラクションも豊富に取り揃えてあり、ディズニーのMGMスタジオとライバル関係に位置するテーマパークである。こうしたアトラクション施設は、ショー仕立てで、火を使用したり、爆薬、水といったエレメントを使用した高い刺激を与える娯楽性の高い施設である。

a. アトラクションのスタッフ等について　特に屋内施設での火気の取扱いには専門の技術者がおり、ハリウッド映画での爆薬シーン等の安全技術を保持するスタッフが常にチェックしている。エンターテイメントの中でも特にパイル（火薬のマネージャー）は、専門の人間を採用しており、火器全体の安全管理を任せている。

b. 身体障害者に対するサービス　「特に障害を持つ人に最高のサービス」を心掛けており、パーク内にはハンディキャッパーがたくさん来訪している。

サービスプログラムは、ゲスト全員が満足して帰れるプログラムを実施している。このプログラムは、「**エンパワーメント**」と呼ばれるシステムである。ここでいう「エンパワーメント」とは、従業員各々の権限を強めてゆくという考え方である。

並ぶ時間が長すぎたために、最終の飛行機に間に合わなくなった人が出た場合のフォローの方法、バスの緊急手配等の対応策を上司の許可なしで現場の人間が判断、権限で行えるようにするようにしている。

もし、クレームがあった場合には、直ちにユニバーサルスタジオの社長に書面で説明を行い、72時間以内にゲストに対する手紙を出さなければならないというシステムを用いている。

6.3 都市開発の中での集客力の向上

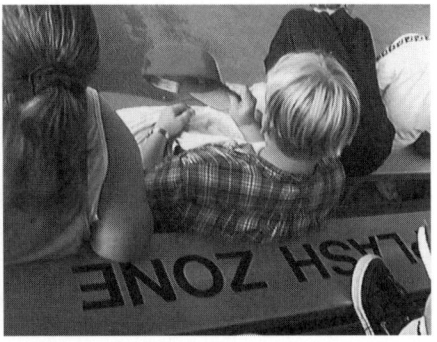

ユニバーサルスタジオ(アメリカ・フロリダ) ユニバーサル映画のタイトルを主軸としたテーマパーク。野外で俳優のアクションを楽しむことができる。SPLASH ZONE は、手前の井戸に人が落ちる際、水しぶきが上がり、観客席に飛び散ることがお約束になっている

　この中でマイナスのコメントが出た場合には、48時間以内にどのような対策をとるかの説明をするシステムとなっている。

c. 大阪(日本)での展開　2001年に大阪でも約130haのユニバーサルスタジオジャパンが開園した。1990年にフロリダのユニバーサルスタジオがオープンした当初はノウハウの蓄積がなく、大失敗であったと報道された。しかしかえって、その大失敗があったお陰で、従業員に判断力を持たせないことがかえって問題をさらに広げることに気づき、「エンパワーメント」の考え方を導入するきっかけとなった。失敗を認めることが次の成長のためには必要なことである。

6.3　都市開発の中での集客力の向上

6.3.1　集客を目指した都市空間開発

　これからは、今までは考えられなかったものが人集めの機能を持つ施設となってくることが考えられる。2000年のドイツ統合の際、ベルリンへの首都機能移転に伴い国会議事堂として復活した**ライヒスターク**は、その新しい例である。この国会議事堂は、議事堂自体が大きな観光名所にもなっている。第二次世界大戦後、東西ドイツ統合までは西ドイツの首都がボンであったこともあり、ライヒスタークは一時期荒廃したが、首都移転に伴いリニューアルされた。ノーマン・フォスター設計によるガラス張りの開かれた国会を象徴し、キューポラ部分には一般市民も上るこ

175

第6章 人集めの空間デザイン

ライヒスターク(ドイツ・ベルリン)　　　　ポツダム広場(ドイツ・ベルリン)

とができる。中心部の円錐状部分では国会議事堂をめぐる歴史的な展示が見られ、真下が国会が開催される議事堂空間である。外国人も含めた多数の人が行列をつくって見学に訪れる国会議事堂は世界中、あまりない。

　また、ミレニアムに合わせて計画された**ポツダム広場**は、かつては東ベルリン内にあった。ベルリンへの首都移転に伴い最新機能が次々と試される一大集客装置に生まれ変わった。新しい時代を象徴する**ソニーセンター**、シネマコンプレックス、カジノ等は多くの人で賑わう。

6.3.2 子どものための空間

　現在の都会の子どもの遊び場を取り巻く環境は、モータリゼーションの進展や安全危機管理等で危機的状況にあるともいわれる。こうした子どもたちが安全に集まり、遊べる場としての「遊び場」のあり方が注目されている。

　田舎の子どもは、自然がたくさんある所で存分に遊んで逞しく、逆に都会の子どもはひ弱、というのがなんとなく常識的なとらえ方になっているが、最近はそうした単純な図式は必ずしもあてはまらなくなってきている。

　地方の学校は統廃合で数が減り、とても歩いて帰れる距離ではない学校に通わなくてはいけないケースもある。また、買物も車対応が基本となり、車で行くことが当たり前になってきている。地方ほど車が必需品となり、車で移動するため歩かない習慣ができあがってしまっている。つまり、田舎の子どもほど自分の足で歩かなくなり、地方の子どもは逞しく、都会の子どもはひ弱、というわけでもなくなってきている。

　こうした中で、子どもが自然の中でのびのびと安全に遊べる場所というのが少な

コラム18　ターミナルとしての空港

　日本には1500万人強の海外旅行客需要があるといわれ、玄関口となるのが、成田空港、関西空港、中部空港、羽田空港である。集客の点において、空港への需要の影響力は大変大きなものがあるが、それぞれ様子がおかしいようだ。

　成田は海外への最大の玄関口だが、大型機が離発着できる3000m超の滑走路が1本しかない。これは政府と地元住民との間で用地買収や騒音といった問題解決に30年もの時を要し、予定した計画が出来なくなったことが起因している。これにより成田以降の国際空港の計画は内陸部ではなく海上で計画することが基本となった。

　関西は3000m超の滑走路を2本持ち、24時間離発着可能だが、開港時に大阪湾を埋め立てて作った建設費により、他国と比べても高い離発着料となった。加えて1995年の震災以降、一時的に関西圏の工業生産力が落ち、物流機能が衰えるなどしたため、就航路線数も利用者数も予想よりも下回り、計画通りにはなっていない。

　2005年に開港した中部ではこうした問題点を踏まえ民営化を推進し、空港を滞在できる空間にする工夫を行った。飛行機を見ながら入浴できるリラゼーション施設などは話題となった。しかし、肝心の乗客が伸び悩み、就航路線数が限られる。

　羽田は都心からの利便性が高く、その動向が大いに注目されていた。2010年の国際線新ターミナルオープン時には多くの人が押し寄せニュースにもなった。これにより国際線の発着枠が大幅に増え、17都市へ就航することになった。成田空港との共存から日中は近隣諸国への便のみの運行となり、欧米便は成田に就航できない深夜早朝の時間帯の運行となっている。今後はどれだけ発着枠が増えるかが課題である。

　日本の国際空港が問題を抱える一方、近隣諸国の空港はどのようになっているのか。仁川空港(韓国)、チャンギ空港(シンガポール)は、広大な敷地と、安い離発着費、24時間体制、複数滑走路、優れた施設やサービスなどで利用客からの評判がすこぶる高い。実際に、仁川への便がある地方都市からは仁川経由で海外へ出かけることが増えてきている。一度羽田に飛び、鉄道かバスで成田へ移動する手間や、地上移動で成田・関西・中部へ行くことを考えると、確かに選択肢として有効と思えてしまう。仁川は東アジアのハブ空港として日本の旅客をターゲットにし始めているのだ。

　このように近隣諸国に比べ日本の空港戦略は残念ながらちぐはぐである。成田は、これ以上の拡張は難しく、羽田は離着陸の枠に限りがある。限られた伸びしろの中で、成田と羽田の連携を強化するなど、今一度戦略を練り直す必要があるのではないか。

発展するアジアの空港[チャンギ空港]　国の玄関として、アジアのハブとして利用者のニーズを満たす24時間営業の施設を多数備える

第6章　人集めの空間デザイン

こどもの国「おとぎの広場」(横浜市青葉区)　開園40周年事業の一環として整備された。斜面を利用した延長19mの滑り台等、子どもが安全に走り回れるゾーンや幼児だけで遊んでも安全なように配慮したゾーンに分かれる。また、広場上部の白鳥池から湧き出る水を活用したビオトープ等も備える環境共生型の遊び場として整備した

くなりつつある。ここでは、自然と親しむことができ、いろいろな遊びを楽しむことのできる施設として横浜こどもの国を紹介する。**横浜こどもの国**は、1959年に皇太子殿下(現天皇陛下)のご成婚を記念し、全国から寄せられた祝金を基金に1965年に開園した。児童福祉法に基づき旧日本陸軍田奈弾薬庫補給廠跡につくられた子どもの健全育成のための児童厚生施設である。

都心から約30 kmに位置し、自然の遊び場として広さは約100 ha(約30万坪)で、外周道路4 km、内周道路2.4 kmをはじめ散策道路等がある。遊具広場、芝生広場、ミニSL、横浜一長いローラー滑り台、湖、ミニアスレチック、せせらぎ、

オステマル公園(左)・オブザーバトリー公園(右)(スウェーデン・ストックホルム)　スウェーデンは、高福祉国家として有名であるが、町中の子どもの遊び場も充実している。ストックホルム市から給与を受けているプレイリーダーと呼ばれる子どもの遊びをサポートする専門家が安全性に配慮しながら、さまざまな面倒を見てくれる。プレイペンと呼ばれる施設は、朝9:00から夕方5:00まで預けても無料

つり橋、サイクリングコース(1.6 km)等がある。また、牧場には乳牛約60頭、ヒツジ約40頭が放牧され、ウサギ等と触れ合うことができる「こども動物園」があり、ポニー乗馬も楽しむことが可能である

この一角に「おとぎの広場」という2006年3月オープンの実験的遊び場空間がある。ここは、筆者を含む鎌倉女子大学遊び場研究班が安全で創造的な遊び場を目指して制作した。3,000㎡の敷地に学生のアイデアを活かしたオリジナル遊具等を設置し、幼児ゾーン、アクティヴゾーン、交流ゾーン等の年齢層に分けた遊び場空間を構築している。プレイペンやビオトープ、斜面を活用した滑り台等の環境との共生もテーマにしている。学生参画によるアイデアの実現を図ったものである。

6.4 歴史的景観・資源の活用

歴史的な背景のある空間は、やはり大きな集客機能をもっている。こうした施設は、観光名所としての位置づけもあり、周辺に土産物や飲食施設等の立地するポテンシャルが高くなる。日本の歴史的建造物は、木造が多いため焼失等に会い、再建されたものが多い。こうした施設の中で、近年になって集客の拠点となるように再現されたものも登場してきている。たとえば、沖縄の首里城は、建設時の色や材料を科学的に分析しながら再現をすることで、観光の大きな拠点となっている。

地域の歴史的資源を掘り起こすことは、その地域の町おこしでもあり、魅力の再発見や観光客等を集めるうえでも重要な役目を持っている。

1990年代は、後に「失われた10年」といわれ、多くのプロジェクトにとっては厳しい淘汰の時代でもあったし、地方都市の苦悩が顕在化する時代ともなった。この時期以降、日本全国に元気のない会社や**シャッター商店街**のような活気を失った町が増えてしまっている。バブル崩壊という過酷な経済社会の背景はあったものの、持続性に欠ける計画がもたらした帰結である。

地方都市では、ロードサイド型の**大型ショッピングセンター**は、車に対応

首里城(沖縄) 第二次世界大戦の沖縄戦で壊滅的な被害を受けた。平成に入ってから過去の文献、写真等から再現された。建設時の色や材料を科学的に分析し、再現により観光の大きな拠点となっている

第6章　人集めの空間デザイン

シャッター商店街(左)と大型ショッピングセンター(右)

して盛況なのに対し、駅前商店街や、さびれてシャッター商店街と化している光景が全国の地方で見られる。地元の過疎化、地域工場の外国移転、地場産業の衰退、後継者不足等の要因が原因といわれ、地域衰退を映し出す景観になっている。こうした都市空間に人を再び呼び戻すための方策が必要である。

6.5　集客空間の考察

6.5.1　遊休・老朽施設の再活用

　炭坑、そして産業基盤の生産施設等は老朽化に伴い機能変更を余儀なくされ、その類の施設はかなりある。たとえば、港湾機能を見ると、かつてはバラ積み対応の施設は、国際規格のコンテナが隣接する岸壁に設置されることによりそのエリアの中での存続意義がなくなるというケースもある。港湾は、これまで一般人を寄せつけない物流に特化した空間として整備されてきた。しかし、実は親水空間としてのポテンシャルの高いエリアでもある。こうした機能を有効に生かしてゆくことが必要である。

法善寺横町(大阪)　大阪心斎橋の路地裏にある料理店街。昔から板場の修行の場として歌等に唄われる人情味あふれる界隈性を持つ小道

6.5 集客空間の考察

6.5.2 誘込み型集客

集客は、一般的には大規模な集客機能があり、その中に大量に人が飲み込まれていくのがイメージである。逆に、大阪の法善寺横丁や京都の先斗横丁のように細い道が居心地の良さを感じさせるように、**路地**や小径のように小さな、細い空間が賑わいを生み出したり魅力を持つことによる集客もある。そういう意味では、広々とした立派な道路に面している店より、かえって裏路地のような狭い小道の方が**ヒューマンスケール**に合い、人々を誘い込む空間として魅力的なこともある。

まとめ

人を集めるためには、魅力のある核となるものが必要
　集客をするためには、人が集まってくるような魅力のあるものが必要である。それは博物館であったり、歴史的遺産やテーマパークであったり、さまざまなケースがあるが、地域独自の人を呼び込むことのできる核となる施設が必要である。

集客事例を参考にユニークな戦略
　集客を考えるためには、さまざまなケーススタディを研究し、地域にある集客資源を活かすことを考える必要があるし、同時にユニークな戦略も必要である。

独自の集客力を持つ施設は、それぞれの戦略を持つ
　事例として成功している集客施設は、独自の戦略を持ち、利用者を獲得するための工夫をしている。

失敗から学ぶべきポイントもある
　どうしても成功した集客施設、一定の成果を上げている施設の成功事例に関心が行きがちであるが、他山の石として失敗事例からも学ぶべきである。

さまざまな工夫から集客のヒントを探る
　都市開発の中で、歴史的景観や資源、遊び場等のさまざまな観点の中に集客の要素があり、こうしたものからヒントを得ることができる。

参考文献
1) 電通集客装置研究会：集客力、PHP 研究所、1988
2) 電通集客装置研究会：新集客力、PHP 研究所、1993
3) 浜野安宏：リゾート感覚、東急エイジェンシー、1988

第6章　人集めの空間デザイン

4)　浜野安宏：人があつまる、ノア出版、2005
5)　東一真：シリコンバレーのつくり方、中公新書ラクレ、2001
6)　九州経済調査会：福岡ドームの地域経済への影響、p.5、1994.5
7)　横浜市、浜銀総合研究所：2002年ワールドカップ開催に伴う横浜市の経済波及効果、1994.12
8)　慎重進、佐藤滋：駅前再開発と関連事業の連鎖的展開に関する研究、日本建築学会計画系論文集、No.494、pp.179-186、1997.4
9)　蟹江好弘：県境地域における住民の生活行動・地域連携に関する基礎的研究、日本建築学会計画系論文集、No.493、pp.175-183、1997
10)　宇治川正人、讃井純一郎：部分効用関数による個人差と地域差に関する考察、日本建築学会計画系論文集、No.488、pp.93-99、1996.10

第7章　人集めの波及

　本章では人集めの効果について考察する。人が集まることによって、そこではいろいろな活動が行われ、消費が促進され、交通費が発生し、そのことによって地域経済活動も活発になる。また、多くのビジネスチャンスが生まれ、人々の交流が生まれることになる。こうしたさまざまな効果を定量的に把握することが近年求められるようになってきている。施設ができて人が集まってくれば、地域はどれくらい潤うのかという視点である。こうした人集めの効果をどのように把握するかを解説する。

7.1　施設整備のもたらす効果

7.1.1　地域の開発の視点

　集客機能が立地した場合、地域に対して経済的な効果も含めてどのような効果が及ぼされるのかを事前もしくは事後に把握することが近年求められるようになっている。

　集客施設は、人を呼び込むことで地域に対して大きな**インパクト**を与える。では、集客型施設は、どのような視点から整備が行われているのであろうか。その視点には大きく分けて次のようなものがある。

① **開発利益**：集客施設の開発が進むことによって周辺域の開発ポテンシャルが向上し、地価が上がる場合等の開発利益を生む。
② **地域振興**：集客施設の開発に伴い就業の場や新たな地域の誇りが生まれるなど地域の振興が促される。
③ **経済活性化**：集客施設ができることで人が集まり、その人たちがお金や**ビジネスチャンス**をつくる機会が増える。これにより地域の経済が活性化する。

第7章　人集めの波及

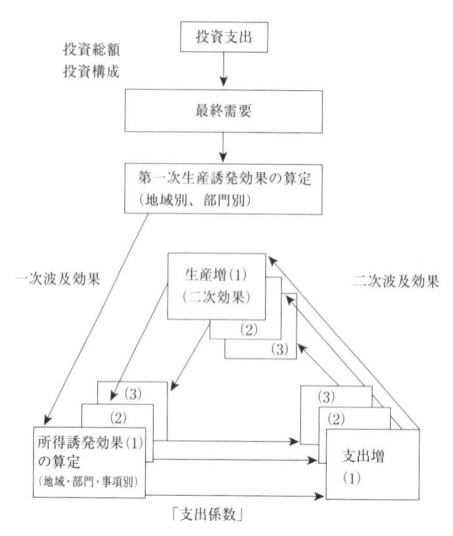

図-7.1　投資支出の波及のイメージ

7.1.2　乗数効果

　開発によって、開発自体による経済的支出にとどまらず、他分野へと投資の効果が及び、さらに周辺地域に対しても**波及効果**が生まれる。その整備効果の波及イメージを図-7.1に示す。**ケインジアン型**（J.M.ケインズの提唱する有効需要とその効果による理論形式）の地域開発の理論によれば、一定の開発は**乗数効果**を生む。

　図-7.1は、一定の開発が地域に及ぼす効果が循環し、幾重にもわたっている様子を示している。渦を巻いているように見える矢印が、一次効果、二次効果と効果が最終的には0になるまで複数回繰り返されることを表している。これが開発が及ぼす周辺地域に対する経済的な乗数効果である。地域開発の原点は、乗数効果を狙い開発利益を得て、ひいては地域振興を目的とするものである。乗数効果は、大型の集客施設の導入等のケースにその理論的根拠として用いられてきている。

朱鷺メッセ（新潟）　新潟港にお目見えした新しいコンベンション型の施設。宿泊施設も併設され、新潟の新しい顔の機能を持っている。ウォーターフロント開発にコンベンションを導入する考え方は日本では1980年代後半より活発になった

7.1.3 施設整備のもたらす効果

(1) ストック効果とフロー効果

魅力ある施設がつくられたら、それがどのような整備効果をもたらすと考えたらいいだろうか。

その効果には大きく分けて2つある。施設整備そのものによって引き起こされ、その実施が2〜3年間程度の短期的な有効需要を創出するフロー効果(**事業効果**[*1])と、つくられた施設が事業として長期的に利用され、毎年にわたって地域経済に影響を与えることで活性化されるストック効果(**施設効果**[*2])である(**図-7.2**)。

ストックは蓄積という意味であり、毎年毎年積み上げられることで社会基盤が全体として整備されてくる状態である。風呂に喩えれば、蛇口から出る水によって風呂桶に貯まった水の量に相当する。一方、フローは、毎年発生する工事等の分量である。風呂の喩えでは、蛇口から出る水の量である。

(2) 集客効果と周辺施設の機能連携

集客施設の整備は、公的需要の波及効果を通じて GDP を押し上げる「**乗数効果**」や、建設部門のみならず幅広い産業分野での生産を誘発する「生産誘発効果」を有しているという側面からもとらえることができる。

集客施設を利用する人のその他の活動には、宿泊、飲食、買物、イベント等のバラエティに富んだものが考えられる。活動内容と関連が深いと考えられる各種機能、連携が考えられる都市機能を示したものが**図-7.3**である。交通、宿泊、外食、土産・買物、サービス等の機能は、さまざまな形で提供されるが、地域の周辺部に影響が大きく及ぶと予想されるもの、地元以外にも機能の影響が及ぶもの等が想定される。また、大規模集客施設と周辺施設の機能連携を表したのが**表-7.1**である。

7.1.4 集客施設の整備の乗数効果をめぐる議論

集客施設の整備が行われることにより連鎖的に他の分野への支出が増え、結果的に国民所得が増えるというのが**乗数効果**の理論である。施設の整備に伴う工事が増

[*1] 事業効果:フロー効果とも呼ばれ、施設の建設のための労働力や建設資材、財・サービス等を調達、投入する段階で発生する効果。建設業系企業や建設資材を生産する部門、それらを輸送する部門の需要を増加させる効果が高いとされる

[*2] 施設効果:施設効果もしくはストック効果と呼ばれる。施設が供用され、機能を発揮することで生まれる効果であり、施設が整備された後に持続的に見られる

第7章　人集めの波及

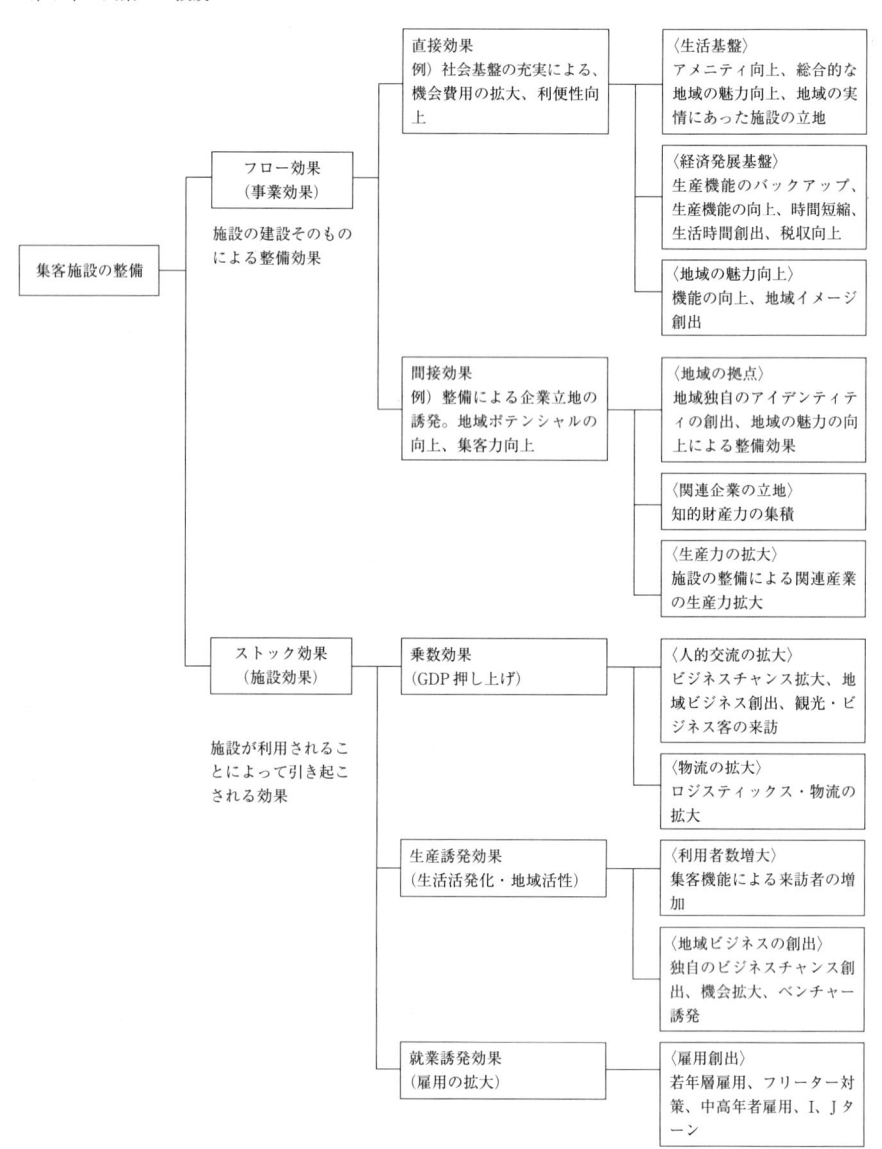

```
集客施設の整備
├── フロー効果（事業効果）
│   施設の建設そのものによる整備効果
│   ├── 直接効果
│   │   例）社会基盤の充実による、機会費用の拡大、利便性向上
│   │   ├── 〈生活基盤〉アメニティ向上、総合的な地域の魅力向上、地域の実情にあった施設の立地
│   │   ├── 〈経済発展基盤〉生産機能のバックアップ、生産機能の向上、時間短縮、生活時間創出、税収向上
│   │   └── 〈地域の魅力向上〉機能の向上、地域イメージ創出
│   └── 間接効果
│       例）整備による企業立地の誘発。地域ポテンシャルの向上、集客力向上
│       ├── 〈地域の拠点〉地域独自のアイデンティティの創出、地域の魅力の向上による整備効果
│       ├── 〈関連企業の立地〉知的財産力の集積
│       └── 〈生産力の拡大〉施設の整備による関連産業の生産力拡大
└── ストック効果（施設効果）
    施設が利用されることによって引き起こされる効果
    ├── 乗数効果（GDP押し上げ）
    │   ├── 〈人的交流の拡大〉ビジネスチャンス拡大、地域ビジネス創出、観光・ビジネス客の来訪
    │   └── 〈物流の拡大〉ロジスティックス・物流の拡大
    ├── 生産誘発効果（生活活発化・地域活性）
    │   ├── 〈利用者数増大〉集客機能による来訪者の増加
    │   └── 〈地域ビジネスの創出〉独自のビジネスチャンス創出、機会拡大、ベンチャー誘発
    └── 就業誘発効果（雇用の拡大）
        └── 〈雇用創出〉若年層雇用、フリーター対策、中高年者雇用、I、Jターン
```

図-7.2　集客施設整備のもたらす効果

7.1 施設整備のもたらす効果

幕張メッセ(千葉) 幕張新都心につくられたコンベンションセンター。大型イベント会場として集客機能を発揮する。成田空港にも近く、国際的な交流拠点として千葉の新しい顔となっている

東京ビッグサイト 晴海にあった国際展示場が臨海副都心の再開発にあわせてリニューアルされた。都心から近接しており、高いコンベンションニーズに応えてさまざまなイベントが開催されている

えれば、資材としての鉄筋・鉄骨・コンクリート・ガラス、各種電気設備、空気調和設備等の幅広い建設資材関係の業界へ、また工事の建設業者の社員、株主、下請け会社へと波及する。

整備に投下された資本のうち何%かはさらに次の消費に繋がる。この消費に回る分の割合は、**限界消費性向**と呼ばれる数字で、たとえばこの数字が0.7と仮定すると、政府により最初に投入された1兆円のうち7,000億円分が資材関連業や建設業以外の分野に発注され、さらにこの額に0.7を掛けたものが次の分野に発注される。最初の投資額よりだんだん波及額は少なくなるが、計算すると、最終的には$1/(1-0.7) = 3.333333$倍になるというのがこの乗数効果の理論[*3]である。

政府支出の増加による国民所得の増加が消費の増加を誘い、さらなる国民所得の増加を生むというメカニズムで乗数効果は生じる。もちろんここで説明した限界消

[*3] $$1 + r + r^2 + r^3 + r^4 + r^5 + \cdots + r^n = X \quad ①$$

とすると、rXは、
$$r + r^2 + r^3 + r^4 + r^5 + r^6 + \cdots + r^n + r^{n+1} = rX \quad ②$$

式①-式②を計算すると、途中の重なるところは消えてなくなり、
$$1 - r^{n+1} = (1-r)X$$
となる。したがって、
$$X = (1 - r^{n+1})/(1-r)$$
となる。この時、$n \to \infty$(無限大)となると、r^{n+1}は0に近づく。したがって、
$$X = 1/(1-r)$$
となる。$r = 0.7$の時に$3.333333\cdots$倍になる。

第7章 人集めの波及

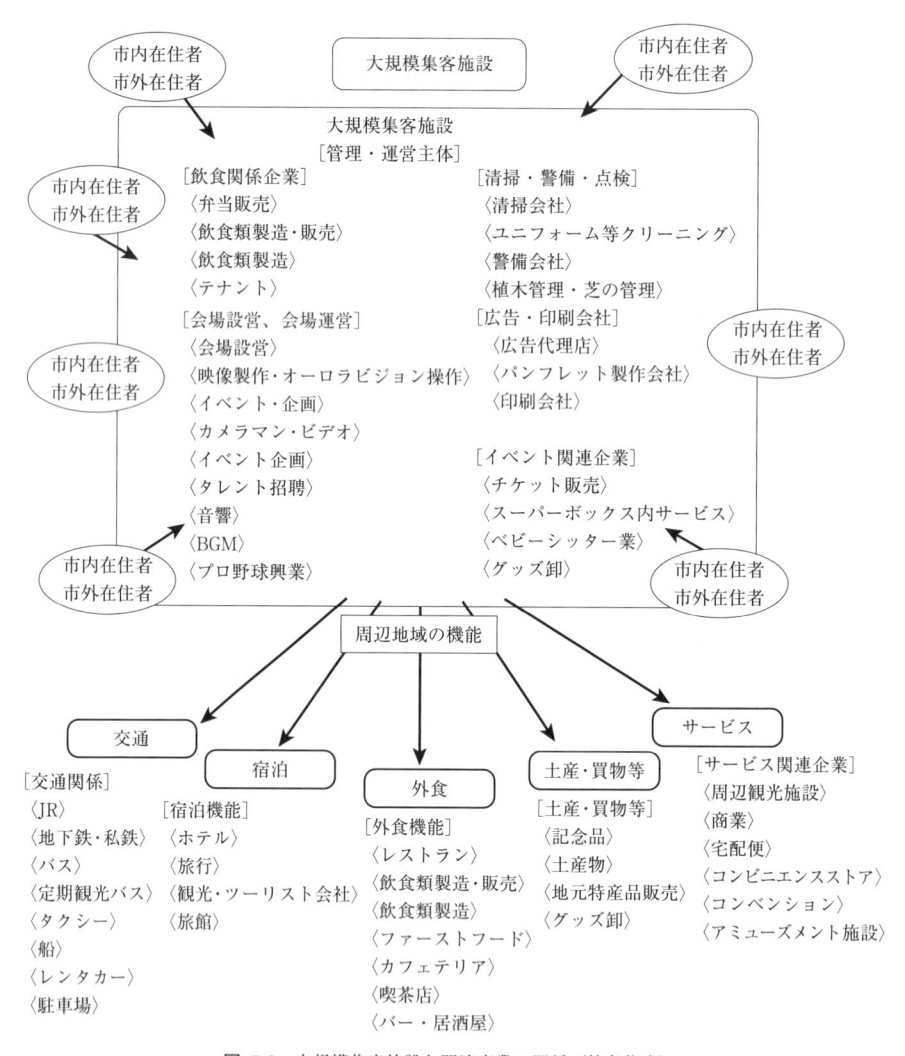

図-7.3 大規模集客施設と関連産業の関係（筆者作成）

大規模集客施設
- 市内在住者／市外在住者

大規模集客施設
[管理・運営主体]

[飲食関係企業]
〈弁当販売〉
〈飲食類製造・販売〉
〈飲食類製造〉
〈テナント〉

[会場設営、会場運営]
〈会場設営〉
〈映像製作・オーロラビジョン操作〉
〈イベント・企画〉
〈カメラマン・ビデオ〉
〈イベント企画〉
〈タレント招聘〉
〈音響〉
〈BGM〉
〈プロ野球興業〉

[清掃・警備・点検]
〈清掃会社〉
〈ユニフォーム等クリーニング〉
〈警備会社〉
〈植木管理・芝の管理〉

[広告・印刷会社]
〈広告代理店〉
〈パンフレット製作会社〉
〈印刷会社〉

[イベント関連企業]
〈チケット販売〉
〈スーパーボックス内サービス〉
〈ベビーシッター業〉
〈グッズ卸〉

周辺地域の機能

交通
[交通関係]
〈JR〉
〈地下鉄・私鉄〉
〈バス〉
〈定期観光バス〉
〈タクシー〉
〈船〉
〈レンタカー〉
〈駐車場〉

宿泊
[宿泊機能]
〈ホテル〉
〈旅行〉
〈観光・ツーリスト会社〉
〈旅館〉

外食
[外食機能]
〈レストラン〉
〈飲食類製造・販売〉
〈飲食類製造〉
〈ファーストフード〉
〈カフェテリア〉
〈喫茶店〉
〈バー・居酒屋〉

土産・買物等
[土産・買物等]
〈記念品〉
〈土産物〉
〈地元特産品販売〉
〈グッズ卸〉

サービス
[サービス関連企業]
〈周辺観光施設〉
〈商業〉
〈宅配便〉
〈コンビニエンスストア〉
〈コンベンション〉
〈アミューズメント施設〉

費性向の数字や条件はわかりやすくするために単純化したもので、実際には計算ももっと複雑である。また、前提条件の設定の仕方で結果も違い、数字を発表する機関によって値も異なってくる。

　ケインズの唱えた乗数効果理論では、**有効需要**が経済に刺激を与えることで**国民所得**を増加することができると考えている。この考え方によると、世の中に有効需

7.1 施設整備のもたらす効果

表-7.1 大規模集客施設と周辺施設の機能連携方策の整理

	大規模集客施設の持つ機能	周辺域の持つ機能	機能連携に必要な方策
①コンベンション機能	・大型学会、国際会議等の大規模のコンベンションニーズに対しては競合がありえる。客席形状が主催者側からの一方的な情報提供となり、双方の意見交換が必要なプレゼンテーションの場にはあまりふさわしくない ・数万人の収容規模は、コンベンション施設としても飛び抜けて大規模である	・大型のコンベンションのうち総会での利用等の利用形態。広すぎるためにプレゼンテーションが間延びし、映像、資料説明等については逆に有利 ・行われるコンベンション機能のほとんどが10,000人規模以下である ・コンベンション専用施設の優位性(音響、視覚性)となる	・周辺地域に1,000人以上のコンベンション機能がない場合には機能重複、競合がない ・アフターコンベンション機能との連携 ・観光ショッピング等との連携 ・サービス面で充実しているホテル等には棲み分けが必要
②イベント機能	・大規模見本市等については施設のインパクト、ネームバリュー等の面からも大規模集客施設が有利となることが考えられる。周辺施設のイベント需要を奪う可能性もあり、一概に連携できるとはいいがたい面がある	・大型のコンサートや展示会場等、広大なスペース、一定のまとまりのある大空間が必要な場合には有利となる	・興業内容の棲み分け・見本市、大型イベント等の対応は大規模集客施設による ・利用時間帯のずれ等の活用
③観光・アミューズメント機能	・大規模集客施設自体に観光アミューズメント性があるが、主な内容はスポーツ観戦、大型イベント・コンサート等の観客が受動的なレジャー内容となる	・インターラクティブな内容については周辺の中小規模の観光アミューズメント施設が受け持つ	・観光アミューズメント機能は連携しやすい ・活動内容の時間的なずれや差異を利用した検討 ・タイプの異なる観光アミューズメント機能の組合せおよび連携
④スポーツ機能	・プロ野球観戦等の「見る」タイプのスポーツが中心である ・フランチャイズ球団と使用契約等	・実際に参加者が活動するための施設としてのアリーナ	・直接的ネットワークはあまりない ・ウオームアップ施設等
⑤商業施設	・大規模商業施設利用の前後に利用する施設としての意義が大きい ・飲食・物販サービス等の施設利用者のニーズに対応した機能の連携が重要 ・グッズ販売、飲食、物販施設	・周辺域にある商業施設にとって大規模集客施設の立地は有利に働くと予想される ・飲食業への波及が大	・飲食ニーズに対応できる機能のネットワーク化が必要
⑥鉄道アクセス機能	・主要アクセス機能として充実させる必要がある。 ・駅からのアプローチがあまり長大にならないようにする必要がある。 ・ペデストリアンデッキ等の連携	・大規模集客施設と最寄り駅の間に位置することで歩行者が増加し、消費活動が活発になる	・ピーク時に対応した鉄道輸送力の確保 ・明快な歩行ネットワーク ・良好な歩行動線の確保
⑦車両アクセス機能	・業務・サービス用車両に対する対応が中心 ・一般客の利用者は原則不可	・周辺域に車両交通量が増加することが予想される	・車両渋滞の回避主要動線の確立
⑧駐車場機能	・施設内に1,000台規模までは用意するが主に業務車両用	・周辺駐車場への滲み出しが予想される ・不法駐車等への取締り対応	・公共駐車場との連携 ・新たな民間駐車場機能との連携等も必要

189

第7章 人集めの波及

> **コラム 19 コンベンションニーズへの対応**
>
> 　国際会議や大型イベントは、かなりの遠方から利用者を集め、宿泊を伴う場合は使用単価も高くなり、地域に対する波及は大きなものとなる。そこで、相当程度以上のコンベンションの導入を図るという都市的な戦略がある。ただし、こうした戦略を進めるにあたっては、コンベンションビューロー等のソフトである中身の営業や運営能力が伴う必要がある。かつて晴海にあった国際展示場は、千葉県の幕張メッセの開設により千葉県側に重心がシフトしていた感があるが、臨界副都心に東京ビッグサイトができたことにより、再び東京側にシフトしつつある。
>
> 　幕張は、成田に近いこともあり、千葉県の三角構想（成田、千葉、上総）の中核的施設であるが、成田の機能拡張が難しい中、コンベンション需要が相対的に東京に再び移動しつつあるといえる。コンベンション施設の立地の際は、単独の会議機能だけではなく、宿泊施設や飲食物販のための施設、さらにはイベントをサポートするための機能が不可欠となってくる。
>
> 　資料のコピー、通訳等のバックアップ機能、タクシー、バス、鉄道等の交通機能とも連携していく必要性が出てくる。したがって、地域経済に対する波及効果も大きなものになる。

要が少ない時には、政府や公共が需要をつくり出していくことにより不況を脱出することができるということになる。こうした有効需要を発生させるには、なるべく多くの業種に関連した産業で、製品として多くの分野から資材を調達する最終的な商品の方が効果が高い。

7.2　集客施設整備の乗数効果

7.2.1　乗数効果の考え方（財市場での分析）

　ケインズ理論の乗数効果について、内容と、どのように計算をしたらいいかを示しておこう。以下の分析方法は、45度線分析といわれ、**ポール・サミュエルソン**らが乗数効果を数理的に明快に説明したものである。

　マクロ経済の中では、市場と、①財市場（財やサービス）の市場、②資産市場（資産の売買や貸し借りをする市場）、③生産要素市場（資本、労働を扱う市場）、と呼ばれる3つの市場に大きく分けることができる。3つの市場は、相互に関係し合っていて、整合性が保たれ、三面等価の法則ともいわれる。簡潔にするために、①財市場（材やサービス）に関する分析に限定して進める。

7.2 集客施設整備の乗数効果

　経済学を数理的に扱う際の特徴であるが、ある状況をモデル等で判断する場合、予条件を一定(たとえば、利子率を一定にするなど)にして問題を単純化するという方法がよくとられる。これは、特定の問題に専念して考える場合、それ以外の条件はいったん無視することで、ある現象の原理をクリアにすることができるからである。そこで、ここでも金利等は一定であると仮定する。

　ケインズ理論の中でも有名なのが乗数効果であるが、このモデルもかなり単純化しながらその特性を導き出しているので、複雑な要因が入ってくれば、当然、前提が異なってくるためズレが生じることを知ったうえで理解いただきたい。

　まず、総需要と**消費**、**投資**や**政府支出**、**輸出**、**輸入**等の関係は、次式で示される。

$$YD \equiv C + I + G + EX - IM$$

ここで、YD：総需要、C：消費、I：投資、G：政府支出、EX：輸出、IM：輸入。最終的に総需要(YD)と総供給(YS)は同じになり、

$$YS = YD$$

という式が成り立つ。ケインズは、消費量(C)は、国民所得(GNP：Y)との間に一定の関係があると考えた。すなわち、ケインズ型消費関数の想定による消費と国民所得の関係は、次式のようなものと想定した。

$$C = a + bY$$

ここで、a：基礎消費、b：限界消費性向、Y：国民所得。

　この型はかなり単純化したものであるが、感覚および理屈には合っている。つまり、消費は、Yに比例し、そのうちbの割合で増加し、たとえ所得が0でも、少なくともaを必ず消費するということを示している。

　なお、単純化のため利子率等は考えていないので、投資量(I)は、一定のものと考える。輸出も自国の経済というより、他国の経済によって決まるので、EXも一定とする。

　一方、輸入IMについては、Yの量がどれくらいかで決まる。もちろん、外国為替レートがどうかという要因も大きいが、単純化のためにこれを無視すると、IMとYの関係は、次式のようになる。

$$IM = mY$$

ここで、m：限界輸入性向で、$0 < m < 1$の範囲できまる係数。

　以下の説明では、国内で消費と投資、政府支出が起こった場合を考えているので、輸出、輸入はなく、$EX = 0$、$m = 0$であるとすると、実質的には、

$$YD = C + I + G$$
と考えられる。したがって、YD は、
$$YD = C + I + G \tag{7.1}$$
である。

7.2.2 45度線分析による解析

財市場では、総供給(YS)と総需要(YD)は均衡し、$YS = YD$ となる。YS は、国民所得と常に等しくなるので、横軸を Y、縦軸を YS とした場合、YS を表す曲線は、両者の数値が同じになっている45度の傾きを持つ直線になる。一方の YD は、式(7.1)で表されるので、この45度の YS 曲線(45度線)と YD が交差した点 E が財市場の**均衡点**ということになる。

ケインズ理論は、古典派(セイの法則)とは異なり、物価による調整ではなく、生産量が調整されることが特徴である。したがって、需要供給量は、この均衡点で需要量=供給量に落ち着くことになる。このように需要量の大きさが国民所得(Y)を決定づけていることから、**45度線分析**は、ケインズの有効需要の原理を説明していることになる(図-**7.4**)。

7.2.3 乗数効果の理論

次にここで、投資(I)が変化した場合のことを考えてみる。

投資の変化量を ΔI、国民所得の変化を ΔY とすると、$\Delta Y / \Delta I$ が**投資乗数**といわれるものである。この数値は、投資 ΔI が変化した際、その何倍 ΔY が変化するかを意味している。

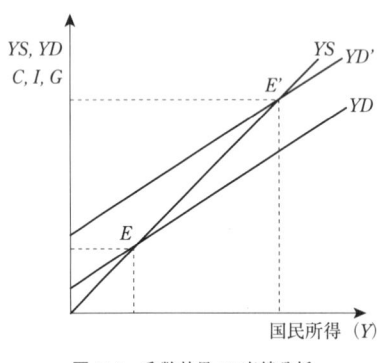

図-7.4 乗数効果45度線分析

まず、最初に政府支出(G)を考えずに $G = 0$ とし、式(7.1)から総需要 $YD = C + I$ とする。$C = a + bY$、もともとの投資量を $I = I_0$ とすると、YD(総需要)と Y(国民所得)の間には、
$$YD = C + I = (a + bY) + I_0$$
という式が成り立つ。総供給(YS)は、45度線で常に $YS = Y$ となり、$YD = YS$ は、
$$(a + bY) + I_0 = Y$$
となる。これを変形すると、

$$(1-b)Y = a + I_0$$

より、

$$Y = [1/(1-b)] \times (a + I_0)$$

となる。この式より、一定であるはずの I_0 が1単位だけ増加した場合には、$[1/(1-b)]$ 倍だけ Y が増加することがわかる（図-**7.5**）。

7.2.4 支出乗数

また、これが投資量（I）ではなく、**政府支出**（G）が変化した場合、国民所得（Y）がどれだけ変わるかを同じように考えてみる。

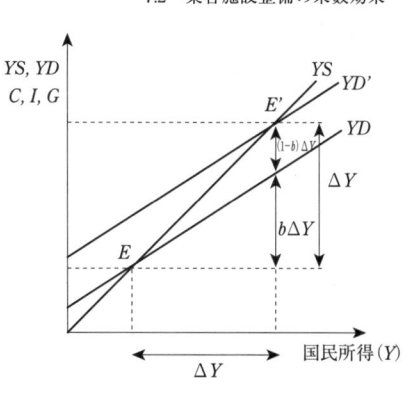

図-7.5 乗数効果の理論

政府支出の変化量を ΔG、国民所得の変化を ΔY とすると、$\Delta Y / \Delta G$ は政府支出乗数といわれるものである。ΔG が変化した際、その何倍 ΔY がどれくらい変化するかを意味している。

今度は総需要 $YD = C + I + G$ である。$C = a + bY$、$I = I_0$、もともとの政府支出を $G = G_0$ とすると、

$$YD = C + I_0 + G_0 = (a + bY) + I_0 + G_0$$

総供給（YS）は、45度線で常に $YS = Y$ となるので、$YD = YS$ は、

$$(a + bY) + I_0 + G_0 = Y$$

となる。さらにこの式を変形し、

$$a + I_0 + G_0 = Y - bY$$

これを変形し、

$$(1-b)Y = a + I_0 + G_0$$

より、

$$Y = [1/(1-b)] \times (a + I_0 + G_0)$$

となる。この式より、もともと一定であるはずの G_0 が1単位だけ増加した場合、$[1/(1-b)]$ 倍だけ Y が増加することがわかる（図-**7.6**）。

このように政府支出が増加すると、地域の所得が増加するということがいえる。

45度線分析を用いることにより、政府支出等の投資が増えると、乗数効果が生まれ、国民所得が増えていくということが理論的に証明される。

ただし、45度線分析ではない手法で乗数効果を用いて統計的に数値として確定

図-7.6 乗数効果

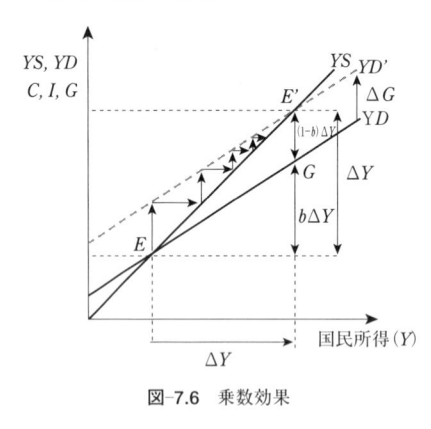

しているものに、産業連関表という経済波及効果測定のための加工型の統計表による分析がある。

7.2.5 波及効果の測定

特定地域に集客型施設が立地した場合、地域への**経済波及効果**[*4]を測定する手法として事業効果と施設効果の考え方が従来よりある。事業効果は、施設の建設・整備そのものにより起こる効果で、施設効果は、施設を利用することにより引き起こされる効果のことである。

集客プロジェクトの整備による経済波及効果は、後述する産業連関分析という手法を用いて効果を計測する場合が多い。

博物館や美術館に代表されるような公的な集客施設では、必ずしも費用便益分析や地域への波及効果の測定が一般に行われず、また、これまで専門家でないと計測を行いにくい面があった。

このような状況を考えると、集客施設の整備による地域波及効果の検証方法について考察研究を行い、その立地による波及効果を簡易に測定できるモデルを構築する必要性がある。

次に、産業連関分析による波及効果測定について解説する。

7.3　産業連関表の仕組み

産業連関分析はノーベル経済学賞受賞者、W. レオンチェフによって考案されたものである。①産業連関表(取引基本表)、②投入係数表、③逆行列係数表の3表が基本となり、3表は、産業連関表(取引基本表)から投入係数表が導かれ、さらにそれを基にして逆行列係数表が作成される。まず、投入係数表と逆行列係数表につい

[*4] 経済波及効果：一定の建設事業を伴うプロジェクトが整備された場合の周辺地域に対する金銭的な波及効果を指す。社会資本の整備に伴う波及効果を計測する費用便益分析等の際に使われることが多いが、施設整備による財やサービスの変化を金銭に置き換えることで定量的に効果を測定する手法として用いられる

コラム20　シリコンバレーが何故人を引きつけたか

　2001年のドットコムショックによりITビジネスのメッキが剥げ、もはやシリコンバレーの勢いも途絶えたかのような記事も昨今登場している。しかし、1980年代以降、かつてのゴールドラッシュに準えてデジタルゴールドラッシュと呼ばれたこのエリアの活力や勢いは、見過ごすことができないものであった。
　こうしたハイテクと結びついた地域開発は、テクノリージョンと呼ばれるが、アメリカの90年代の復興を下支えした活力は、まだまだ見逃せないものがある。
　トランジスタの発明者の一人でリーダー的存在だったノーベル賞受賞者ショックレーが新しい研究の活動拠点として実家の近くを選び、それがこの地であったことがシリコンバレーの成立に大きな影響を与えている。ショックレーが地元で集めた優秀な若者がスピンアウトしてフェアチャイルド社をつくった。シリコンバレーを語る際、その活力の中心となったスタンフォード大学の存在を抜きにして語ることはできない。
　スタンフォード大学は、70年前まではただの地方大学であったが、この大学を大きく変革させた1つの動きがフレデリック・ターマン教授によるベンチャー企業の育成であった。ターマン教授が支援した教え子の中には、ヒューレット・パッカード社の創設者等がいる。こうした技術者の集積が後に多くの人々を呼びよせることとなった。

て説明する。取引基本表は、縦方向に見ると、どの部門からいくら購入したかがわかり、横方向に見ると、どの部門へいくら販売されたかがわかる仕組みになっている（**表-7.2**）。

7.3.1　投入係数［表］

　投入係数表は、投入係数を産業別に計算して一覧表にしたものである。どのような原材料に依存しているか、というような県内産業の相互取引関係や生産構造が明らかになるだけでなく、国や他県の生産構造との比較分析等にも利用される。

7.3.2　逆行列係数［表］

　ある産業の需要増加に対する波及効果は、取引の連鎖を通じて一見関係なさそうな産業部門へも、あたかも池に石を投げ込んだ時の波紋のように拡がってゆく。

表-7.2　取引基本表のモデル

	産業1	産業2	最終需要	県内生産額
産業1	x_{11}	x_{12}	F_1	X_1
産業2	x_{21}	x_{22}	F_2	X_2
粗付加価値	V_1	V_2		
県内生産額	X_1	X_2		

第7章 人集めの波及

逆行列係数は、こうした生産波及の究極的な効果をあらかじめ計算した係数で、ある産業部門に1単位の需要が生じた時の各産業の究極的な生産水準を示す。

（1） 逆行列係数の考え方

まず、取引基本表を単純化し、産業1および産業2からなるものと仮定すると、基本的なモデルは、次のように示すことができる（**表**-7.2）。

横（行）の需給バランス式は、次のとおりとなる。

・横の需給バランス式

$$\chi_{11} + \chi_{12} + F_1 = X_1 \quad (7.2)$$
$$\chi_{21} + \chi_{22} + F_2 = X_2$$

・投入係数

産業1の投入係数を a_{11}、a_{21}、産業2の投入係数を a_{12}、a_{22} とすると、

産業1の投入係数　　$a_{11} = \chi_{11}/X_1 \quad a_{21} = \chi_{21}/X_1$

産業2の投入係数　　$a_{12} = \chi_{12}/X_2 \quad a_{22} = \chi_{22}/X_2$

となる。そこでこれを横の需給バランス式に代入すると、次の式が成り立つ。

$$a_{11} \times X_1 + a_{12} \times X_2 + F_1 = X_1 \quad (7.3)$$
$$a_{21} \times X_1 + a_{22} \times X_2 + F_2 = X_2$$

この式を行列で表示すると、次のようになる。

$$\begin{pmatrix} a_{11} & a_{12} \\ a_{21} & a_{22} \end{pmatrix} \begin{pmatrix} X_1 \\ X_2 \end{pmatrix} + \begin{pmatrix} F_1 \\ F_2 \end{pmatrix} = \begin{pmatrix} X_1 \\ X_2 \end{pmatrix}$$

この行列のうち、投入係数の行列、**最終需要**の列ベクトル、県内生産額の列ベクトルをそれぞれ A、F、X とすると、

$$AX + F = X \quad (7.4)$$

となる。これを X について解くと、

$$X = (I - A)^{-1} F$$

となる。ここで、I は対角要素が1で、他の要素がすべて0である単位行列を意味する。

また、$(I - A)^{-1}$ は、$(I - A)$ の逆行列を意味しており、

$$(I-A)^{-1} = \begin{pmatrix} 1-a_{11} & -a_{12} \\ -a_{21} & 1-a_{22} \end{pmatrix}^{-1}$$

となる。この行列$(I-A)^{-1}$を**逆行列係数**と呼び、これを一覧表にまとめたものが逆行列係数表である。

(2) 逆行列係数の類型（移輸入の扱い）

$(I-A)^{-1}$型は、他県や海外からの移輸入を考えない単純なモデルに基づくものである。しかしながら、実際の経済では、多くの原材料が外国から輸入され、また、県外から移入されており、県産品と併せて消費されている。そこで、県内生産に対する誘発分を推計するためには、これらの移輸入分を除外する必要から$[I-(I-\bar{M})A]^{-1}$型の逆行列モデルが利用される。

このモデルは、**最終需要**Fを県内最終需要F_dと移輸出Eとに分けたもので、移輸入をMとすると、次の需給バランス式から導きだされる。

$$AX + F_d + E - M = X \tag{7.5}$$

さらに、このバランス式において県内需要(中間需要AXと県内最終需要F_d)に占める移輸入の割合を**移輸入係数**$\bar{M}$とすると、移輸入Mは、次のように表すことができる。

$$M = \bar{M}(AX + F_d)$$

これを代入すると、

$$AX + F_d + E - \bar{M}(AX + F_d) = X$$

となり、さらにXについて解くと、

$$X = [I - (I - \bar{M})A]^{-1}[(I - \bar{M})F_d + E] \tag{7.6}$$

となる。

なお、$(I-\bar{M})$は県内自給率、$(I-\bar{M})A$、$(I-\bar{M})F_d$は、それぞれ県内産品の投入量、県内最終需要を示す。

また、$(I-A)^{-1}$型の逆行列を使うと、最終需要によって生じる全波及効果が計算でき、$[I-(I-\bar{M})A]^{-1}$型で計算した結果との差から、波及効果の県外への流出分が明らかになる。

国内での集客施設の立地では、通常は輸出部門がカウントされるとはあまり考えにくい。

表-7.3は、ある県の3部門の逆行列係数表の例である。この例の場合、第1次産業に1単位の需要が発生すると、第1次産業に1.03、第2次産業に0.16、第3次産業に0.23、合計で1.42の生産誘発が生じることがわかる。

需要増加に対する**生産波及効果**は、各産業の列和を見てもわかるように第2次産

表-7.3　$[I-(I-\bar{M})A]^{-1}$の逆行列係数表(3部門)

	第1次産業	第2次産業	第3次産業	行和
第1次産業	1.03	0.01	0.00	1.04
第2次産業	0.16	1.37	0.10	1.63
第3次産業	0.23	0.28	1.30	1.81
列和	1.42	1.66	1.40	4.48

業が最も大きく、需要1単位に対し1.66の生産が誘発される。なお、右下がりの対角線上の逆行列係数は必ず1以上になり、この需要増加分の生産額1単位を直接効果、生産波及分を**間接効果**という。

7.3.3　生産誘発係数

産業連関表には、投入係数、逆行列係数の他に生産誘発係数、粗付加価値誘発係数、移輸入誘発係数等の多くの係数がある。ここでは、生産誘発係数を取り上げる。

式(7.6)で導き出したように、産業連関表では、逆行列係数を用いることにより各産業の生産と最終需要との関係が次式で示される。

$$\underset{\text{生産誘発額}}{X} = \underset{\text{逆行列係数}}{[I-(I-\bar{M})A]^{-1}} \times \underset{\text{最終需要額}}{[(I-\bar{M})F_d + E]}$$

需要の増加に伴って生じた生産額は、最終需要額の各項目を逆行列係数に乗じることによって得られ、これを最終需要項目別生産誘発額という。

以下では、生産誘発額を3部門に分けて表している(**表**-7.4)。

生産誘発係数は、ある最終需要項目が1単位増加した時に各産業部門の県内生産額がどのくらい増加するかを示すものであり、最終需要項目別生産誘発額をそれぞれ対応する最終需要項目別の合計額で除すことによって求めることができる。

例えば、新たに消費が1単位増加すると、第1次産業に0.01、第2次産業に

表-7.4　生産誘発額と生産誘発係数

	生産誘発額(単位：100億円)				生産誘発係数			
	消費	投資	移輸出	合計	消費	投資	移輸出	合計
第1次産業	14	2	26	42	0.01	0.00	0.01	0.01
第2次産業	439	502	2986	3927	0.20	0.61	1.19	0.71
第3次産業	2087	266	1054	3407	0.96	0.33	0.42	0.62

0.20、第3次産業に0.96、合計では1.17の生産誘発が生じることがわかる。また、縦の係数の合計を見ると、消費が1.17、投資が0.94、移輸出が1.62となっている。

7.4 集客系施設の整備効果試算のフロー

ここで、近年の大規模事業プロジェクトの事例について事業効果および施設効果の簡便な測定を行う手順について説明する。全体の作業フローを以下のように想定する(図-7.7)。各測定に対して前提条件を入力した後、第N次波及効果まで測定できるようにすることもできる。ここで考える簡易プログラムの特色としては、以下のような特徴がある。

・建設の着工年および施設の供用開始時期を入力し、各効果の経年ごとの波及効果を測定できるようにする。
・事業効果には建設部門分析用産業連関表[5]、施設効果には一般部門産業連関表を

> **コラム21 行政が考えると何故おもしろくなくなるのか**
>
> 　行政の発想する集客施設があまりおもしろくないのは、何故だろう。その理由として減点主義的な発想が、おもしろみを削ぐことがあげられる。たとえば、コンサルタントやプランナーに施設のコンセプトを依頼する時、担当者は自分の中のイメージを伝えるが、自分ではあまり見当がつかないので、そのイメージ画を依頼者に要求する。この場合、担当者は上司に対する説明上、自分が良そうだと思うものとは違うタイプ、つまり上司が気に入いる可能性があるもの、あるいは何枚か並べ、その中で選択できる数種類のものを要求することになる。
>
> 　担当者には、少なくとも自分が決定したという責任を負いたくないという意識が往々にして生じる。これだという決定ができない。役人の習性は、個人で決定をすることを非常に避けたがる。中央官庁の官僚には必ずしもこの傾向はあてはまらないが、多くの場合に自ら決定することができない。上司に見せるためすぐ資料を作成してほしいと言う割には熱のこもった案はあまり採用されることはない。かくして、それぞれに込められたエネルギーは薄まってゆく。結果、できあがるプランは、エネルギーを削がれたものとなる。
>
> 　行政の発想は、地域住民に受け入れられるためにはどうするかということにあるのだが、ややもすると、コンセプトがあまり明かではないまま調査委員会の運営面に関心がいきがちになる。

---

[5] 建設部門分析用産業連関表:国土交通省が作成。建設部門を木造住宅、SRC住宅、RC工場、一般道路、高速道路、空港、港湾などの68部門に細分し、それぞれの投入係数が示されている。イベントや工場立地、公共投資等の分析に欠かせない表である

第7章 人集めの波及

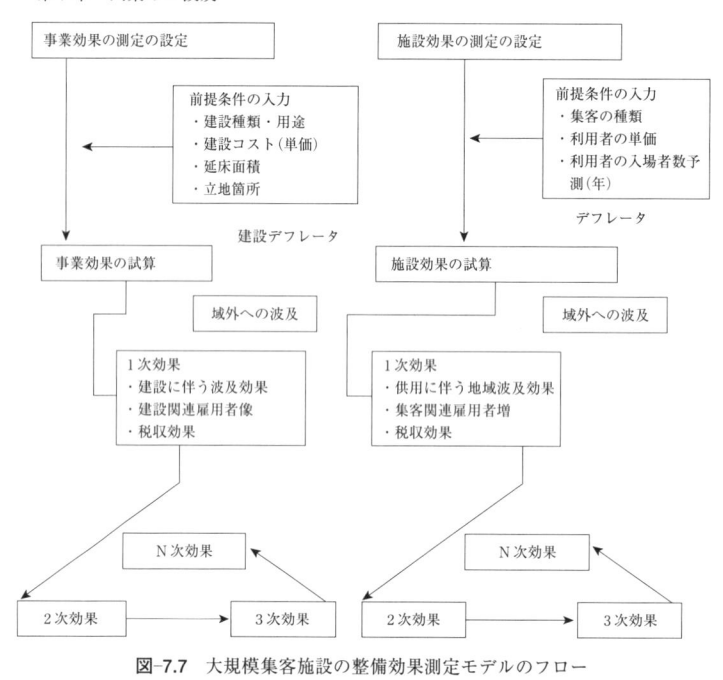

```
事業効果の測定の設定              施設効果の測定の設定
        ↓                              ↓
    前提条件の入力                   前提条件の入力
    ・建設種類・用途                 ・集客の種類
    ・建設コスト(単価)               ・利用者の単価
    ・延床面積                       ・利用者の入場者数予
    ・立地箇所                         測(年)
        ↓  建設デフレータ               ↓  デフレータ
    事業効果の試算                   施設効果の試算
        ↓      域外への波及             ↓      域外への波及
    1次効果                         1次効果
    ・建設に伴う波及効果             ・供用に伴う地域波及効果
    ・建設関連雇用者像               ・集客関連雇用者増
    ・税収効果                       ・税収効果
        ↓      N次効果                 ↓      N次効果
    2次効果 → 3次効果               2次効果 → 3次効果
```

図-7.7 大規模集客施設の整備効果測定モデルのフロー

使用する。

集客施設の場合、前提条件となる最も大きなポイントは、入場者数予測値である。施設整備効果について、利用者の単価、掛ける入場者数のパターンによる分析を行っており、事業効果の最終需要を試算するうえで最も検討すべきパラメータである。後述する地域間産業連関表を用いる場合は施設の立地地域を全国9地区の中から選択することができるようになる。また、事業効果については建設デフレータを、施設効果についてはサービス産業のデフレータを使用し、基準年に換算する。

7.4.1 事業効果の前提条件

集客型施設に限った簡易な産業連関分析モデルを作成する。まず、事業効果については、**建設部門分析用産業連関表**等を用いる。

施設の立地地域(全国9地域:北海道、東北、関東、中部、近畿、四国、中国、九州、沖縄)、集客施設の種類(テーマパーク、博物館、コンベンション、展示施設、その他)、建設開始年、供用開始年等を設定する。

一般の産業連関表における建設部門は、基本分類(約500部門数)で12部門、統合中分類(約90部門)で3部門(建築、建設補修、土木)に設定されているが、建設部門用産業連関分析では、木造住宅をはじめとして68部門が設けられている。

建設部門産業連関表では、68種類の建設業の分類が詳細に設定されているが、

いわゆる集客型施設の選択枝と一対一対応となる対象項目は存在しない。

たとえば、ドーム型球場施設を例にとると、11省庁合同による一般産業連関表では、6分類のうち非住宅建築(非木造)に相当する。建設部門分類(68分類)では、SRC事務所に相当することとなる。

また、建設時を**建設デフレータ**とリンクさせ、比較対照ができるようにする。建設期間中に発生した事業効果は、供用後1～2年以内に減衰する。

7.4.2 施設効果の前提条件

施設効果は、地域ごとの経済活動の特徴が出るため、地域産業連関表を用いることが望ましい。しかしその一方で、開発地域によっては、地域産業連関表が整備されていない場合、周辺域との関係を考察する際には全国表と比較した**地域間産業連関表**の推計等が必要となる。

施設効果は、利用者の使用単価、入場者数(年間)等を入力し、効果を計算する。また、宿泊が発生する場合、1人当りの平均単価が日帰りのケースとは異なるため、別途検討が必要となる。球場等のスポーツ観戦施設は、ほとんどの利用者が日帰りであるが、**国際展示施設**、**コンベンション**等のビジネスユースにも対応可能な施設の場合、宿泊率も高くなり、客単価も上がる傾向となる。

(1) 圏域の把握

施設タイプや規模ごとに集客の圏域は異なる。同じテーマパークでも、東京ディズニーランドであれば全国から宿泊を伴う来訪ケースも考えられるが、地方都市の小テーマパークであれば90分圏域程度がその集客圏であることも想定される。

多くのケースにおいて、集客施設の集客範囲を求めるためにアンケート調査等を併用してデータを収集している。

(2) 入場者数予測値(実績値)

実績値に対する波及効果の測定には計測データそのものを入力することができる。一方、予測値の場合には状況がやや異なる。入場者数予測値は、精緻な予測もあれば、主催者側の目標値として設定された根拠が曖昧なものも含まれている。大規模集客施設を利用する人がどの程度の消費経済活動を行うかが地域の活力と密接に関連性を持つ。

(3) 利用者の単価および消費額の予測

　施設利用者は、さまざまな消費活動を行うことが考えられる。スポーツ観戦とコンサートでは使用単価が異なるように、集客施設のタイプにより金額にブレが生じる。こうした値については、地域の属する自治体による観光動向等の資料を活用することが一つの手段として考えられる。施設を利用した人は、さらに関連グッズや土産物を購入したり、飲食等の消費活動を行う。この点でも地域や施設タイプによって単価は異なったものとなる。

　また、消費単価は、イベント内容等おいて規定がある場合はそれを用いる。なお、各地域ごとに消費者物価指数は異なる。そこでモデルの中に平均消費者物価地域差指数を取り入れ、地域ごとの特質を合わせた消費単価に変換できるようにすること等もある。

7.4.3　試算結果の把握

(1)　事業効果（フロー効果）

　建設事業による効果であるので、工事内容の仔細がわかる場合は、国土交通省作成の建設部門分析用産業連関表を使用することが有効である。施設単体の中を工事費目に細分し、周辺インフラ等の工事種類の異なる整備効果の試算を行うことが可能となる。

　建設部門（建設補修を除く）は、他の産業分野と異なり、各産業の投入原材料とはならず、投資（資本形成）として最終需要に位置づけられ、**中間需要**には算出しないという特徴がある。この特性を利用し、詳細な建設部門分類に従った波及効果の測定が可能となる。

(2)　施設効果の把握（ストック効果）

　施設効果は、事業効果以上に前提条件の相違によりその効果が異なる。すなわち、建設事業そのものは、事業者の積算等の事業内訳等よりかなり詳細にその内容を事前条件として把握できるが、施設効果は、その整備後の利用のされ方を予測もしくは分析するためより不確定要素が大きいという側面がある。中でも最も鍵となるデータが入場者数予測値である。実績値がない場合には、何らかの方法によって予測した値を使用せざるをえない。特定の集客施設が整備されたことによりどれだけのインパクトが地域に与えられたかを予測することであり、事業効果にも増してその整備効果が地域に影響力を持つ。

7.5 波及効果推計に関する方向性

7.5.1 入場者数予測の精緻化と背後圏データ収集の必要性

地域への波及効果を明らかにするには、前提条件の入場者数予測を正確に行う必要がある。ローケース、ハイケース等の複数設定が行われる例もあるが、入場者数予測に応じた柔軟性を持たせた評価方法も考えられる。入場者数の予測値は、既存の経年データ等のデータ蓄積がある場合は、その数値を使用する。

7.5.2 市場圏把握の必要性

利用者の**市場圏**[*6]を把握する視点が重要である。対象施設が及ぼす影響力を考慮するうえで施設の市場圏を考慮する必要がある。また、施設の利用者の活動が宿泊を含むか、含まないかによって消費単価が異なったものとなる。したがって、入場者に占める宿泊者の割合の推計、アクセス方法等も分析に反映させる必要がある。

7.5.3 地域間産業連関表の活用

経済産業省から5年おきに建設部門の地域間産業連関表[*7]が公表されている。全国区域別の相互の資材の投入状況が把握することはできる。また、各施設の所属する市町村レベルの**地域間産業連関表**を用いることで、域内・域外への効果が明らかになる。

施設効果を把握する過程で**地域内産業連関表**[*8]を用いていることが多いが、その一方、現実に地域間産業連関表を用いた調査研究事例は少ない。その理由としては、地域間表が整備されている地方自治体の数が限られていること、地域内表と公表時期にタイムラグがあること、等の理由が考えられる。

[*6] 市場圏：商業施設における重力モデルの適用範囲が市場圏であるが、ここでは施設の整備効果の及ぶ範囲を市場圏と捉える。大規模集客施設は、利用形態が施設内で行う各種興業、イベントに参加する利用者の集客範囲を示す

[*7] 地域間産業連関表：地域内の活動とともに、他地域との取引関係を記述する産業連関表。東京都等の一部の自治体では整備されている

[*8] 地域内産業連関表：一地域の地域内の経済活動を対象とする産業連関表を指し、地域間産業連関表が他地域との取引関係が記述されてるのに対し記述されない

しかし、地域間産業連関表を用いることの最大のメリットは、隣接する地域ごとの相互の産業部門別の連携状況が明らかになる点であり、これを組み入れることで、より精緻な波及効果の測定が可能となる。

7.5.4 雇用効果

集客型施設は、若者層から家族向けのターゲットとなる傾向が高く、サービス産業等の若年層の雇用機会創出を促す傾向がある。波及効果の中でも雇用効果は、地域にとって重要な項目であり、ひいては地域活性化の鍵ともなる。また、**雇用表**[*9]および**雇用マトリクス表**[*10]がつくられている産業連関表においては、これらを推計することにより地域での雇用機会創出のインパクトを測定することができる。

7.6　産業連関分析による整備効果の把握事例

7.6.1　集客施設の分析対象

1958年以降、全国において産業連関表の整備が始まり、各都道府県、政令指定都市で地域産業連関表が出揃ったのが1975年代から1980年にかけてである。

1980年代以降、産業連関分析を用いたプロジェクト評価の研究が急激に増加している。特に建設、土木分野での適用が多く、評価報告例が多く見られる。一方、集客型施設に限定すると、整備効果を研究としてとりまとめた事例は少ない。

集客系施設は、通年営業の恒久型施設と博覧会に代表される開催期間限定のイベント型のものに大別できる。ただし、恒久型、イベント型は、機能、入場者の行動の相違はあるものの、事業効果および施設効果の計算手法、原単位は、同一のものであるととらえることができ、両者を分析の対象とすることができる。

ここで抽出したデータは、筆者が独自に抽出したもので、必ずしも網羅的に収集したものではなく、既存資料等より収集した(**表-7.5**)。また、入場者数と生産誘発効果の比較を見たのが**図-7.10**である。ただし、評価値はいずれも計測時の数値

[*9]　雇用表：各産業の就業者を個人事業主、家族従業者、有給役員、常時雇用者、臨時・日雇の5種類に分けて示したもので、雇用分析に不可欠な表である。なお、有給役員と雇用者の平均賃金も示されており、［人数×平均賃金］は、基本表の「賃金・俸給額」と一致する

[*10]　雇用マトリクス表：各産業の雇用者数を技術者、タイピスト、栄養士等の詳細な職種別に示した表で、この表を利用して、将来、どのような職種の人がどれだけ必要になるかを予測することが可能になる。なお、この表には、産業(行)×職業(列)表と、職業(行)×産業(列)表がある

7.6 産業連関分析による整備効果の把握事例

入場者数と生産誘発額の関係

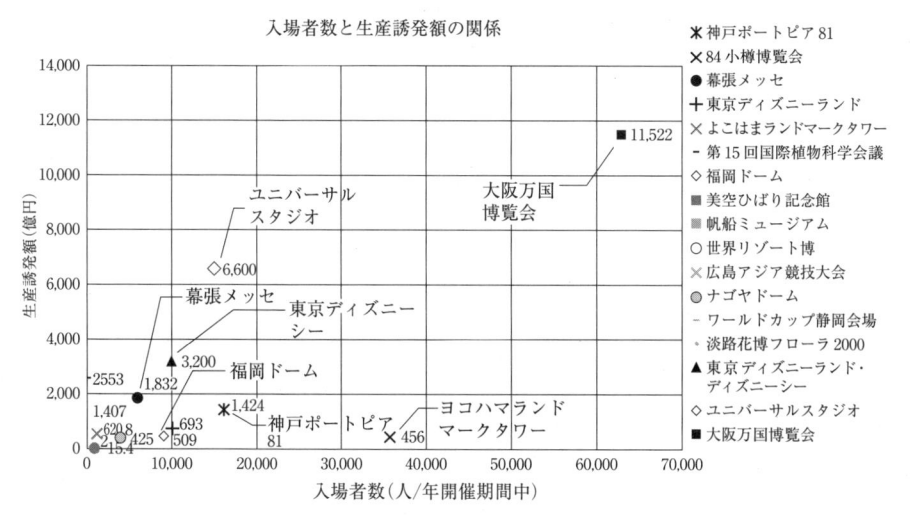

図-7.10 入場者数と生産誘発効果の関係

であるため、各データを単純に並列的に比較することはできず、デフレータ等を用いて基準年での比較が必要となる。ここでは、その点に関しては考慮しない。

7.6.2 地域間産業連関表による分析

地方での大規模集客事業の地域への経済波及効果の計測には地域産業連関分析が多く用いられる。しかし、各自治体統計局により提供されている産業連関表の制約から地域内産業連関表が用いられているケースが多い。東京都、愛媛県、熊本県、近年では三重県等の一部の都県には地域間産業連関分析表がつくられている。これらの地域では、周辺域との関係の中で分析事例も見られるが、それ以外の地域での波及効果分析のほとんどは地域内産業連関表による分析である。したがって、地域内と地域外との関係は明確にならず、主に施設の立地する市町村への経済効果が測定されている。

実際に、開業後もしくは閉会後に事後評価が行われたものは、実データに基づくもので、一定の事実に基づく試算となる。しかし、事前評価については、入場者数予測値は、精緻な予測がなされたものは一定の根拠を持つ試算結果として評価することができるが、主催者側の目標値として設定され根拠が曖昧なものも含まれている(表-7.5、図-7.10)。

第7章 人集めの波及

表-7.5 主な集客型施設の整備効果の試算事例

ケース	件名	調査年 調査 発表 年	調査年 施設タイプ	前提条件 事 前 事 後	前提条件 規模 (m^2)	効果の概要 総事業 費 (億円)	効果の概要 入場者 数(千 人/年)	効果の概要 地域消費 支出額 (億円/年 or期間中)	効果の概要 生産誘 発額 (億円)	効果 (倍)	所得形 成効果 (億円)	雇用増 加 (人)	使用産業連関表	調査主体 調査名	調査主体 調査機関
1	大阪万博博覧会	1967	博覧会	*		7,841	63,000	5,095	11,522	2.26			昭和35年9地域間産業連関表	昭和35年地域間産業連関表による万国博覧会の経済効果の測定	通商産業省、大阪府、日本リサーチセンター
2	神戸ポートピア81	1981	博覧会	*			16,100	1,053	1,424	1.35	500	11,030	兵庫県産業連関表	神戸ポートピアアイランド博覧会の経済波及効果	三菱総合研究所
3	84小樽博覧会	1984	博覧会	+			1,200	215	519	2.41	191	5,854	北海道産業連関表	84小樽博覧会の経済効果の計測に関する調査	三菱総合研究所
4	幕張メッセ	1985	建築物	+	50,000		6,000	1,092	1,832	1.68	798	10,235	千葉県産業連関表	幕張メッセの経済効果	UG都市設計
5	東京ディズニーランド	1985	建築物	*	70,000		9,930	343	693	2.02	348	8,493	千葉県産業連関表	東京ディズニーランドの経済的波及効果	神戸ポートアイランド博覧会協会、三菱総合研究所
6	よこはまランドマークタワー	1990	建築物	+	392,885	2,780	35,830	380	456	1.20	212		平成2年度横浜市地域市内経済に及ぼす波及効果	横浜ランドマークタワーが市内経済に及ぼす波及効果	横浜市統計局
7	福岡ドーム	1994	建築物	*	176,068	580	9,000	241	509	2.11		4,790	昭和60年福岡市産業連関表	福岡ドームの地域経済への影響	九州経済調査会
8	美空ひばり記念館	1994	建築物	+	5,900	25.6	795		98.2				平成2年度横浜市産業連関表	集客型集客施設及び効果	横浜市統計局、浜観総合研究所
9	帆船ミュージアム	1994	建築物	+		140	500	22.5	242	10.76			宮城県地域産業連関表	帆船ミュージアム建設に伴う経済波及効果分析	宮城県統計課
10	世界リゾート博	1994	博覧会	+		50	1,000	8.4	15.1	1.79	6.7	3,043	和歌山県産業連関表	世界リゾート博での入場者消費支出の波及効果	和歌山県、和歌山社会経済研究所
11	広島アジア競技大会	1994	臨時	+		494.9	1,120	386.2	622.8	1.61		7,991	広島県産業連関表	広島アジア競技大会の経済効果	経済研究センター
12	ナゴヤドーム	1996	建築物	*	69,255	405	4,000	370	425	1.15	640		平成2年愛知県産業連関表	ナゴヤドーム経済効果予測	東海銀行
13	神ルミナリエ	1996	イベント	+			3,860		300				平成2年度神戸市産業連関表		神戸ルミナリエ実行委員会
14	ワールドカップ静岡会場	1997	イベント	+			756	110	1.70 830	1,407		68	平成2年建設部門分析用産業連関表、平成2年静岡県産業連関表	ワールドカップサッカー誘致と地域経済	静岡県
15	ねんりんピック	1997	博覧会	+			9.18		54.4	80.4	1.48		平成2年宮崎県産業連関表		宮崎県福祉生活部
16	淡路花博フローラ2000	2000	博覧会	+	120,000	834	5,000	593	2,553	4.31		35,700	兵庫県産業連関表		兵庫創造協会、さくら総合研究所
17	東京ディズニーランド・ディズニーシー	2001	テーマパーク	+	714,000	3,380	10,000		3,200				千葉県産業連関表		三菱総合研究所
18	ユニバーサルスタジオ	2001	テーマパーク	+	17,000	4,300	15,000		6,600			43,000	大阪府産業連関表		大阪ユニバーサル企画(株)、大和総合研究所
19	大阪オリンピック(北京市における開催が決定済)	2008	オリンピック	+			4,418	2,247	5,307	2.36			大阪府産業連関表	2008年大阪オリンピックの招致動向と経済効果	日本開発銀行大阪支店

*は事前と事後で調査が行われているもの。+は事前調査。(資料:筆者作成)

7.6.3 集客施設の波及効果推計に関する提言

(1) 経済波及効果の測定手法について

集客施設をめぐる地域波及効果の把握状況から、今後の波及効果の測定にはいくつかの手法の改変を行うことが求められてくる。集客施設の整備による波及効果を測定するための方策を提言する。

a. 入場者数予測の精緻化と背後圏データ収集の必要性　入場者数予測に先立ち、多くのケースがアンケート調査等を併用し施設の集客範囲を把握するためのデータを収集している。こうした**アンケート調査**は、事前調査の場合、使用金額等に対する問や参加意欲については想定に基づく数値であり、参考とすることは可能であるが、そこからすぐ入場者数予測に結びつけるには問題が多い。すなわち、アンケートについては、実質的に使用できるものと使用できないものを峻別する必要がある。また、アンケートから得られた結果を吟味し、バックデータとして活用できる

ものを取捨選択することが必要となる。

b. 地域間産業連関表の推計の必要性　多くの地域では地域内産業連関表のみしか整備がなされていない。一部の都県でその整備があるものの、より詳細な検討を行ううえでは地域間産業連関分析が必要となる。すなわち、地域ごとの産業構造の差異と、経済活動の地域間での波及関係を分析のために効果的であるからである。

非競走移輸入型[*11]の地域産業連関表の整備されている地域では、自地域と他地域との経済的な効果を定量化することが容易であるが、非競走型の地域産業連関表の整備されていない地域での検討は難しい面がある。跳ね返り効果[*12]に代表される他地域との関係から把握される必要のあるデータを掌握しにくい。すなわち、競争移輸入型[*13]の地域産業連関表の場合には、同地域と他地域の効果の区域がつけられない。

c. 市場圏把握の必要性　日帰り圏の場合には、鉄道を利用等を想定しても片道が120分圏内程度が限度であると考えられているケースが多い。一方、宿泊を伴う場合、距離抵抗が減り、集客の圏域が一挙に拡大し、**消費単価**も異なったものとなる。また、地域によりアクセスに対する考え方が異なることもある。例えば、地方ではモータリゼーションの進展により車によるアクセスが基本となりつつある。鉄道によるアクセス圏と車によるアクセス圏は必ずしも一致しない。したがって、両者に関する集客圏域の把握が必要になる。

(2)　今後の波及効果の測定方策

大規模集客機能を持つ施設の立地は、市内および市外からの来場者の消費活動を創出し、これに伴うさまざまな産業分野における生産活動の拡大、さらには雇用活動機会の誘発等、地域経済に対して大きな効果を及ぼす。その効果を有効に測定する手法が望まれる。

今後は集客施設を整備するための視点として、産業連関分析による分析にあわせて**ヘドニック分析**[*14]や**CVM**[*15]による効果把握等の複数の視点を組み合わせた整備効果の把握を行うことが重要である。また、地域のイメージ高揚効果や視覚上の

[*11]　非競走移輸入型：地域産業連関表で、中間需要部門や最終需要部門の各計数について県(市)産品と県(市)外産品とを区別して計上する方式

[*12]　跳ね返り効果：域内の最終需要の増加が移入の増加を介して域外の需要を増加させ、そのための域外での生産が地域間の連関構造によって再び地域内の生産を誘発する効果のこと

[*13]　競争移輸入型：地域産業連関表で、中間需要部門や最終需要部門の各計数について県(市)産品と県(市)外産品とを区別せずに合計して計上し、移輸入欄で一括して控除する方式をとる方式

インパクト等についても、その測定手法について考察することが必要である。

社会的効果は、計量的に測定することが困難な内容であるが、新たな観光客の増加やイベントの誘致に繋がり、さらなる経済波及効果を生み出す要因となっている。数値以上の経済的効果を地域に与えるものと考えられる。

(3) 効果分析の方向性
a. 応用一般均衡解モデル　　今後、効果測定に多く用いられると考えられる応用一般均衡モデルという方法について述べる。産業連関分析が価格あるいは数量を固定した形で限定して予測を実施するのに対し、価格の変動を前提とした均衡解を求めることからスタートし、その波及計算ができる数理解析手法として注目される。

広域的な集客施設がつくられるということは、いわば競争均衡の状態にある経済システムに新たな外的ショックが加わるものとも考えられる。その効果は、各市場で均衡価格の変化を介して各経済経済主体に波及する。社会的な効用水準の変化がもたらす差等を計測することによりその集客施設が経済社会にどれだけの便益をもたらすことができるかを分析するのが**応用一般均衡モデル**である。

ワルラスの**一般均衡論**では、応用一般均衡モデルは、CGE(Computable general equilibrium)分析とも呼ばれる。1960年代半ば、アメリカ・エール大学の数理経済学者 H. Scarf によってなされた均衡価格(数学的には不動点)を近似値に算出するアルゴリズム(algorithm；解法手順)の考案が大きな契機になっている。従来のワルラス型モデルにおける一般均衡は、位相数学の「不動点定理」を使い、その存在のみが示唆されるにとどまっていたが、スカーフ・アルゴリズムは、均衡解の存在証明の別証明(いわゆる、constructive proof)を提示し、同時に均衡解そのものを有限回の反復計算により実際に解くことを可能にした。

このスカーフ・アルゴリズムを利用したCGEモデルの開発ならびにCGE分析の理論的精緻化は、1970年代の初期よりアメリカ・スタンフォード大学のJ. Shoven

---

[*14] ヘドニック分析：事業の便益が関連する土地等の価格を左右すると考え(キャピタリゼーション仮説)、事業実施前と実施後の価格の変化から事業の便益を推定して評価する手法である。かなり広範な種類の便益評価への適用が可能であるが、解析の過程において信頼性の問題が生じるとともに、適正な土地取引市場の存在が不可欠な条件となっている

[*15] CVM(Contingent valuation method；仮想市場評価法)：住民に対してインタビュー等を行い、事業の内容、効果について説明したうえ、「その事業による便益と引き換えにいくらまでなら支払えるか(最大支払意志額：最大WTP)」を答えてもらい、この回答結果を基に社会全体の便益を推計する。基本的にあらゆるものに適用可能であるという利点を有しているが、評価精度や信頼性にいついては不明確な部分がある

7.6 産業連関分析による整備効果の把握事例

とカナダ・ウェスタン・オンタリオ大学のJ. Whalley(ウォーレイ)の2人の財政学者を中心にして進められた。当初、既に古典的業績として評価されているA. Harberger(ハーバーガー)の法人税帰着の2部門モデル分析の一般化を指向し、租税の一般均衡分析の代替的アプローチとして位置づけられた。たとえば、一国という広域経済において、特定の経済政策が資源配分、所得配分、経済厚生等にどのような一般均衡効果を及ぼすかをミクロ的かつ数量的に評価・検討できるようなモデルの構築が行われている。

ただし、応用一般均衡解については、若干の誤解も生じているといわれる。それは、適用範囲として、国、ブロック(県の集合)および県単位レベルでの使用がカバーの範囲として適切であるということである。市町村単位やそれ以下の小規模単位の区分では、データを揃えることは難しくなる。また、キャリブレーションという作業が必要であり、一般均衡が成り立つことを前提としており、弾力性等の数値を既存調査データから代入する必要性があるなど、効果データの信頼性について常に信憑性を問われるというモデル構造上の問題点もある。

b. 他のプロジェクト評価手法 なお、プロジェクトの評価手法については費用便益分析、費用効果分析の手法として**内部収益率**[*16]、**ヘドニックアプローチ**、**CVM**等、さまざまな波及効果の分析手法が提唱されているが、必ずしも統一されている現況にない。

これまで、地域開発プロジェクトの整備効果を検討したり、比較対照する場合には、地域産業連関表を個別に使用して求められた結果の発表値に基づくしかなく、一概にこれらの数値を並列で比較することは、通常、行わない分析である。しかし、集客施設等の個別施設タイプに限定して全国において統一的な基準値を使用することにより、個別プロジェクトの比較分析が行える可能性が示されたといえる。

集客施設を整備してゆく視点として、産業連関分析による分析、応用一般均衡モデル等に併せてヘドニック分析やCVMによる効果把握等、複数の視点を組み合わせて整備効果の把握することが重要である。

[*16] 内部収益率(inter rate of return):将来予想されるキャッシュフローの正味現在価値が現在の投資額と等しくなるような利率。現在投資する金額と将来得られるキャッシュフローの現在価値が等しくなるため、投資がその内部収益率の基で投資額と回収額が等しくなると判断される。一般には内部収益率の大きい投資の方が有利である

第7章　人集めの波及

まとめ
波及計算を行うには事業効果と施設効果がある
　大きく分けて事業効果と施設効果があり、両者を区別する必要がある。45度分析により乗数効果を測定する。
乗数効果の試算
　J.M.ケインズによって提唱された波及効果に関する理論。集客施設の整備が行われることによって連鎖的に他の分野へ支出が増え、結果的に国民所得が増えるという理論である。
産業連関分析による試算
　W.レオンチェフの発明した産業連関分析により事業効果、施設効果を測定するのが一般的である。ただし、応用一般均衡解による分析等の手法も近年利用されるようになってきている。

参考文献
1) 通商産業省大臣官房調査統計部、日本リサーチセンター：地域間産業連関表による万国博覧会の経済効果の測定、1975
2) 神戸市：神戸ポートアイランドの整備効果、1983
3) 地域振興整備公団：地方都市開発整備事業による地域経済社会への波及効果に関する調査報告書、1981
4) 九州経済調査会：福岡ドームの地域経済への影響、p.5、1994.5
5) 横浜市,浜銀総合研究所：2002年ワールドカップ開催に伴う横浜市の経済波及効果、1994.12
6) 宮城県統計課：帆船ミュージアム建設に伴う経済波及効果分析、1994
7) 片田敏孝：地域産業連関分析における空間集計誤差、土木学会論文集、530／IV-30、pp.79-85、1996
8) 和歌山県、和歌山社会経済研究所：世界リゾート博での入場者消費支出の波及効果、1994.3
9) 建設省建設経済局調査情報課：平成7年建設部門産業連関表、2000.3
10) 建設省建設経済局調査情報課：昭和60年(1985)建設部門地域間産業連関表、1986.11
11) 建設省建設経済局調査情報課：平成2年(1990)建設部門地域間産業連関表、1996.11
12) 国土交通省総合政策局：平成7年(1995)建設部門地域間産業連関表、2002.8

補足資料　1.5 時間〜4 時間圏のケース

　第 1 章で 0.5 〜 1 時間のアクセスについて説明した。1.5 〜 4 時間までのケースについて詳細に説明する。以下 1.5、2、2.5、3、3.5、4 時間と 0.5 時間ごとに時間距離をとり、その間のドーナツ状の区域に居住する人たちが集客施設を利用していると考える。

a. 1.5 時間圏のケース　　1.5 時間圏の場合の 1 人あたりの効用 u_3 は、

$$u_3 = M \times 5(\text{h}) \times \mu$$
$$= M(T_L - 2X_3)\mu$$

全体の効用 U_3 は、

$$U_3 = u_3 \times (2.25\delta\kappa^2\pi - \delta\kappa^2\pi)$$

全体の効用 U は、

$$U_3 = \mu M(T_L - 2X_3)[(\kappa X_3)^2 - (\kappa X_2)^2]\pi$$
$$= \mu M\kappa^2(T_L - 2X_3)(X_3^2 - X_2^2)\pi$$

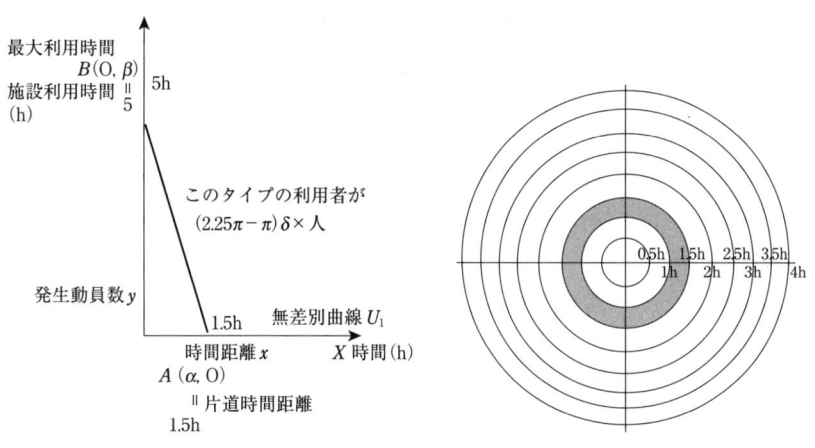

図-1　距離 1.5 時間圏のアクセス時間と利用時間の関係

図-2　距離 1.5 時間圏のエリア

b. 2 時間圏のケース　　2 時間圏の場合の 1 人あたりの効用 u_4 は、

補足資料　1.5 時間〜4 時間圏のケース

$$u_4 = M \times 4(h) \times \mu$$
$$= M(T_L - 2X_4)\mu$$

全体の効用 U_4 は、

$$U_4 = u_4 \times (4\delta\kappa^2\pi - 2.25\delta\kappa^2\pi)$$

全体の効用 U は、

$$U_4 = \mu M(T_L - 2X_4)[(\kappa X_4)^2 - (\kappa X_3)^2]\pi$$

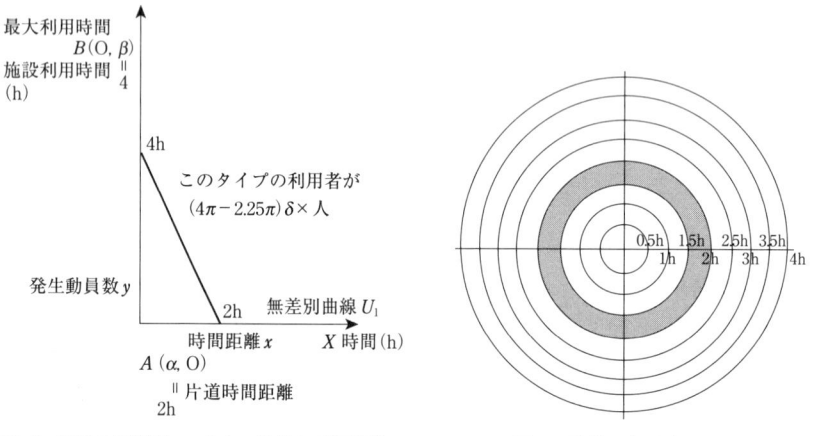

図-3　距離 2 時間圏のアクセス時間と利用時間の関係

図-4　距離 2 時間圏のエリア

$$= \mu M \kappa^2 (T_L - 2X_4)(X_4^2 - X_3^2)\pi$$

c. 2.5 時間圏のケース　2 時間圏の場合の 1 人あたりの効用 u_5 は、

$$u_5 = M \times 3(h) \times \mu$$
$$= M(T_L - 2X_5)\mu$$

全体の効用 U_5 は、

$$U_5 = u_5 \times (6.25\delta\kappa^2\pi - 4\delta\kappa^2\pi)$$

全体の効用 U は、

$$U_5 = \mu M(T_L - 2X_5)[(\kappa X_5)^2 - (\kappa X_4)^2]$$
$$= \mu M \kappa^2 (T_L - 2X_5)(X_5^2 - X_4^2)$$

d. 3 時間圏のケース　以降の 3 時間圏以下については、利用時間よりアクセス時間の方が大幅に上回るため、日帰りの場合には発生動員数が級数的に少なくなる。しかし、全体のモデル化のためにさらに進めて考えてみる。

補足資料　1.5時間〜4時間圏のケース

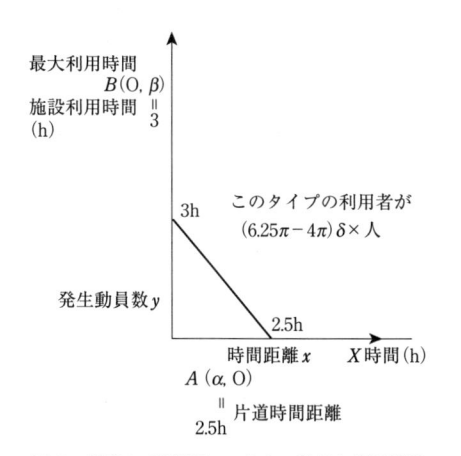

図-5 距離 2.5 時間圏のアクセス時間と利用時間の関係

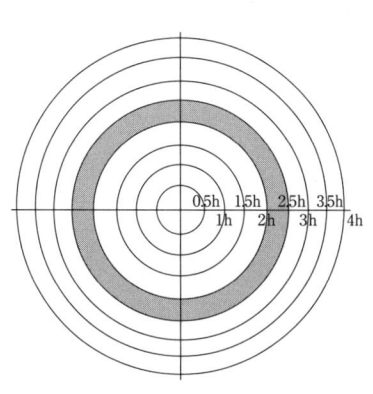

図-6 距離 2.5 時間圏のエリア

1人あたりの効用 u_6 は、

$$u_6 = M \times 2(\text{h}) \times \mu$$
$$= M(T_L - 2X_6)\mu$$

全体の効用 U_6 は、

$$U_6 = u_6 \times (9\delta\kappa^2\pi - 6.25\delta\kappa^2\pi)$$

全体の効用 U は、

$$U_6 = \mu M(T_L - 2X_6)\left[(\kappa X_6)^2 - (\kappa X_5)^2\right]\pi$$
$$= \mu M\kappa^2(T_L - 2X_6)(X_6^2 - X_5^2)\pi$$

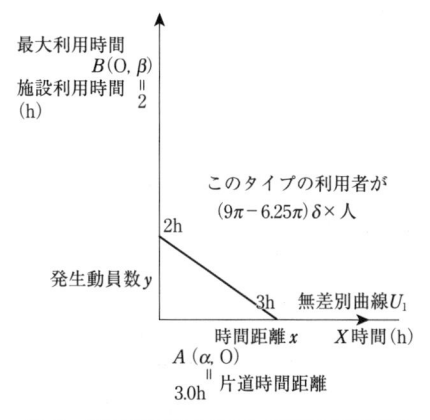

図-7 距離 3 時間圏のアクセス時間と利用時間の関係

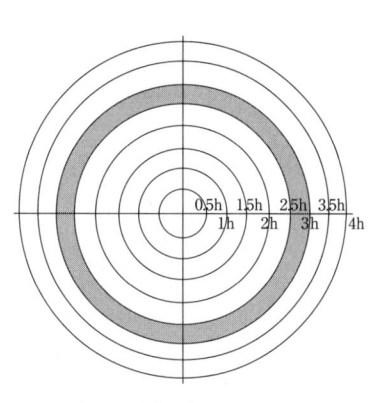

図-8 距離 3 時間圏のエリア

補足資料　1.5時間〜4時間圏のケース

e. 3.5時間圏のケース　　1人あたりの効用 u_7 は、

$$u_7 = M \times 1(\text{h}) \times \mu$$
$$= M(T_L - 2X_7)\mu$$

全体の効用 U_7 は、

$$U_7 = u_7 \times (12.25\delta\kappa^2\pi - 9\delta\kappa^2\pi)$$

全体の効用 U は、

$$U_7 = \mu M(T_L - 2X_7)[(\kappa X_7)^2 - (\kappa X_6)^2]\pi$$
$$= \mu M\kappa^2(T_L - 2X_7)(X_7^2 - X_6^2)\pi$$

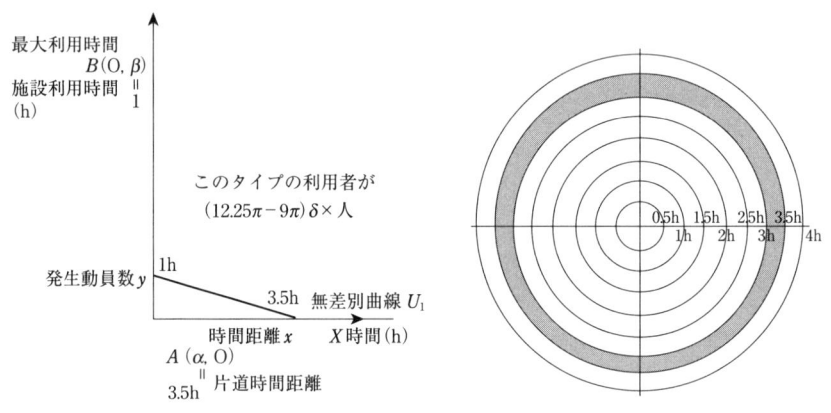

図-9　距離3.5時間圏のアクセス時間と利用時間の関係

図-10　距離3.5時間圏のエリア

f. 4時間圏のケース　　1人あたりの効用 u_8 は、

$$u_8 = M \times 0(\text{h}) \times \mu$$
$$= M(T_L - 2X_8)\mu$$

全体の効用 U_8 は、

$$U_8 = u_8 \times (16\delta\pi - 12.25\pi)$$

全体の効用 U は、

$$U_8 = \mu M(T_L - 2X_8)[(\kappa X_8)^2 - (\kappa X_7)^2]\pi$$
$$= \mu M\kappa^2(T_L - 2X_8)(X_8^2 - X_7^2)\pi$$

この場合、$(T_L - 2X_8)$ が0となり、結果として $u_8 = 0$ となる。

　効用全体としては、$U_1 \sim U_8$ までを合計する。つまり、$U = \sum U_i$ となる。この場合、面積を一般化し、時間距離を X_i とした場合、

補足資料　1.5時間〜4時間圏のケース

図-11 距離4時間圏のアクセス時間と利用時間の関係

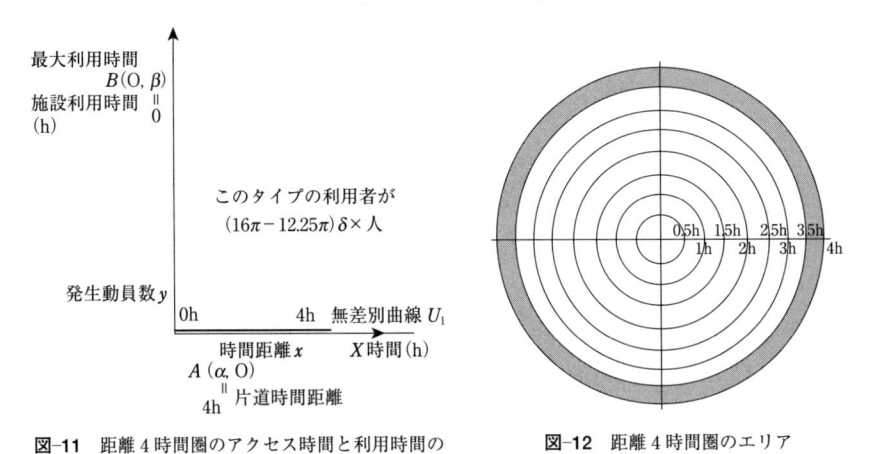

図-12 距離4時間圏のエリア

$$\text{面積} = (\kappa X_i)^2 \pi$$
$$\text{人数} = N_i = \delta(\kappa X_i)^2 \pi$$

したがって、

$$U_i = u_i \times N_i$$
$$= \mu M (T_L - 2X_i)[(\kappa X_i)^2 - (\kappa X_{i-1})^2]\pi$$

Uは、U_iをトータルしたものなので、

$$U = \mu M \kappa^2 \sum (T_L - 2X_i)(X_i^2 - X_{i-1}^2)\pi$$

と表すことができる。

索引

45度線分析	192, 193
AHP	146
CBR	139
CVM	154, 207, 209
CVM法	149
DCF	143
DCF法	143
HPM	148
HTML	116, 117
IRR	143
IRR法	145
MECE	15, 18
MGMスタジオ	173
NPV	143
NPV法	145
RCM	146
W. レオンチェフ	194
with	147
without	147
WTA	150, 154
WTP	138, 150, 154

あ

アカウンタビリティ	137
アクセス	39
アクティビティ	54
アナロジー	25
アニマルキングダム	172
アンケート	23
アンケート調査	206
イクスピアリ	66
出雲ドーム	68
一般均衡論	208
移動距離	124
移動経路	123
移輸入係数	197
インカムゲイン	145
因子	94
因子分析	94, 95
インターネット携帯端末	114
インタラクティブ	113
インパクト	183

受入意志額	150
エデュケーションプログラム	63
エプコットセンター	171
エルゴード型	124
エントロピー	28
エントロピー最大化空間の相互活用モデル	28
エンパワーメント	174
オイコス	14
応用一般均衡モデル	208
大型ショッピングセンター	179
大阪ドーム	68
大阪万国博覧会	22
オーダーメイド型アプローチ	152
大佛次郎記念館	168
表参道ヒルズ	88
重みづけ	91

か

χ^2乗検定	101
開発利益	183
外部不経済	139
開閉型ドーム施設	68
価格変動リスク	145
学芸員	157
確率過程	115
確率密度分布	97
葛西臨海水族園	114
仮想現実	31
仮想市場法	149
仮想状況評価法	156
神奈川県立歴史博物館	159
金沢21世紀美術館	61
観客	19
間接効果	198
ガンベル分布	29
観覧車	27
機会費用	46
規準化	97
基準地価	41
希少性	21
帰着便益分析	154
基盤整備	106

索　引

逆行列係数 …………………………196, 197
キャッシュフロー …………………………145
吸収型マルコフ連鎖 ………………………124
キュレーター ………………………………167
供給曲線 …………………………30, 84, 148
競合 …………………………………………41
寄与率 ………………………………………94
均衡点 ………………………………………84
均衡点 ………………………………………192
キンベル美術館 ……………………………158
クロスセクション ……………………143, 146
クロスセクション法 …………………………32
群衆 …………………………………………19
群衆 …………………………………………19
計画規模 ……………………………………81
景観 …………………………………………31
経済活性化 …………………………………183
経済人 ………………………………………20
経済波及効果 ………………………194, 206
携帯端末 ……………………………………116
ケインジアン ………………………………184
ケインズ理論 ………………………………192
限界消費性向 ………………………………187
建設デフレータ ……………………………201
建設費 ………………………………………106
建設部門分析用産業連関表 ………………200
現場調査法 …………………………………32
核 ……………………………………………72
航空宇宙博物館 ……………………………160
工事原価価格 ………………………………41
公示地価 ……………………………………41
公衆 …………………………………………19
行動解析 ……………………………………117
行動様式 ……………………………………54
神戸ポートアイランド博覧会 ………………22
効用 ……………………………………21, 36, 38
効用関数 ……………………………………139
小売商業施設 ………………………………82
国際展示施設 ………………………………201
国民所得 ……………………………………188
国立新美術館 ………………………………78
コスト ………………………………………137
固有値 ………………………………………94
雇用効果 ……………………………………204
雇用表 ………………………………………204

雇用マトリクス表 …………………………204
コレクション＆リサーチ ……………………63
コンジョイント分析 …………………33, 151
コンジョイント分析法 ……………………156
コンバースモデル ……………………………26
コンビネーション・モデル …………………153
コンベンション ……………………………201

さ

最終需要 ………………………………196, 197
最小二乗法 …………………………………100
財務分析 ……………………………………143
参加比率 ……………………………………88
参加率 ………………………………………103
産業連関分析 ………………………………194
ジオフロント …………………………………167
シカゴこども博物館 …………………165, 166
時間距離 …………………………30, 40, 87, 104
時間コスト …………………………………42
事業効果 ……………………………………185
時系列分析 …………………………………143
支出乗数 ……………………………………193
市場圏 …………………………………203, 207
施設効果 ……………………………………185
施設効果 ……………………………………201
施設配置 ……………………………………113
実績値 ………………………………………101
失敗学 ………………………………………12
指定管理者制度 ……………………………157
支払意志額 …………………………………150
渋谷駅前スクランブル交差点 ………………19
シミュレーション …………………22, 30, 79
シミュレーション法 …………………………32
シャッター商店街 …………………………179
主因子法 ……………………………………94
収益価格 ……………………………………41
集客 …………………………………………11
集客力 …………………………………36, 82, 92
収容力 ………………………………………23
重力モデル ……………………………………25, 27
需給曲線 ……………………………………83
需給均衡 ……………………………………37
需給モデル ………………………29, 35, 36, 79
需要曲線 ……………………………………30
首里城 ………………………………………179

217

索引

純現在価値 …………………………140, 143, 145
純現在価値法 ……………………………………145
順路 …………………………………………117, 121
商圏 …………………………………………………26
乗数効果 ……………………………………184, 185
消費 ………………………………………………191
消費者余剰 ………………………………………147
消費者余剰計測法 ……………………………146, 156
消費単価 …………………………………………207
情報端末 ……………………………………113, 127
シンガポール ……………………………………126
新横浜ラーメン博物館 ……………………………74
推移行列 ……………………………115, 125, 132
推移ネットワーク ………………………………124
ストーリー性 ……………………………………167
ストック効果 ……………………………………185
スミソニアン協会 ………………………………160
正規累積分布 ………………………………………98
生産者余剰 ………………………………………148
生産波及効果 ……………………………………197
生産誘発係数 ……………………………………198
政府支出 ……………………………………191, 193
積分 …………………………………………………47
セグメント化 ………………………………………17
説明変数 ……………………………………………92
潜在価格 ……………………………138, 139, 140, 141
全天候型 …………………………………………107
総合特性値 ……………………………………91, 96
造工費 ……………………………………………106
ソニーセンター ………………………………26, 176
ソフトウエア ………………………………………91

た

ターゲット …………………………………………23
ターゲット …………………………………………53
大規模集客施設 …………36, 81, 88, 102, 103, 107
大衆 …………………………………………………19
代替法 ………………………………………146, 156
立ち寄り比率 ……………………………………125
多変量解析 ……………………………………22, 92
地域間産業連関表 ………………………202, 203, 207
地域交易係数 ……………………………………131
地域振興 …………………………………………183
地域内産業連関表 ………………………………203
逐次近似法 ………………………………………100

チボリ公園 …………………………………………67
中間需要 …………………………………………202
ディズニー・インスティチュート …………172
ディズニーシー ……………………………………66
ディズニーワールド ……………………………171
テートモダン博物館 ……………………………159
テーマパーク ………………………………71, 171
デジタル情報 ……………………………………114
デルファイ法 ………………………………………32
動員人員 ……………………………………………85
東京ディズニーリゾート …………………………65
東京ドーム …………………………………………67
東京都現代美術館 ………………………………171
東京ビックサイト ………………………………187
東京ミッドタウン …………………………………77
投資 ………………………………………………191
投資乗数 …………………………………………192
投入係数 …………………………………………195
ドーム型複合施設 …………………………………67
朱鷺メッセ ………………………………………184
トラベルコスト法 …………………………150, 154, 156
取引価格事例 ………………………………………41
トレードオフ ………………………………………42
トレンド法 …………………………………………32

な

ナイキタウン ………………………………………70
内部収益率 …………………………143, 145, 209
内部収益率法 ……………………………………145
ナゴヤドーム ………………………………………68
ニュージアム ………………………………………64
入場者数予測 …………………………………25, 49
ニューハウン ………………………………………60
人間電子説 …………………………………………20
ヌサ・ドゥア ………………………………………76

は

パーサ号博物館 …………………………………169
ハードウエア ………………………………………91
バイアス …………………………………………150
背後圏 ……………………………………………104
ハイブリッド水族館 ……………………………114
波及効果 ……………………………………107, 184, 194
博物館 ………………………………………………39
パターン分析 ……………………………………117

索 引

バックステージ	172
ハフモデル	26, 38
パラメータ	100
バリマックス法	96
バルディーズ号事件	154
ハンズ・オン	161
ハンズ・オン サイエンス	164
ピーク・オフピーク	24
日帰り客	37
日帰り圏内	87
日影	31
非競争移輸入型	207
被験者	114
非市場財	149
ビジネスチャンス	183
微分	46
標準正規累積得点	98
標準正規累積分布	97
費用便益	148, 156
費用便益比率	140
費用便益比率法	139
費用便益分析	137, 156
表明選好法	150
ピラミッド	51
比例度	82
フィージビリティ・スタディ	143
フィールド自然史博物館	62, 162, 163
福井鯖江ドーム	68
ブルックリンこども博物館	162, 164
ビルバオ・グッゲンハイム	158
フロー効果	185
ヘドニック・モデル	149
ヘドニックアプローチ	209
ヘドニック分析	207
ヘドニック法	148, 154, 156
ベルン	60
法善寺横町	180
ポール・サミュエルソン	190
ボストンこども博物館	164, 165
ポツダム広場	176
ポリス	14

ま

マーケット	53
幕張メッセ	187
マルコフモデル	124
マルコフ連鎖	114, 115
マルチコリアリティ	92
丸の内	72
丸の内仲通り	70
ミクロアプローチ手法	23
ミュージアムスクール	161
ミュージアム	60
魅力係数	30, 34, 40, 80, 91
ミレニアムドーム	26
モデル	22, 34

や

有効需要	188
ユニバーサルスタジオ	171
ユニバーサルスタジオ	171, 174, 175
輸入	191
横浜こどもの国	178
横浜人形の家	168
横浜美術館	171

ら

ライヒスターク	175, 176
ライフスタイル	55
ライリーモデル	26
旅客流動調査	130
理論値	101
累積分布	97
ルーブル美術館	159
路地	181
ロジカル・シンキング	15, 17
ロジック・ツリー	16, 17
ロジットモデル	29
ロック・イン効果	14
ロックフェラーセンター	73
六本木ヒルズ	77

わ

割引現在価値	143
割引現在価値法	143

著者紹介

著者紹介
川口　和英(かわぐち かずひで)
  1984 年　　　　　早稲田大学理工学部卒業
  1986 年　　　　　早稲田大学大学院理工学研究科建設工学専攻修了
  1986 年〜97 年　三菱総合研究所研究員
  1997 年〜08 年　鎌倉女子大学助教授
  2008 年〜09 年　武蔵工業大学新学部開設準備室准教授
  2009 年〜　　　　東京都市大学都市生活学部准教授
  工学博士
  技術士(建設部門：都市及び地方計画)
  専門分野：都市開発・地域計画・建築計画・住居学・集客施設・地球環境問題・社会資本論他

　民間シンクタンクで地域開発や都市計画のコンサルティングに関わり、多くのプロジェクトや調査・研究を実施。現在は東京都市大学にて都市景観論、住まいのつくり方、住まいの企画、子どもの遊び場環境等の授業を担当。
　鎌倉市まちづくり審議会委員、鎌倉市環境審議会委員、沖縄県国際学術研究交流拠点整備調査委員会委員、鎌倉市行政評価アドバイザー等を歴任。

著書：建設業の事業・職種別有望資格、東京教育情報センター、1998
　　　環境スペシャリストをめざす、東京教育情報センター、2000
　　　新しい技術士の資格取得ガイド、東京教育情報センター、2001
　　　ごみから考えよう都市環境、技報堂出版、2001
　　　社会資本整備と政策評価、山海堂、2004
　　　新時代の公共投資へのシフト、技報堂出版、2005
　　　公共事業―必要と無駄の境界線―、ぎょうせい、2008
E-mail　：　kazuhide.k@bekkoame.ne.jp

索引

バックステージ …………………………172
ハフモデル ……………………………26, 38
パラメータ ………………………………100
バリマックス法 …………………………96
バルディーズ号事件 ……………………154
ハンズ・オン ……………………………161
ハンズ・オン サイエンス ……………164
ピーク・オフピーク ……………………24
日帰り客 …………………………………37
日帰り圏内 ………………………………87
日影 ………………………………………31
非競争移輸入型 …………………………207
被験者 ……………………………………114
非市場財 …………………………………149
ビジネスチャンス ………………………183
微分 ………………………………………46
標準正規累積得点 ………………………98
標準正規累積分布 ………………………97
費用便益 …………………………148, 156
費用便益比率 ……………………………140
費用便益比率法 …………………………139
費用便益分析 ……………………137, 156
表明選好法 ………………………………150
ピラミッド ………………………………51
比例度 ……………………………………82
フィージビリティ・スタディ …………143
フィールド自然史博物館 ……62, 162, 163
福井鯖江ドーム …………………………68
ブルックリンこども博物館 ……162, 164
ビルバオ・グッゲンハイム ……………158
フロー効果 ………………………………185
ヘドニック・モデル ……………………149
ヘドニックアプローチ …………………209
ヘドニック分析 …………………………207
ヘドニック法 ……………………148, 154, 156
ベルン ……………………………………60
法善寺横町 ………………………………180
ポール・サミュエルソン ………………190
ボストンこども博物館 …………164, 165
ポツダム広場 ……………………………176
ボリス ……………………………………14

ま

マーケット ………………………………53
幕張メッセ ………………………………187
マルコフモデル …………………………124
マルコフ連鎖 ……………………114, 115
マルチコリアリティ ……………………92
丸の内 ……………………………………72
丸の内仲通り ……………………………70
ミクロアプローチ手法 …………………23
ミュージアムスクール …………………161
ミュージアム ……………………………60
魅力係数 …………………30, 34, 40, 80, 91
ミレニアムドーム ………………………26
モデル ………………………………22, 34

や

有効需要 …………………………………188
ユニバーサルスタジオ …………………171
ユニバーサルスタジオ ……171, 174, 175
輸入 ………………………………………191
横浜こどもの国 …………………………178
横浜人形の家 ……………………………168
横浜美術館 ………………………………171

ら

ライヒスターク …………………175, 176
ライフスタイル …………………………55
ライリーモデル …………………………26
旅客流動調査 ……………………………130
理論値 ……………………………………101
累積分布 …………………………………97
ルーブル美術館 …………………………159
路地 ………………………………………181
ロジカル・シンキング ……………15, 17
ロジック・ツリー …………………16, 17
ロジットモデル …………………………29
ロック・イン効果 ………………………14
ロックフェラーセンター ………………73
六本木ヒルズ ……………………………77

わ

割引現在価値 ……………………………143
割引現在価値法 …………………………143

219

著者紹介

著者紹介

川口　和英(かわぐち かずひで)

 1984 年　　　　早稲田大学理工学部卒業
 1986 年　　　　早稲田大学大学院理工学研究科建設工学専攻修了
 1986 年〜97 年　三菱総合研究所研究員
 1997 年〜08 年　鎌倉女子大学助教授
 2008 年〜09 年　武蔵工業大学新学部開設準備室准教授
 2009 年〜　　　東京都市大学都市生活学部准教授
 　工学博士
 　技術士(建設部門：都市及び地方計画)
 　　専門分野：都市開発・地域計画・建築計画・住居学・集客施設・地球環境問題・社会資本論
 　　　　他

 民間シンクタンクで地域開発や都市計画のコンサルティングに関わり、多くのプロジェクトや調査・研究を実施。現在は東京都市大学にて都市景観論、住まいのつくり方、住まいの企画、子どもの遊び場環境等の授業を担当。
 鎌倉市まちづくり審議会委員、鎌倉市環境審議会委員、沖縄県国際学術研究交流拠点整備調査委員会委員、鎌倉市行政評価アドバイザー等を歴任。

著書：建設業の事業・職種別有望資格、東京教育情報センター、1998
  　環境スペシャリストをめざす、東京教育情報センター、2000
  　新しい技術士の資格取得ガイド、東京教育情報センター、2001
  　ごみから考えよう都市環境、技報堂出版、2001
  　社会資本整備と政策評価、山海堂、2004
  　新時代の公共投資へのシフト、技報堂出版、2005
  　公共事業―必要と無駄の境界線―、ぎょうせい、2008

E-mail　：kazuhide.k@bekkoame.ne.jp

集客の科学

2011年5月20日　1版1刷　発行

定価はカバーに表示してあります．

ISBN978-4-7655-4126-8 C2034

著　者　川　口　和　英

発行者　長　　滋　彦

発行所　技報堂出版株式会社
〒101-0051
東京都千代田区神田神保町 1-2-5
電　話　営業　(03) (5217) 0885
　　　　編集　(03) (5217) 0881
Ｆ Ａ Ｘ　　　(03) (5217) 0886
振 替 口 座　　00140-4-10
http://gihodobooks.jp/

日本書籍出版協会会員
自然科学書協会会員
工 学 書 協 会 会 員
土木・建築書協会会員

Printed in Japan

Ⓒ Kazuhide Kawaguchi, 2011

装幀　浜田晃一　　印刷・製本　シナノ書籍印刷

落丁・乱丁はお取替えいたします．

本書の無断複写は，著作権法上での例外を除き，禁じられています．